浙江省普通本科高校"十四五"重点立项建设教材

数字金融与财税系列教材 | 总主编　金雪军

PRACTICAL COURSE ON DIGITAL FINANCE

INNOVATION

数 字 金 融
创新实践教程

郑海味　主　编

李甫伟　田　穗　胡文彬　副主编

浙江大学出版社

·杭州·

图书在版编目（CIP）数据

数字金融创新实践教程 / 郑海味主编. -- 杭州：
浙江大学出版社，2023.6
ISBN 978-7-308-23952-3

Ⅰ.①数… Ⅱ.①郑… Ⅲ.①数字技术－应用－金融
业－中国－教材 Ⅳ.①F832-39

中国国家版本馆CIP数据核字(2023)第111767号

数字金融创新实践教程

SHUZI JINRONG CHUANGXIN SHIJIAN JIAOCHENG

郑海味　主编

策划编辑	曾　熙
责任编辑	曾　熙
责任校对	郑成业
封面设计	春天书装
出版发行	浙江大学出版社
	（杭州市天目山路148号　邮政编码310007）
	（网址：http://www.zjupress.com）
排　　版	杭州林智广告有限公司
印　　刷	杭州捷派印务有限公司
开　　本	787mm×1092mm　1/16
印　　张	17.5
字　　数	426千
版 印 次	2023年6月第1版　2023年6月第1次印刷
书　　号	ISBN 978-7-308-23952-3
定　　价	55.00元

数字金融与财税系列教材
编委会

总主编　金雪军

编　委　（按姓氏笔画排序）

都红雯　钱水土　钟晓敏　方红生　陈荣达

前 言

PREFACE

在"全面数字化转型"战略的指引下，以互联网、大数据、云计算为代表的新技术不断催生着金融行业的变革与创新，信息技术与金融有机融合，衍生出一系列数字金融业务和产品。相应地，金融领域对科技与业务深度融合、数字化与专业化能力协同发展的数字金融人才的需求也愈来愈迫切。

党的二十大报告指出，要"深化金融体制改革"，"加强和完善现代金融监管，强化金融稳定保障体系，依法将各类金融活动全部纳入监管"。[①] 报告对我国金融工作的开展提出了更高的要求，明确了我国金融体系建设、金融市场发展、金融体制改革的方向，即是否符合加快建设网络强国、数字中国等强国战略。这就对优化金融产品设计、促进资产管理、拓宽金融理财业务方式等提出了进一步的要求，为新征程下金融事业高质量发展提供了根本遵循和行动指南。《国民经济和社会发展第十四个五年规划和2035年远景目标纲要》明确指出，要"稳妥发展金融科技，加快金融机构数字化转型"。在这样的新时代发展背景下，培养能满足社会需求的数字金融人才，是高校的当然使命。

数字金融人才具备的新时代特征主要体现在3个方面：一是复合型，不仅是知识复合，更是能力复合；二是创新型，要善于以金融科技的逻辑思维优化业务流程；三是应用型，善于在数据驱动的金融场景中进行实践应用。这类高质量的数字金融人才的培养需要与之相吻合的高质量的教材体系，而当前的相关教材建设无论是数量还是质量都已明显滞后于数字金融实践发展的速度。为解决此问题，在浙江省金融学类专业教学指导委员会的组织评审下，确定了"数字金融与财税系列教材"的建设任务，本教材作为数字金融创新运用的实践类教材得以立项。在杭州电子科技大学国家级一流本科专业的校内教师和学校产教融合基地行业实践导师的共同努力下，本教材建设项目得以顺利完成。本教材力求体现以下几个特点。

[①] 习近平. 高举中国特色社会主义伟大旗帜 为全面建设社会主义现代化国家而团结奋斗：在中国共产党第二十次全国代表大会上的报告 [N]. 人民日报，2022-10-26（01）.

第一，充分体现"金融＋技术"的交叉融合。将数字金融涉及的技术与金融理论有机融合而非简单的组合。按照金融学理论教材的相关模块内容，重构实践教程体系，形成数字金融特色明显的交叉融合的较完整的实践模拟体系。

第二，强化案例实践教学。采用基础理论知识点分析与实践模拟相结合的撰写方式。在阐述金融数据挖掘方法、Python 编程、知识产权证券化等知识点的基础上，提供大量模拟实证案例。为学生消化吸收提供示范样例，使知识点学习更通俗易懂，易于学生模仿训练。

第三，定性定量结合，克服、降低主观定性的弊端。本教材融合信息技术手段、技术软件来收集整理信息，利用计算机强大的数据处理能力进行金融数据分析、量化投资、知识产权价值评估等，通过定性与定量分析方法的结合使实验更具科学性。

第四，产教融合、校企教学团队合作，保障实践内容的可操作性。基于杭电—中信证券产教融合基地，以及与恒生电子、同花顺、杭州银行等行业龙头企业的合作，团队充分征求了合作企业的意见，确立了大纲、典型实践案例等内容，及时将企业在实践中发现的前沿问题、不确定性问题，作为本教材投资分析的考虑因素和研究对象，具有很强的前沿指导性，能保障教材融继承与创新、协同与共享于一体，既包含基本的理论知识，又具有很强的实践可操作性。

因此，本教材作为浙江省普通本科高校"十四五"重点立项建设教材，既可以作为金融学类学生金融创新实践系列课程教材，也可以作为企业员工实操能力模拟与提升的培训教材。

本教材由杭州电子科技大学郑海味、李甫伟、田穗、胡文彬、宋琪等共同撰写，郑海味担任主编，进行全书统稿，李甫伟、田穗、胡文彬担任副主编。其中，实践一、实践二、实践三、实践四由胡文彬撰写，实践五、实践九、实践十由李甫伟撰写，实践六由田穗撰写，实践七由田穗、李甫伟撰写，实践八由田穗、郑海味撰写，实践十一、实践十二由郑海味、宋琪撰写。研究生吴智丹、张一博等在校稿工作方面提供了帮助。感谢浙江大学金雪军教授、方红生教授的组织评审和指导，感谢郭邃老师、尹菊琴老师的多方协调与联络。特别感谢杭州电子科技大学都红雯教授提出的宝贵的指导意见和悉心帮助！衷心感谢学校教务处和浙江大学出版社的支持！

囿于学识，加之数字金融也处于快速发展阶段，内容和技术更新快，本教材难免存有疏漏，恳请专家读者不吝指正！

郑海味

2023 年 2 月

目 录
CONTENTS

第一篇

金融数据分析

PART

Python 金融数据分析基础库练习

一、实践目的

·通过学习和动手练习，掌握 NumPy 和 Pandas 这两个 Python 数据分析基础库的基本操作，为综合的金融数据分析打下基础。

二、基本原理及操作演示

本章以 Python 的 NumPy 和 Pandas 包为主体，介绍这两个包在数据处理方面的基本操作。在金融数据分析中，NumPy 提供数据运算功能、Pandas 提供数据预处理和分析功能、Matplotlib 提供可视化功能（见实践三"数据可视化"），三者配合可以覆盖分析流程中的绝大部分操作。本章最根本的目的在于通过介绍 NumPy 和 Pandas 包的功能，帮助读者建立数据处理的基础，为进一步更全面深入地进行数据分析做好准备。以上 3 个包都是扩展包，没有包含在 Python 中，但它们都是 Anaconda 的一部分，因此已经安装了 Anaconda 的用户不需要另外安装这些包。

（一）数组运算库：NumPy

NumPy（官网：https://numpy.org）是 Python 中用于科学计算的基础库，许多常用的 Python 数据分析库（如 Pandas，Matplotlib）都以 NumPy 为基础。NumPy 中的基本对象是多维数组（ndarray）和矩阵（matrix），提供类似于 Matlab 的矩阵运算。用 NumPy 可以高效地进行包括数值、逻辑、排序、I/O、线性代数、统计、随机模拟等运算。NumPy 中的数组运算有类似于 Matlab 的向量化机制，因此其运算效率非常高（见图 1-1）。

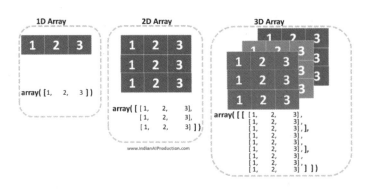

图 1-1　NumPy 运算机制示意

NumPy 数组的基本操作有创建、访问、修改、变形、复制、数组运算等，如表 1-1 所示。NumPy 中还有专门的矩阵类型，可以方便地进行矩阵运算。更多的功能及用法参见 NumPy 官网的参考文档：https://numpy.org/doc/stable/reference/index.html。

表 1-1　NumPy 的基本操作

基本操作	说明
数组创建	可分为用构造函数直接创建和利用 zeros( ) 等特殊函数创建
数组访问	访问方式包括单下标索引、数组多下标索引、切片索引、条件索引等
数组及元素修改	可以对数组进行变形、复制等操作。元素修改在数组访问的基础上通过重新赋值进行
数组运算	包括标量和数组、数组和数组的逐点运算、函数对数组的逐点运算、数组和数组的广播运算，以及数组和数组的矩阵运算等
矩阵运算	针对矩阵类型，有矩阵的加、减、乘、求逆等运算

以下为 NumPy 的具体使用例子演示。为了便于区分输入语句和输出的结果，本书用 Python 的 ">>>" 符号标示输入。实际上本书的代码都是在 Jupyter Notebook 中进行的，其输入标识是类似 "In [ ]:" 的符号，采用 ">>>" 符号的原因是其更加直观且不易与代码混淆。

```
>>>import numpy as np
```

1. 数组创建

NumPy 数组的创建方式主要有 3 种：通过列表创建、通过内部功能函数创建及通过特殊库函数创建。

```
>>> np.array([1, 2, 3, 4])          # 创建一维数组
array([1, 2, 3, 4])

>>> np.array([[1, 2], [3, 4]])      # 创建二维数组
array([[1, 2],
    [3, 4]])

>>> np.arange(1, 5)                 # 用 arange 函数创建等差数组
array([1, 2, 3, 4])

>>> np.linspace(1, 4, 4)           # 用 linspace 函数创建等差数组
array([1., 2., 3., 4.])

>>> np.zeros((2, 2))               # 用 zeros 函数创建全 0 数组
array([[0., 0.],
    [0., 0.]])

>>> np.ones((2, 2))               # 用 ones 函数创建全 1 二维数组
array([[1., 1.],
    [1., 1.]])

>>>np.identity(2)                 # 用 identity 函数创建单位矩阵
array([[1., 0.],
    [0., 1.]])

>>>np.random.random((2,2))       # 用特殊库函数创建数组
array([[0.41710391, 0.73298401],
```

```
[0.26666086, 0.81880856]])

>>>np.full((2,2), 0, dtype=str)          # 返回一个指定形状、类型和数值的数组
array([['0', '0'],
   ['0', '0']], dtype='<U1')
```

2. 数组访问

NumPy 数组的访问主要有单下标索引、多下标索引、切片索引、单条件索引和多条件索引。其中多下标索引是列表不具备的功能。下标可以是列表或者 NumPy 整数数组，下标可以不连续，还可以设置不同的顺序。切片索引会形成视图，与原 NumPy 数组共享内存。多条件索引时每个条件要加括号，而且条件表达式间用集合运算符而非逻辑运算符连接。

```
>>> a = np.array([1, 2, 3, 4])

>>>a[1]                    # 单下标索引
2

>>> a[[1, 3]]              # 数组多下标索引
array([2, 4])

>>>a[1:3]                  # 切片索引
array([2, 3])

>>> a[a >2]                # 单条件索引
array([3, 4])

>>>a[(a >2) & (a <4)]      # 多条件索引
array([3])

>>>a[(a >2) ^ (a <4)]      # 多条件索引
array([1, 2, 4])
```

3. 数组修改

数组的修改包括形状的修改、维数的修改和元素的修改。

```
>>> a = np.array([1, 2, 3, 4])

>>> a.reshape(1, −1)        # 数组变形，非原地操作
array([[1, 2, 3, 4]])

>>> a.shape = (2, 2)        # 数组变形，原地操作
>>>a
array([[1, 2],
[3, 4]])

>>>a.flatten( )             # 变成一维数组
array([1, 2, 3, 4])

>>>a.copy( )                # 数组复制
array([[1, 2],
[3, 4]])
# 一维数组合并
```

```
>>>a = np.array([1, 2, 3, 4])
>>>b = np.array([4, 3, 2, 1])
>>>np.r_[a, b], np.c_[a, b]          # 作为行来合并，作为列来合并
(array([1, 2, 3, 4, 4, 3, 2, 1]),
 array([[1, 4],
        [2, 3],
        [3, 2],
        [4, 1]]))
>>>np.hstack([a, b]), np.vstack([a, b])    # 横向堆叠，纵向堆叠
(array([1, 2, 3, 4, 4, 3, 2, 1]),
 array([[1, 2, 3, 4],
        [4, 3, 2, 1]]))
>>>a = np.array([[1, 2], [3, 4]])
>>>b = np.array([[4, 3], [2, 1]])
>>>a, b, np.r_[a, b], np.c_[a, b]
(array([[1, 2],
        [3, 4]]),
 array([[4, 3],
        [2, 1]]),
 array([[1, 2],
        [3, 4],
        [4, 3],
        [2, 1]]),
 array([[1, 2, 4, 3],
        [3, 4, 2, 1]]))
>>>np.hstack([a, b]), np.vstack([a, b])
(array([[1, 2, 4, 3],
        [3, 4, 2, 1]]),
 array([[1, 2],
        [3, 4],
        [4, 3],
        [2, 1]]))
>>>a = np.array([1, 2, 3, 4])
>>>a[2] = 30
>>>a
array([1, 2, 30, 4])
>>>a[:3] = [0, 1, 2]
>>>a
array([0, 1, 2, 4])
>>>a = np.array([[1, 2], [3, 4]])
>>>a[1, 1] = 40
>>>a
array([[1,  2],
       [3, 40]])
>>>a[[0,1],[0,1]] = [10 ,40]
>>>a
array([[10,  2],
       [3, 40]])
```

4. 数组运算

NumPy 数组运算的特点为向量化，即用数组表达式替换显式循环。通常，向量化数组操作通常比普通循环运算快一个、两个或更多数量级，在任何类型的数值计算中都具有较大的影响。

```
>>>a = np.array([1, 2, 3, 4])
>>>b = np.array([4, 3, 2, 1])
>>>2*a                              # 标量与数组运算
array([2, 4, 6, 8])

>>>a*b                              # 数组与数组逐点运算
array([4, 6, 6, 4])

>>>np.log(a)                        # 对数组进行函数逐点运算
array([0., 0.69314718, 1.09861229, 1.38629436])

>>>np.sum(a)                        # 对数组进行函数逐点运算
10

>>>a = np.arange(1,1e5)
>>>%%timeit                         # Jupyter Notebook 魔法命令：计时
>>>np.log(a)
586 μs ± 2.72 μs per loop (mean ± std. dev. of 7 runs, 1000 loops each)

>>>%%timeit
>>>for i in a:                      # 可以看出循环操作比向量化运算慢很多
    np.log(i)
109 ms ± 1.78 ms per loop (mean ± std. dev. of 7 runs, 10 loops each)

# 常用数学函数
>>>np.abs(a), np.sqrt(a), np.power(a, 2.1), np.power(2, a), np.exp(a), np.sign(−a)
(array([1, 2, 3, 4]),
 array([1., 1.4142, 1.7321, 2.]),
 array([1., 4.2871, 10.0451, 18.3792]),
 array([2, 4, 8, 16], dtype=int32),
 array([ 2.7183,  7.3891, 20.0855, 54.5982]),
 array([−1, −1, −1, −1]))

# 常用统计函数
>>>np.sum(a), np.prod(a), np.max(a), np.min(a), np.mean(a), np.median(a), np.std(a)
(10, 24, 4, 1, 2.5, 2.5, 1.118033988749895)

>>>np.cumsum(a), np.cumprod(a)
(array([1, 3, 6, 10], dtype=int32), array([1, 2, 6, 24], dtype=int32))

>>>b = a.reshape(2, 2)
>>>b
array([[1, 2],
    [3, 4]])

>>>b.sum( ), b.sum(0), b.sum(1)    # 二维数组的运算分为两个维度
(10, array([4, 6]), array([3, 7]))

>>>b.max( ), b.max(0), b.max(1)
(4, array([3, 4]), array([2, 4]))
```

```
>>>c = np.identity(4)
>>>a*c                              # 数组和数组的广播运算
array([[1., 0., 0., 0.],
[0., 2., 0., 0.],
[0., 0., 3., 0.],
[0., 0., 0., 4.]])


>>>a@c                              # 数组和数组的矩阵乘法
array([1., 2., 3., 4.])


>>>np.matrix(a)                     # 创建矩阵
matrix([[1, 2, 3, 4]])


>>>np.matrix(a).T*np.matrix(b)      # 矩阵相乘，T 代表矩阵转置
matrix([[ 4, 3, 2, 1],
[ 8, 6, 4, 2],
[12, 9, 6, 3],
 [16, 12, 8, 4]])


>>>np.matrix(a) *np.matrix(b).T     # 矩阵相乘，T 代表矩阵转置
matrix([[20]])


>>> c = np.matrix(a.reshape(2, 2))
>>>c
matrix([[1, 2],
[3, 4]])


>>>c.I                              # I 代表矩阵求逆
matrix([[−2., 1.],
[1.5, −0.5]])
```

Python 数据分析
基础 NumPy

5. 随机数生成

numpy.random 包含很全面的概率分布随机数生成函数，是数据分析的重点辅助工具之一，在蒙特卡罗模拟及一些随机算法（如随机森林）中起到重要的作用。计算机能产生的仅仅是"伪随机数"，是由某些公式和函数生成的。常用的随机数生成法有同余法（Congruential Method）和梅森旋转算法（Mersenne Twister）。伪随机数的产生机理确保了使用相同随机数种子产生的序列是完全相同的，从而保证使用者在固定随机数种子后能得到可重复的确定性结果。

```
>>>np.random.seed(123)
>>>np.random.randint(1, 10, size=(2, 3))   # 指定范围整数随机数
array([[9, 2, 2],
    [5, 2, 5]])


>>>np.random.random((2, 3))                 # 0，1 均匀分布
array([[0.2076, 0.1511, 0.3973],
    [0.2145, 0.3616, 0.2351]])


>>>np.random.randn(2, 3)                     # 标准正态分布
array([[1.835 , −0.1051, 1.566],
    [0.5189, −1.7061, 0.232]])
```

```
>>>np.random.poisson(size=5)          # 泊松分布
array([1, 0, 1, 2, 3])

>>>np.random.binomial(10, 0.5, 5)      # 二项分布
array([6, 7, 6, 5, 6])

>>>np.random.choice([10, 20, 30], (2, 3))   # 随机抽样
array([[10, 10, 10],
    [20, 30, 20]])
>>>np.random.permutation([10, 20, 30])   # 随机排列
array([20, 10, 30])
```

（二）结构化数据分析库: Pandas

Pandas（官网: https://pandas.pydata.org）是 Python 的核心数据分析库，其名称来自 Panel Data Analysis（面板数据分析）。Pandas 提供了序列型 **Series** 和二维标签数据 **DataFrame** 这两种主要的数据结构类型。这两种类型都是基于 NumPy 数组扩展而来的，因此 Pandas 天生具备 NumPy 的计算优势。不仅如此，Pandas 的强大还体现在其丰富的二维数据操作支持方面，可以将 Pandas 类比为编程语言中的 Excel。正如前文所述，金融数据典型的结构为时间序列和二维表（面板数据也可以表示为二维表），因此 Pandas 足以应对绝大部分金融数据的分析和处理。

Pandas 是金融数据分析的利器，也是本书最重要的数据分析工具之一。以 DataFrame 为例，Pandas 的常见功能包括但不局限于表 1-2 所示的内容。本节主要介绍 Pandas 的 Series 和 DataFrame 对象的常见操作。更多更详细的操作说明见其官方的帮助文档:

https://pandas.pydata.org/pandas-docs/stable/reference/index.html

1. Series 基本操作

Series 是一维数组的扩展，跟一维数组一样不是列向量也不是行向量（转置后不变）。Series 对象的基本操作有创建、访问、修改、运算、时间序列操作等。

```
>>>import pandas as pd
>>>import numpy as np
>>>np.set_printoptions(4)          # 设置显示 4 位小数
```

（1）Series 的创建

```
>>>pd.Series(range(3), index=['a', 'b', 'c'])
a    0
b    1
c    2
dtype: int64

>>>pd.Series(np.random.randn(3), index=['a', 'b', 'c'])
a   −0.088708
b    0.710738
c   −0.327649
dtype: float64
```

```
>>>pd.Series(dict(zip(['a', 'b', 'c'], range(3))))
a    0
b    1
c    2
dtype: int64

>>>pd.Series(np.random.randn(3), index=['a', 'b', 'b'])
a    0.191134
b   −1.058872
b    0.055041
dtype: float64

>>>pd.Series(range(1, 4))
0    1
1    2
2    3
dtype: int64
```

（2）Series 的访问

```
>>>s = pd.Series(range(5), index=['a', 'b', 'c', 'd', 'e'])
>>>s
a    0
b    1
c    2
d    3
e    4
dtype: int64

>>>s.index, s.values
(Index(['a', 'b', 'c', 'd', 'e'], dtype='object'),
 array([0, 1, 2, 3, 4], dtype=int64))

>>>s[2], s['c']
(2, 2)

>>>s[1:3], s['b':'d']              # 按索引切片，包括结束位置
(b    1
 c    2
 dtype: int64,
 b    1
 c    2
 d    3
 dtype: int64)
```

（3）Series 的修改

```
>>>s[2] = 20
>>>s
a    0
b    1
c    20
d    3
e    4
dtype: int64
```

```
>>>s['c'] = 200
>>>s
a    0
b    1
c    200
d    3
e    4
dtype: int64

>>>s[1:3] = [10 ,20]
>>>s
a    0
b    10
c    20
d    3
e    4
dtype: int64

>>>s.index = range(5)
s
0    0
1    10
2    20
3    3
4    4
dtype: int64

>>>s = pd.Series(range(3), index=['a', 'b', 'c'])
>>>t = s.append(pd.Series(np.random.randn(2), index=['d', 'e']))
>>>t
a    0.000000
b    1.000000
c    2.000000
d    −0.927468
e    0.420573
dtype: float64
```

（4）Series 的常用方法

```
>>>s = pd.Series(range(5), index=['a', 'b', 'c', 'd', 'e'])
>>>s.add(10)
a    10
b    11
c    12
d    13
e    14
dtype: int64

>>>s+10
a    10
b    11
c    12
d    13
e    14
```

```
dtype: int64

>>>s.sum( ), s.count( ), s.all( ), s.any( )
(10, 5, False, True)

>>>s.apply(lambda x: x*10)
a    0
b    10
c    20
d    30
e    40
dtype: int64
```

（5）时间序列操作

```
>>>price = pd.Series(20 + 2*np.random.rand(5),
index=pd.date_range('2022-03-07', '2022-03-11')).round(2)
>>>price
2022-03-07    21.95
2022-03-08    20.49
2022-03-09    21.95
2022-03-10    20.15
2022-03-11    20.33
Freq: D, dtype: float64

# 移动窗口平均
>>>price.rolling(2).mean( )            # 移动窗口平均，对非时间序列也适用
2022-03-07    NaN
2022-03-08    21.020
2022-03-09    20.815
2022-03-10    20.655
2022-03-11    20.415
Freq: D, dtype: float64

>>>price.rolling('2D').mean( )
2022-03-07    21.410
2022-03-08    21.020
2022-03-09    20.815
2022-03-10    20.655
2022-03-11    20.415
Freq: D, dtype: float64

# 累积窗口求和
>>>price.expanding(2).sum( )
2022-03-07    NaN
2022-03-08    41.09
2022-03-09    63.02
2022-03-10    84.59
2022-03-11    105.58
Freq: D, dtype: float64
```

```
# 滞后一期，索引不动，数据下移
>>>price.shift(1)
2022-03-07    NaN
2022-03-08    20.51
2022-03-09    20.58
2022-03-10    21.93
2022-03-11    21.57
Freq: D, dtype: float64

# 超前一期，索引不动，数据上移
>>>price.shift(-1)
2022-03-07    20.58
2022-03-08    21.93
2022-03-09    21.57
2022-03-10    20.99
2022-03-11    NaN
Freq: D, dtype: float64

# 简单收益率
>>> (price - price.shift(1)) / price.shift(1)
2022-03-07    NaN
2022-03-08    -0.045704
2022-03-09    -0.020115
2022-03-10    0.052786
2022-03-11    -0.037604
Freq: D, dtype: float64

# 对数收益率
>>>np.log(price / price.shift(1))
2022-03-07    NaN
2022-03-08    -0.085726
2022-03-09    0.075173
2022-03-10    -0.069224
2022-03-11    0.007387
Freq: D, dtype: float64

>>>prices = price.append(pd.Series(20 + 2*np.random.rand(5),
        index=pd.date_range('2022-04-11', '2022-04-15')).round(2))
>>>prices = prices.append(pd.Series(20 + 2*np.random.rand(5),
        index=pd.date_range('2022-05-11', '2022-05-15')).round(2))
>>>prices.head( )
2022-03-07    21.95
2022-03-08    20.49
2022-03-09    21.95
2022-03-10    20.15
2022-03-11    20.33
dtype: float64

>>>prices['2022-04']                    #用月份筛选数据
2022-04-11    21.78
2022-04-12    20.25
```

```
2022-04-13    21.85
2022-04-14    21.26
2022-04-15    21.50
dtype: float64

# 数据换频
>>>prices.resample('M').mean( )          # 用上个月数据均值
2022-03-31    20.974
2022-04-30    21.328
2022-05-31    21.034
Freq: M, dtype: float64

# 比 resample 少一期
>>>prices.asfreq('M', method='ffill')     # 用上个月最后一个数据
2022-03-31    20.33
2022-04-30    21.50
Freq: M, dtype: float64
```

2. DataFrame 基本操作

DataFrame 对象类似于 Excel 中的二维表，是典型的结构化数据对象。Pandas 对 DataFrame 对象有着非常丰富的操作支持。Pandas 的基本操作如表 1-2 所示。

表 1-2　Pandas 的基本操作

基本功能		说明
对象操作层面	DataFrame 创建	通过构造函数 DataFrame( ) 进行创建、Series 对象转换和从文件中读取等
	DataFrame 访问	包括基本属性查看、多列提取、多行切片索引、多行多列标签及切片索引、多行多列下标及切片索引、条件索引、行列随机采样、数据筛选等
	DataFrame 结构修改	在尾部插入列、在指定位置插入列、添加多行、纵向合并（合并行）、横向合并（合并列）等
	DataFrame 元素修改	在访问的基础上重新赋值或用 apply( ) 进行批量操作
	时间序列操作	支持日期范围生成、频率转换、移动窗口统计、日期位移等时间序列处理功能
数据分析层面	I/O 读写操作	对 CSV、Excel、JSON 字符串、HTML、SAS、SPSS、STATA 等数据文件和数据库进行高效的读写操作
	数据清洗和规范化	包括缺失值填补、重复值去除、异常值处理、标准化、连续属性离散化、离散属性编码等
	数据重构透视	包括分组聚合、透视表、数据堆叠、交叉表、数据融合等
	可视化	融合了 Matplotlib 的绘图功能，Series 和 DataFrame 对象可以直接调用 plot 方法方便地绘制折线图、散点图、直方图、饼图等图形

（1）手动创建 DataFrame

```
>>>pd.DataFrame(np.random.randn(5, 3), index=pd.date_range(
    '2022-04-01', '2022-04-05', columns=list('ABC'))
```

	A	B	C
2022-04-01	−0.061406	−2.818236	−0.375489
2022-04-02	−0.729640	−1.061612	0.281775
2022-04-03	−1.015850	1.379417	−0.093450
2022-04-04	1.261987	−0.296799	1.236479
2022-04-05	2.413457	1.081084	0.244888

```
>>>pd.DataFrame({'A': np.random.randn(5), 'B': np.random.randn(5),
'C': ['a', 'b', 'c', 'd', 'e']},index=pd.date_range('2022−04−01', '2022−04−05'))
```

	A	B	C
2022−04−01	1.128565	−0.361561	a
2022−04−02	−0.347591	−0.746417	b
2022−04−03	1.964753	0.948607	c
2022−04−04	−1.023583	0.619151	d
2022−04−05	0.909494	0.698005	e

（2）操作举例

以下我们以浦发银行股票（上证代码：600000）的行情数据集演示 Pandas 在对象操作层面的功能及具体操作步骤。

```
# 从 CSV 文件读取股票行情数据，返回 DataFrame 对象
>>>df = pd.read_csv('600000.csv', index_col=0)
```

①查看数据总体情况

```
>>>df.shape                    # 获取 df 的大小
(117, 6)

>>>df.head(5)                  # 查看 df 的前 5 行数据
```

	open	high	low	close	vol	amount
trade_date						
20200102	12.47	12.64	12.45	12.47	516290.79	647446.166
20200103	12.57	12.63	12.47	12.60	380188.10	477053.357
20200106	12.52	12.65	12.42	12.46	410011.93	514432.551
20200107	12.51	12.60	12.46	12.50	284214.82	355811.756
20200108	12.41	12.45	12.25	12.32	352405.36	434980.266

```
>>>df.tail(5)                  # 查看 df 的最后 5 行数据
```

	open	high	low	close	vol	amount
trade_date						
20200622	10.57	10.66	10.53	10.55	246119.03	260728.901
20200623	10.51	10.57	10.47	10.48	196022.12	206109.220
20200624	10.54	10.61	10.50	10.60	228738.84	241489.165
20200629	10.63	10.73	10.49	10.57	278756.19	295223.647
20200630	10.59	10.64	10.54	10.58	228867.64	242601.910

```
>>>df.index[:5]                    # 获取 df 的前 5 个索引
Int64Index([20200102, 20200103, 20200106, 20200107, 20200108], dtype='int64', name='trade_date')

>>>df.columns                      # 获取 df 的列名
Index(['open', 'high', 'low', 'close', 'vol', 'amount'], dtype='object')

>>>df.head(3).values               # 获取 df 前 3 行的数值（NumPy 数组）
array([[1.2470e+01, 1.2640e+01, 1.2450e+01, 1.2470e+01, 5.1629e+05,6.4745e+05],
[1.2570e+01, 1.2630e+01, 1.2470e+01, 1.2600e+01, 3.8019e+05,4.7705e+05],
[1.2520e+01, 1.2650e+01, 1.2420e+01, 1.2460e+01, 4.1001e+05, 5.1443e+05]])

>>>df.describe( ).round(4)         # 查看 df 各数值列的数据描述
```

	open	high	low	close	vol	amount
count	117.0000	117.0000	117.0000	117.0000	117.0000	117.0000
mean	10.7668	10.8579	10.6844	10.7606	303407.3531	329313.7790
std	0.6934	0.6970	0.6873	0.6868	150428.3768	169638.7616
min	9.9500	9.9500	9.8200	9.8400	119669.8600	121315.4700
25%	10.3000	10.3800	10.2200	10.2800	194059.4500	208195.2480
50%	10.5700	10.6800	10.4800	10.5700	262116.5600	279375.2830
75%	11.0000	11.1000	10.8600	11.0300	380188.1000	408938.1160
max	12.5700	12.6900	12.4700	12.6000	953673.8200	997686.0580

②数据访问（数据修改在访问的基础上通过赋值进行）

DataFrame 数据访问的最基本方式为 loc 和 iloc 访问，前者指通过行列标签访问数据，后者指通过行列下标访问数据，其基本格式和用法总结如下。

df.loc[行标签 / 行标签列表 / 行标签切片 / 条件，　列标签 / 列标签列表 / 列标签切片 / 条件]

df.iloc[行下标 / 行下标列表 / 行下标切片 / 条件，列下标 / 列下标列表 / 列下标切片 / 条件]

以下各种形式都可以看成是上面两种形式的简写，如果不熟练可以不用。

行的简写访问如下：

df.loc[行标签 / 行标签列表 / 行标签切片]

df.iloc[行下标 / 行下标列表 / 行下标切片]

df[行下标切片 / 行标签切片]

df[条件表达式]

列的简写访问如下：

df[列名 / 列名列表]，注意这种形式不支持列名切片

df. 列名

除了 loc 和 iloc 访问，DataFrame 还支持用一些过滤函数进行数据筛选，例如 filter( )、between( )、isin( ) 等。

```
>>>df['open']                      # 提取 open 列，返回 Series 对象
```

trade_date

20200102	12.47
20200103	12.57
20200106	12.52
20200107	12.51
20200108	12.41
...	
20200622	10.57
20200623	10.51
20200624	10.54
20200629	10.63
20200630	10.59

```
>>>df[['open', 'close']]          # 提取多列，返回 DataFrame 对象
```

	open	close
trade_date		
20200102	12.47	12.47
20200103	12.57	12.60
20200106	12.52	12.46
20200107	12.51	12.50
20200108	12.41	12.32
...	...	...
20200622	10.57	10.55
20200623	10.51	10.48
20200624	10.54	10.60
20200629	10.63	10.57
20200630	10.59	10.58

117 rows（行）× 2 columns（列）

```
>>>df[1:3]                        # 通过切片提取多行
```

	open	high	low	close	vol	amount
trade_date						
20200103	12.57	12.63	12.47	12.60	380188.10	477053.357
20200106	12.52	12.65	12.42	12.46	410011.93	514432.551

```
# 通过 loc 用索引和列标签获取数据，行切片。注：索引切片包括截止位置
>>>df.loc[20200102:20200106, ['open', 'close']]
```

	open	close
trade_date		
20200102	12.47	12.47
20200103	12.57	12.60
20200106	12.52	12.46

```
# 通过 loc 用索引和列标签获取数据，列切片。注：列标签切片包括截止位置
>>>df.loc[[20200103, 20200203, 20200303], 'open':'close']
```

	open	high	low	close
trade_date				
20200103	12.57	12.63	12.47	12.60
20200203	10.22	10.69	10.22	10.47
20200303	11.13	11.23	11.04	11.06

```
>>>df.iloc[1:3, [2, 5]]          # 通过 iloc 用行列下标获取数据，行下标切片
```

	low	amount
trade_date		
20200103	12.47	477053.357
20200106	12.42	514432.551

```
>>>df.iloc[[1, 3, 4], 2:5]          # 通过 iloc 用行列下标获取数据，列下标切片
```

	low	close	vol
trade_date			
20200103	12.47	12.60	380188.10
20200107	12.46	12.50	284214.82
20200108	12.25	12.32	352405.36

```
>>>df[(df['open'] >12.5) & (df['open'] <12.6)]          # 用条件筛选数据
```

	open	high	low	close	vol	amount
trade_date						
20200103	12.57	12.63	12.47	12.60	380188.10	477053.357
20200106	12.52	12.65	12.42	12.46	410011.93	514432.551
20200107	12.51	12.60	12.46	12.50	284214.82	355811.756

```
>>>df[df['open'].between(12.5, 12.6, inclusive="neither")]          # 用 between 筛选数据
```

	open	high	low	close	vol	amount
trade_date						
20200103	12.57	12.63	12.47	12.60	380188.10	477053.357

续　表

trade_date	open	high	low	close	vol	amount
20200106	12.52	12.65	12.42	12.46	410011.93	514432.551
20200107	12.51	12.60	12.46	12.50	284214.82	355811.756

```
>>>df[df['open'].isin([12.52, 12.51])]          # 用 isin 筛选数据
```

trade_date	open	high	low	close	vol	amount
20200106	12.52	12.65	12.42	12.46	410011.93	514432.551
20200107	12.51	12.60	12.46	12.50	284214.82	355811.756

```
# 结合 loc 用条件筛选数据
>>>df.loc[(df['open'] >12.5) & (df['open'] <12.6), ['open', 'high']]
```

trade_date	open	high
20200103	12.57	12.63
20200106	12.52	12.65
20200107	12.51	12.60

```
# 使用 filter 筛选列数据
>>>df.filter(like='e', axis=1).head( )
```

trade_date	open	close
20200102	12.47	12.47
20200103	12.57	12.60
20200106	12.52	12.46
20200107	12.51	12.50
20200108	12.41	12.32

```
# 使用 filter 筛选行数据
>>>df.filter(like='15', axis=0).head( )
```

trade_date	open	high	low	close	vol	amount
20200115	12.41	12.45	12.25	12.25	318972.17	392531.149
20200415	10.20	10.27	10.15	10.18	149456.08	152284.659
20200515	10.36	10.38	10.26	10.28	137537.70	141846.602
20200615	10.41	10.49	10.35	10.35	254978.83	265574.307

③行列修改

```
>>>df['new_col'] = 0              # 新加一列，若列已存在则替换原来的列
>>>df.head(3)
```

trade_date	open	high	low	close	vol	amount	new_col
20200102	12.47	12.64	12.45	12.47	516290.79	647446.166	0
20200103	12.57	12.63	12.47	12.60	380188.10	477053.357	0
20200106	12.52	12.65	12.42	12.46	410011.93	514432.551	0

```
>>>df.drop('new_col', axis=1, inplace=True)     # 删除 new_col 列，直接对 df 生效
>>>df.head(3)
```

trade_date	open	high	low	close	vol	amount
20200102	12.47	12.64	12.45	12.47	516290.79	647446.166
20200103	12.57	12.63	12.47	12.60	380188.10	477053.357
20200106	12.52	12.65	12.42	12.46	410011.93	514432.551

```
>>>df.insert(2, 'new_col', 0)      # 在指定位置插入一列
>>>df.head(3)
```

trade_date	open	high	new_col	low	close	vol	amount
20200102	12.47	12.64	0	12.45	12.47	516290.79	647446.166
20200103	12.57	12.63	0	12.47	12.60	380188.10	477053.357
20200106	12.52	12.65	0	12.42	12.46	410011.93	514432.551

```
# 删除 new_col 列，修改直接对 df 生效
>>>df.drop('new_col', axis=1, inplace=True)
>>>df[1:5].append(df[0:2])         # 添加行
```

trade_date	open	high	low	close	vol	amount
20200103	12.57	12.63	12.47	12.60	380188.10	477053.357
20200106	12.52	12.65	12.42	12.46	410011.93	514432.551
20200107	12.51	12.60	12.46	12.50	284214.82	355811.756
20200108	12.41	12.45	12.25	12.32	352405.36	434980.266
20200102	12.47	12.64	12.45	12.47	516290.79	647446.166
20200103	12.57	12.63	12.47	12.60	380188.10	477053.357

```
>>>pd.concat([df[1:5], df[0:2]], axis=0)          # 合并两个 DataFrame 的行
```

trade_date	open	high	low	close	vol	amount
20200103	12.57	12.63	12.47	12.60	380188.10	477053.357
20200106	12.52	12.65	12.42	12.46	410011.93	514432.551
20200107	12.51	12.60	12.46	12.50	284214.82	355811.756
20200108	12.41	12.45	12.25	12.32	352405.36	434980.266
20200102	12.47	12.64	12.45	12.47	516290.79	647446.166
20200103	12.57	12.63	12.47	12.60	380188.10	477053.357

```
# 合并两个 DataFrame 的列
>>>pd.concat([df.iloc[1:3, 2:4], df.iloc[1:3, :2]], axis=1)
```

trade_date	low	close	open	high
20200103	12.47	12.60	12.57	12.63
20200106	12.42	12.46	12.52	12.65

```
# 合并两个 DataFrame 的列，行标签自动对齐
>>>pd.concat([df.iloc[2:4, 2:4], df.iloc[1:3, :2]], axis=1)
```

trade_date	low	close	open	high
20200103	NaN	NaN	12.57	12.63
20200106	12.42	12.46	12.52	12.65
20200107	12.46	12.50	NaN	NaN

```
# 不支持在 df.columns 上直接修改某个列名，用 rename
>>>df.rename(columns={'open':'OPEN'}).head( )
```

trade_date	open	high	low	close	vol	amount
2020-01-02	12.47	12.64	12.45	12.47	516290.79	647446.166
2020-01-03	12.57	12.63	12.47	12.60	380188.10	477053.357
2020-01-06	12.52	12.65	12.42	12.46	410011.93	514432.551
2020-01-07	12.51	12.60	12.46	12.50	284214.82	355811.756
2020-01-08	12.41	12.45	12.25	12.32	352405.36	434980.266

④排序

```
>>>df[1:5].sort_index(ascending=False)          # 根据索引逆序
```

	open	high	low	close	vol	amount
trade_date						
20200108	12.41	12.45	12.25	12.32	352405.36	434980.266
20200107	12.51	12.60	12.46	12.50	284214.82	355811.756
20200106	12.52	12.65	12.42	12.46	410011.93	514432.551
20200103	12.57	12.63	12.47	12.60	380188.10	477053.357

```
# 根据多列值排序
>>>df[1:5].sort_values(by=['trade_date', 'close'], ascending=True)
```

	open	high	low	close	vol	amount
trade_date						
20200103	12.57	12.63	12.47	12.60	380188.10	477053.357
20200106	12.52	12.65	12.42	12.46	410011.93	514432.551
20200107	12.51	12.60	12.46	12.50	284214.82	355811.756
20200108	12.41	12.45	12.25	12.32	352405.36	434980.266

```
>>>df.nlargest(3, 'vol')        # 选出成交量最大的 3 条数据
```

	open	high	low	close	vol	amount
trade_date						
20200203	10.22	10.69	10.22	10.47	953673.82	997686.058
20200122	11.70	11.84	11.65	11.77	781335.56	917203.481
20200123	11.75	11.75	11.32	11.35	765347.96	879151.046

```
>>>df.nsmallest(3, 'amount')        # 选出成交额最小的 3 条数据
```

	open	high	low	close	vol	amount
trade_date						
20200413	10.15	10.22	10.10	10.11	119669.86	121315.470
20200519	10.45	10.45	10.34	10.35	125769.97	130445.254
20200409	10.26	10.29	10.18	10.20	135695.86	138881.044

```
>>>df['close'].idxmax( )        # 获取最高收盘价行的索引
20200103

>>>df['close'].idxmin( )        # 获取最低收盘价行的索引
20200323
```

⑤数据批处理

```
>>>df['vol'].apply(int)        # 对 vol 列取整
```

trade_date
20200102   516290

```
20200103   380188
20200106   410011
20200107   284214
20200108   352405
              …
20200622   246119
20200623   196022
20200624   228738
20200629   278756
20200630   228867
Name: vol, Length: 117, dtype: int64
```

>>>df.apply(np.sum, axis=0)　# 对每一列求和

```
open      1.259710e+03
high      1.270370e+03
low       1.250070e+03
close     1.258990e+03
vol       3.549866e+07
amount    3.852971e+07
dtype: float64
```

>>>df.apply(np.sum, axis=1)　# 对每一行求和

```
trade_date
20200102   1163786.986
20200103    857291.727
20200106    924494.531
20200107    640076.646
20200108    787435.056
              …
20200622    506890.241
20200623    402173.370
20200624    470270.255
20200629    574022.257
20200630    471511.900
Length: 117, dtype: float64
```

>>>df.applymap(int)　　　# 对所有元素取整

	open	high	low	close	vol	amount
trade_date						
20200102	12	12	12	12	516290	647446
20200103	12	12	12	12	380188	477053
20200106	12	12	12	12	410011	514432
20200107	12	12	12	12	284214	355811
20200108	12	12	12	12	352405	434980
...	...	...	...	...	...	...
20200622	10	10	10	10	246119	260728
20200623	10	10	10	10	196022	206109
20200624	10	10	10	10	228738	241489
20200629	10	10	10	10	278756	295223
20200630	10	10	10	10	228867	242601

```
# 所有开盘价减 5，函数支持传入额外的参数
>>>df['open'].apply(lambda x, bias: x+bias, args=(-5,))
```

```
trade_date
20200102   7.47
20200103   7.57
20200106   7.52
20200107   7.51
20200108   7.41
         ......
20200622   5.57
20200623   5.51
20200624   5.54
20200629   5.63
20200630   5.59
Name: open, Length: 117, dtype: float64
```

```
# 支持在函数中引用列
>>>df.apply(lambda x: x['close']*x['vol'], axis=1)
```

```
trade_date
20200102   6.438146e+06
20200103   4.790370e+06
20200106   5.108749e+06
20200107   3.552685e+06
20200108   4.341634e+06
         ......
```

20200622	2.596556e+06
20200623	2.054312e+06
20200624	2.424632e+06
20200629	2.946453e+06
20200630	2.421420e+06

Length: 117, dtype: float64

⑥时间序列操作

```
# 将 trade_date 列转化为日期型，作为新的索引
>>>dates_str =list(map(str, list(df.index)))
>>>dates =list(map(pd.Timestamp, dates_str))
>>>df.index = dates

# 提取 3 月到 6 月的数据。注意 '2020-03' 不是 df 的标签，但是仍然可以提取
>>>df['2020-03':'2020-06'].head( )
```

	open	high	low	close	vol	amount
2020-03-02	10.95	11.10	10.92	11.04	392450.56	432698.824
2020-03-03	11.13	11.23	11.04	11.06	393324.60	437422.565
2020-03-04	11.01	11.10	10.95	11.03	346283.58	381014.627
2020-03-05	11.08	11.32	11.03	11.32	730478.82	819311.470
2020-03-06	11.23	11.28	11.11	11.12	415878.20	464404.003

```
# 数据转换为月频，取每月第一天的值
>>>df.resample('M').first( )
```

	open	high	low	close	vol	amount
2020-01-31	12.47	12.64	12.45	12.47	516290.79	647446.166
2020-02-29	10.22	10.69	10.22	10.47	953673.82	997686.058
2020-03-31	10.95	11.10	10.92	11.04	392450.56	432698.824
2020-04-30	10.11	10.26	10.09	10.09	224791.92	228559.545
2020-05-31	10.44	10.49	10.36	10.46	413783.62	431336.740
2020-06-30	10.63	10.72	10.57	10.65	286128.41	304346.423

```
# 数据转换为月频，取每月最后一天的值
>>>df.resample('M').last( )
```

	open	high	low	close	vol	amount
2020-01-31	11.75	11.75	11.32	11.35	765347.96	879151.046
2020-02-29	11.11	11.18	10.85	10.85	501379.88	550529.618
2020-03-31	10.30	10.36	10.13	10.15	261448.54	267681.227
2020-04-30	10.58	10.79	10.56	10.63	309069.71	330157.488
2020-05-31	10.45	10.57	10.45	10.57	306592.27	322828.566
2020-06-30	10.59	10.64	10.54	10.58	228867.64	242601.910

```
# 数据转换为月频，取每月的平均值
>>>df.resample('M').mean( ).round(4)
```

	open	high	low	close	vol	amount
2020-01-31	12.3037	12.3800	12.1988	12.2550	357268.4787	435271.7104
2020-02-29	10.9015	11.0500	10.8330	10.9490	408830.6875	445804.4944
2020-03-31	10.5632	10.6650	10.4277	10.5209	397649.3532	421163.9870
2020-04-30	10.1905	10.2733	10.1429	10.2148	211635.4500	216851.2510
2020-05-31	10.3750	10.4333	10.3072	10.3644	211201.5611	219384.3956
2020-06-30	10.5840	10.6560	10.5145	10.5700	230574.6290	244043.5893

```
# 滞后一期
>>>df[:5].shift(1)
```

	open	high	low	close	vol	amount
2020-01-02	NaN	NaN	NaN	NaN	NaN	NaN
2020-01-03	12.47	12.64	12.45	12.47	516290.79	647446.166
2020-01-06	12.57	12.63	12.47	12.60	380188.10	477053.357
2020-01-07	12.52	12.65	12.42	12.46	410011.93	514432.551
2020-01-08	12.51	12.60	12.46	12.50	284214.82	355811.756

```
# 计算各属性的每日涨幅
>>>100*((df[:5]-df[:5].shift(1))/df[:5]).round(6)
```

	open	high	low	close	vol	amount
2020-01-02	NaN	NaN	NaN	NaN	NaN	NaN
2020-01-03	0.7955	−0.0792	0.1604	1.0317	−35.7988	−35.7178
2020-01-06	−0.3994	0.1581	−0.4026	−1.1236	7.2739	7.2661
2020-01-07	−0.0799	−0.3968	0.3210	0.3200	−44.2613	−44.5800
2020-01-08	−0.8058	−1.2048	−1.7143	−1.4610	19.3500	18.2005

⑦ Pandas 使用技巧

在 Pandas 的使用过程中可以积累一些小技巧，这些小技巧可以提高 Pandas 的使用效率和体验。以下列举一些常见的小技巧。

a. 宏参数设置

Pandas 有一个参数设置系统，允许用户自定义某些方面行为，其中显示设置是最常用的设置。可以通过 dir(pd.options) 语句查看可以设置的选项大类，

```
>>>import pandas as pd
>>>dir(pd.options)
['compute', 'display', 'io', 'mode', 'plotting']
```

同时可以用 dir（pd.options.display）进一步查看显示设置的参数，常用的显示参数如表 1-3 所示。

表1-3　常用显示设置参数

参数名	说明
max_rows	DataFrame 最大显示行数
max_columns	DataFrame 最大显示列数
max_colwidth	DataFrame 每列最大显示宽度
chop_threshold	指定小于某个阈值的元素显示为 0
float_format	格式化浮点数显示
precision	小数精度

通常通过以下语句获取和设置参数：

pd.get_option("display.max_rows")

pd.set_option("display.max_rows", 5)

b. DataFrame 数据操作

第一，关于轴（axis）的理解。轴在 Pandas 中是一个比较容易让人迷糊的概念，在诸如 df.sum(axis=0) 之类的运算中，如果对轴理解不到位可能会得出完全相反的结论。轴代表数据的某一维度，例如 DataFrame 有两个维度，有 0 和 1 两个轴；三维数组有 0、1、2 三个轴。其中 0 轴代表最高维度，例如二维数组可以看成多个一维行向量构成的序列，0 轴就是二维数组的每一行，1 轴就是每一列。

假设 df 是一个 DataFrame，df.sum(axis=0) 中 axis 的作用是指明操作方向，axis=0 表示沿最高维的方向操作，此处就把所有行加起来；而 axis=1 表示沿第二维方向操作，即把所有列加起来。容易混淆的地方在于，操作的方向和被操作的对象是相反的。加总每一行相当于对每一列进行了求和操作；加总每一列相当于对每一行进行了求和操作。简单地说，在 DataFrame 或二维数组中，axis=0 代表跨行操作，axis=1 代表跨列操作。

第二，df['some_col'] 返回的是 Series，df[['some_col']] 返回的是 DataFrame，根据需要选择。同样的道理，要想获取仅包含第 1 列的 DataFrame，可以用 df.iloc[:, [1]]。

第三，对列进行索引的标准形式是 df['some_col']（方括号索引），简化形式是 df.some_col（属性索引），两者通常等价。但当列名含有空格或列名是数字等特殊情况时，属性索引不适用；属性索引仅适用于已经存在的列，当要增加一个新列时，属性索引不适用。

三、综合案例分析

（一）案例背景

我们以上海证券交易所（以下简称上交所）科创板股票的基本信息数据集为例说明数据分析包的操作，数据来源于 Tushare（一个免费开源的财经数据接口包）。科创板是上交所新设的板块，于 2019 年 6 月正式开板，上市企业为具有成长潜力的创新型中小企业。《关于在上海证券交易所设立科创板并试点注册制的实施意见》中提到，在上交所新设科创板，坚持面向世界科技前沿、面向经济主战场、面向国家重大需求，主要服务于符合国家战略、突破关键核心技术、市场认可度高的科技创新企业。重点支持新一代信息技术、高端装备、新材料、新能源、节能环保及生物医药等高新技术产业和战略性新兴产业，推动互联网、大数据、云计算、人工智能和制造业深度融合，引领中高端消费，推动质量变革、效率变革、动力变革。可见科创板的设立已经上升到国家战略高度。

（二）具体操作

以下是具体的操作，首先导入相关的 Python 包并读取数据。

1．初步探索性分析

```
>>>import pandas as pd
>>>from pandas_profiling import ProfileReport

# 读取股票基础信息
>>>df = pd.read_csv(' 股票基础信息 .csv', index_col=0, encoding='GBK')
>>>df_star = df[df['market'] ==' 科创板 ']        # 筛选出科创板股票
>>>df_star.round(2).head( )
```

ts_code	name	industry	is_hs	pe	pb	total_share	total_mv
688001.SH	华兴源创	专用机械	N	62.79	5.33	43853.68	1664685.59
688002.SH	睿创微纳	通信设备	H	76.04	14.87	44500.00	4442435.00
688003.SH	天准科技	专用机械	N	63.37	4.69	19360.00	680504.00
688004.SH	博汇科技	软件服务	N	45.76	3.06	5680.00	212432.00
688005.SH	容百科技	电气设备	N	254.49	11.76	44738.34	5422286.60

读取数据后用 DataFrame 对象的 info 方法进行属性统计描述。

```
>>>df_star.info( )
Index: 299 entries, 688001.SH to 688981.SH
```

Data columns (total 7 columns):

#	Column	Non-Null Count	Dtype
---	------	--------------	-----
0	name	299 non-null	object
1	industry	299 non-null	object
2	is_hs	299 non-null	object
3	pe	280 non-null	float64
4	pb	299 non-null	float64
5	total_share	299 non-null	float64
6	total_mv	299 non-null	float64

可以看出数据集包含的 299 只股票，有 7 个属性，分别是名称（name）、行业（industry）、是否沪深港通（is_hs）、市盈率（pe）、市净率（pb）、总股本（total_share）、总市值（total_mv）。从 Non-Null 列可以观察到 pe 属性有缺失值。进一步用 describe 方法进行描述性统计。

```
>>>df_star.describe( ).round(2)
```

	pe	pb	total_share	total_mv
count	280.00	299.00	299.00	299.00
mean	93.87	7.56	35448.42	1725419.10
std	100.92	6.66	115989.40	3665408.76
min	11.82	1.49	3700.00	164159.06
25%	39.49	3.41	8000.00	385177.10
50%	63.50	5.12	12000.00	713043.39
75%	106.18	9.45	34682.00	1693182.94
max	831.21	54.19	1380943.76	48844336.34

观察统计结果可以看到科创板股票的市盈率均值为93.87，达到很高的水平。科创板能支撑高市盈率的原因主要有两点：一是科创板上市的都是高科技及未来政策重点扶持的企业，有很大成长潜力；二是科创板是新板块，存在较强的投机性。我们来对比一下同样在上交所上市的主板股票情况。

```
>>>df[df['market'] ==' 主板 '].describe( ).round(2)
```

	pe	pb	total_share	total_mv
count	1819.00	2058.00	2079.00	2.079000e+03
mean	68.37	4.42	284818.98	2.911846e+06
std	147.06	13.19	1538504.79	1.128188e+07
min	2.71	0.35	5049.24	8.494245e+04
25%	17.61	1.37	38019.95	3.422033e+05
50%	30.87	2.14	77760.50	6.875619e+05
75%	61.09	3.68	178223.23	1.832567e+06
max	3160.17	305.77	35640625.71	2.583622e+08

首先可以看到主板股票的总股本和总市值明显高于科创板，主板的市盈率均值为68.37，显著低于创业板。进一步计算偏度和峰度。

```
# 计算偏度
>>>df_star.skew( ).round(4)
pe            3.7394
pb            3.0852
total_share   8.8517
total_mv      8.3708
```

```
# 计算峰度
>>>df_star.kurt( ).round(4)
```

```
pe            18.3219
pb            15.0316
total_share   87.0698
total_mv      95.3791
```

偏度是描述数据偏离对称性程度的一个特征。当分布左右对称时，偏度为 0；当偏度大于 0 时，分布为右偏，即右侧存在较长的尾部；当偏度小于 0 时，分布为左偏，即左侧存在较长的尾部。从计算结果可以发现，市盈率、市净率、总股本和总市值的偏度都大于 3，且总股本和总市值的偏度甚至超过 8，存在较严重的右偏（可以从后续数据概要报告的直方图中直观看出）。当数据存在较严重的偏态时，中位数比平均值更适合作为总体情况的独立指标。因此我们进一步计算中位数。

```
# 计算中位数
>>>df_star.median( ).round(2)
pe                63.50
pb                 5.12
total_share    12000.00
total_mv      713043.39
```

```
# 主板中位数
>>>df[df['market'] ==' 主板 '].median( ).round(2)
pe                30.87
pb                 2.14
total_share    77760.50
total_mv      687561.91
```

中位数的比较结果更加明显。科创板的市盈率中位数为 63.5，是主板市盈率中位数的两倍多；科创板大多数股票为小盘股，其总股本中位数比主板的总股本中位数小很多，甚至还不到 1/6。再来看各属性间的相关性。

```
# 皮尔逊相关系数
>>>df_star.corr( ).round(4)
```

	pe	pb	total_share	total_mv
pe	1.0000	0.6348	0.0399	0.2186
pb	0.6348	1.0000	−0.0620	0.3175
total_share	0.0399	−0.0620	1.0000	0.4338
total_mv	0.2186	0.3175	0.4338	1.0000

```
# spearman 秩相关系数
>>>df_star.corr('spearman').round(4)
```

	pe	pb	total_share	total_mv
pe	1.0000	0.7821	−0.0128	0.5725
pb	0.7821	1.0000	0.0390	0.7033
total_share	−0.0128	0.0390	1.0000	0.4158
total_mv	0.5725	0.7033	0.4158	1.0000

可以看出市盈率和市净率之间存在很大的相关性，皮尔逊（Pearson）相关系数达到0.6348，斯皮尔曼（Spearman）秩相关系数更是达到了 0.7821。这主要与这两个指标本身的定义有关，市盈率是股价除以每股收益，市净率是股价除以每股净资产。由于市盈率和

市净率都是公司估值指标,因此与总市值之间存在较大相关性。此外,总股本和总市值之间也存在一定的相关性。

2. 基于业务逻辑的探索性分析

这部分我们主要进行数据分组聚合和重塑操作,目的是更好地展示数据。首先通过分组聚合查看科创板市盈率均值排名前 5、倒数前 5 的行业及标准差最大的行业。

```
>>>import numpy as np

# pe 均值排名前 5 的行业
>>>df_star.groupby('industry').mean( ).sort_values('pe', ascending=False).head( )
```

industry	pe	pb	total_share	total_mv
半导体	173.628614	9.598930	127649.275074	4.840764e+06
化学制药	160.433564	9.809769	31430.669285	1.416777e+06
医疗保健	125.216236	10.936088	17258.084412	1.643087e+06
通信设备	122.646391	7.283167	27839.250767	2.388023e+06
生物制药	122.348893	11.264043	32017.991805	3.040936e+06

```
# pe 均值排名倒数前 5 的行业
>>>df_star.groupby('industry').mean( ).sort_values('pe', ascending=False).tail( )
```

industry	pe	pb	total_share	total_mv
农业综合	37.611000	6.14100	46500.000000	1.684230e+06
互联网	37.581300	3.25540	18798.003800	7.313850e+05
特种钢	32.472900	3.25090	16480.000000	5.622976e+05
运输设备	31.396650	2.56435	285230.572200	1.907899e+06
环境保护	30.942821	2.66580	12890.691743	3.335560e+05

```
# pe 标准差排名前 5 的行业
>>>df_star.groupby('industry').std( ).sort_values('pe', ascending=False).head( )
```

industry	pe	pb	total_share	total_mv
半导体	174.128270	4.858959	320179.999716	1.002111e+07
化学制药	167.246813	6.294722	26633.679405	6.229619e+05
通信设备	162.328112	4.467923	25053.867106	4.672909e+06
化工原料	145.629983	11.832891	12533.678979	1.119134e+06
医疗保健	117.932223	7.110998	14088.821139	1.278887e+06

从以上结果可以看出,科创板市盈率最高的行业有半导体、化学制药、医疗保健、通信设备和生物制药等;而农业综合、环境保护等行业的市盈率相对较低;半导体、化学制药等行业市盈率最高,但标准差也最大,说明行业内部股票的市盈率相差较大。继续查看市值最大的 5 个行业发现,半导体、医疗保健、生物制药等行业不仅市盈率最高,市值也

最大，代表了科创板的前沿和龙头。

```
# 总市值排名前 5 的行业
>>>df_star.groupby('industry').sum( ).sort_values('total_mv', ascending=False).head( )
```

	pe	pb	total_share	total_mv
industry				
半导体	3646.2009	220.7754	2.935933e+06	1.113376e+08
生物制药	1835.2334	236.5449	6.723778e+05	6.385966e+07
医疗保健	4132.1358	371.8270	5.867749e+05	5.586497e+07
软件服务	2603.4680	226.0398	5.803854e+05	5.545931e+07
电气设备	1101.1637	118.7433	8.165185e+05	3.671464e+07

接着看是否为沪深港通属性的数据分组统计。可以看出目前大部分科创板股票都不是沪深港通；无论从均值还是中值看，沪深港通股票的市盈率和总市值明显都比非沪深港通的股票高。事实上，股票入围沪深港通的条件之一就是市值要达到一定的标准。

```
# 分组计数
>>>df_star.groupby('is_hs')['name'].count( )
is_hs
H    23
N    276
# 是否为沪深港通的均值和中值
>>>df_star.groupby('is_hs').agg([np.mean, np.median])[['pe','total_mv']]
```

	pe		total_mv	
	mean	median	mean	median
is_hs				
H	136.614557	90.3928	6.059997e+06	3.914550e+06
N	90.408247	62.2767	1.364204e+06	6.377882e+05

数据分组后还支持分组绘图，Pandans 会自动将各组的数据画成子图（见图 1-2）。

```
# 分组绘图
>>>df_star[['is_hs', 'pe', 'pb']].groupby('is_hs').boxplot( )
```

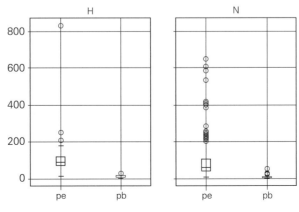

图 1-2　分组绘图示意

最后基于整个数据集演示数据透视表和列联表的生成。通过股票市场板块和是否沪深港通这两个属性进行数据透视，可以看出中小板（目前已与深圳主板合并）和创业板由于是在深圳证券交易所（以下简称深交所）上市，因此只有深港通，没有沪港通；科创板在上交所，因此只有沪深港通，没有深港通。从交叉表可以看出，A股市场上总共有4352只股票，主板的股票数量为2079，占比为48%，总市值占比为65%；科创板的股票数量为299，占比7%，总市值占比为6%。

```
# 透视表
>>>df.pivot_table(index='market', columns='is_hs', values='pe', aggfunc=np.mean).round(4)
```

is_hs	H	N	S
market			
中小板	NaN	78.1919	61.8266
主板	41.4425	85.2434	51.5938
创业板	NaN	87.6913	90.0258
科创板	136.6146	90.4082	NaN

```
# 列联表，数量统计
>>>pd.crosstab(df['market'], df['is_hs'], margins=True)
```

is_hs	H	N	S	All
market				
中小板	0	629	371	1000
主板	562	1303	214	2079
创业板	0	710	264	974
科创板	23	276	0	299
All	585	2918	849	4352

```
# 列联表，数量占比
>>>pd.crosstab(df['market'], df['is_hs'], margins=True, normalize=True).round(2)
```

is_hs	H	N	S	All
market				
中小板	0.00	0.14	0.09	0.23
主板	0.13	0.30	0.05	0.48
创业板	0.00	0.16	0.06	0.22
科创板	0.01	0.06	0.00	0.07
All	0.13	0.67	0.20	1.00

```
# 列联表，市值占比
>>>pd.crosstab(df['market'], df['is_hs'], aggfunc=sum, values=df['total_mv'],
margins=True, normalize=True).round(2)
```

is_hs	H	N	S	All
market				
中小板	0.00	0.03	0.13	0.16
主板	0.46	0.09	0.10	0.65
创业板	0.00	0.04	0.10	0.14
科创板	0.01	0.04	0.00	0.06
All	0.47	0.20	0.33	1.00

四、具体任务

（一）NumPy

1. 数据创建与访问

（1）导入并查看 NumPy 版本。

（2）创建包含 5 个元素的全 1 数组。

（3）创建包含 5 个元素的全 0 整数数组。

（4）创建 10 个 0 ～ 100 固定步长的数组。

（5）从列表创建数组。

（6）创建一个 5×5 的全 1 矩阵。

（7）创建一个 3 行 3 列并且元素为布尔类型 False 的二维数组。

（8）用 arange 函数创建一个等差数列。

（9）用 linspace 函数创建一个等差数列。

（10）创建一个 3×3 的 0 ～ 1 均匀随机数矩阵。

（11）创建一个 3×3 的标准正态分布随机数矩阵。

（12）将第 5 题的数组修改为矩阵。

（13）对上一题生成的矩阵取转置。

（14）查看矩阵的数据类型。

（15）查看矩阵的内存占用。

（16）将矩阵的数据类型修改为 float。

（17）提取矩阵第 3 行第 3 列的元素。

（18）将矩阵第 2 行第 3 列的元素放大十倍。

（19）提取矩阵中的所有偶数。

（20）将矩阵中所有奇数修改为 2 倍。

2. 基本矩阵操作与运算

（1）创建 5×5 的单位矩阵。

（2）交换第一列与第二列。

（3）交换第二行与第三行。

（4）判断两个矩阵是否有任何不同元素 [使用（2）（3）两题得到的矩阵]。

（5）计算两个矩阵不同元素的个数 [使用（2）（3）两题得到的矩阵]。

（6）找到两个矩阵不同元素的位置 [使用（2）（3）两题得到的矩阵]。

（7）矩阵乘法 [使用（2）（3）两题得到的矩阵]。

（8）矩阵对应元素相乘 [使用（2）（3）两题得到的矩阵]。

（9）计算行列式 [使用（1）题生成的矩阵]。

（10）矩阵求逆 [使用（1）题生成的矩阵]。

（二）Pandas

1. 数据读取

（1）读取 CSV 文件（股票基础信息 .csv）。

（2）指定路径读取 CSV 文件。

（3）读取 CSV 文件的前 10 行。

（4）读取 CSV 文件，跳过前 10 行。

（5）读取 CSV 文件的奇数行。

（6）读取 CSV 文件的 2、5、7 列。

（7）读取 CSV 文件的 ts_code、name 和 industry 列（给定列名）。

（8）读取 CSV 文件在 ['ts_code'，'date'，'name'，'a'] 中的列。

（9）读取 CSV 文件，以第 1 列为索引。

（10）读取 CSV 文件，以第 1 行为标题。

（11）创建一个 txt 文件并读取。

（12）创建一个 Excel 文件并读取。

（13）读取一个 JSON 文件。

（14）读取一个 HDF5 文件。

（15）从剪贴板读取数据。

（16）从网页读取数据。

（17）从列表中创建 DataFrame，并指定列名为 "A"。

alist = list(range(5))

（18）从列表中创建 DataFrame。

alist = [[1,2,3],[4,5,6]]

（19）从字典中创建 DataFrame。

d = {

  "A": pd.Series([1.0, 2.0, 3.0], index=["a", "b", "c"]),

  "B": pd.Series([1.0, 2.0, 3.0, 4.0], index=["a", "b", "c", "d"]) }

（20）从字典列表中创建 DataFrame。

d = [{"a": 1, "b": 2}, {"a": 5, "b": 10, "c": 20}]

2. 金融数据与时间处理

（1）使用 Pandas 获取当前时间。

（2）时间生成：指定范围。

使用 Pandas 按天生成 2023 年 1 月 1 日至 2023 年 3 月 31 日的全部日期。

（3）时间生成：指定长度。

使用 Pandas 从 2023 年 1 月 1 日开始，按天生成 5 天日期。

（4）时间生成：指定频率。

使用 Pandas 从 2023 年 1 月 1 日开始，按周生成 3 周日期。

（5）时间生成：特殊规律。

使用 Pandas 按天生成 2023 年 1 月 1 日至 2023 年 3 月 31 日的全部工作日。

（6）时间计算：时间差（天）。

使用 Pandas 计算 2023 年 2 月 14 日距离今天相差多少天。

（7）时间计算：时间差（小时）。

使用 Pandas 计算 2022 年 9 月 1 日 13 点 14 分距离今天相差多少小时。

（8）时间运算。

将第 1 题得到的时间减去 3 天。

（9）时间格式化。

将上一题的结果格式化为 ×× 年 ×× 月 ×× 日—×× 时 ×× 分 ×× 秒。

（10）股票数据分析。

日线

df = pd.read_csv("600000.csv")

（11）查看数据类型。

查看 df 各列的数据类型。

（12）时间类型转换。

将 df 的 trade_date 列转换为 Pandas 支持的时间格式。

（13）日期筛选：区间。

筛选出时间在 "2020-06-01" 与 "2020-11-01" 之间的数据。

（14）日期筛选：指定。

筛选时间为 2020 年 8 月的全部数据。

（15）金融计算：涨跌额。

新增一列 "涨跌"，计算前后两日收盘价之差（注意先排序）。

（16）金融计算：涨跌幅。

新增一列 "涨跌变化率"，计算前后两日收盘价之差的变化率。

（17）日期移动：值。

将 df 的索引设置为日期，将 df 数据向后移动一天。

（18）日期移动：索引。

将 df 的索引设置为日期，并将全部日期向后移动一天。

（19）日期重采样：日→周。

按周对 df 进行重采样，保留每周最后一个数据。

（20）日期重采样：日→月。

按月对 df 进行重采样，保留每月最后一个数据。

（21）日期重采样：日→月。

按日期对 df 进行重采样，保留平均数据。

实践二　金融数据获取

一、实践目的

· 通过学习和动手练习，掌握金融数据获取的基本方法，重点掌握从 Tushare 数据源获取数据的方法，为进一步做金融数据分析打下基础。

二、基本原理及操作演示

数据是金融数据分析的核心，是金融数据分析最重要的部分。金融数据采集获取的渠道有很多，比较常用和可靠的获取方式为通过专业的数据源获取。这些专业的数据源包括国家统计局、商业数据源和一些开源免费的数据源。

国家统计局网站的统计数据模块提供了翔实的价格指数、工业、能源、对外经济、财政、金融等的月度、季度、年度数据，以及普查、地区、部门、国际数据。同时提供多种文件输出、制表、绘图、指标解释、表格转置、可视化图表、数据地理信息系统等多种功能。用户可以将数据下载为 Excel、CSV、XML、PDF 等格式。但国家统计局的数据源不支持实时的数据获取，如果把数据比作水，该数据源相当于支持用水桶接水的山泉，而后用户可以将水运回家存储。

国内专业的金融数据源包括 Wind 等商业数据源及 Tushare 等免费的数据源，国外主流的金融数据库有 Datastream、Bloomberg 等。也可以使用 pythongooglefinance、yahoo-finance、pandas-datareader、pandas-finance 等 Python 包获取金融数据。此外还可从 Kaggle、UCI 等网站获取数据，以及借助 Python 的爬虫工具从网上爬取数据。商业数据源通常支持实时获取数据，类似于自来水的功能，用户可以很方便地在家通过水龙头接水，也支持将水存储起来。而用爬虫去爬取数据则相当于寻找不固定的水源接水，水源的水质很难保证，同时可能会触犯他人的隐私及权益。

还有一种不常用的方式为从某些量化投资平台获取股票、债券、基金、衍生品等证券数据。国内的量化投资平台，如聚宽、米框、优矿、同花顺、掘金等都提供了自己的数据接口，用户可以通过注册账号权限后获取相应的数据。由于做了封装，此种方式数据接口可能比 Tushare 更加易用和友好。

由于 Tushare 已经能够满足大部分的数据分析需求，因此不再介绍其他数据源的操作。有了数据源之后，我们可以通过其函数接口实时在线获取，或者手动下载数据到本地。根据数据的规模和性质，可以将数据保存为本地文件或存入数据库，从而避免再次联网获取数据并实现对数据更高效的存取。

（一）从 Tushare 获取数据

Tushare（官网：https://tushare.pro）是一个开源、免费的 Python 财经数据接口，主要实现对中国股票、指数、债券、基金、期货、期权、外汇等交易数据，以及公司基本面、行业经济、宏观经济等金融数据的快速获取和存储。在使用 Tushare 接口之前，需要注册 Tushare 账户，并通过命令 pip install tushare 安装好 Tushare 包。

1. Tushare 账户注册

通过访问 Tushare 官网并进行账号注册后，可以获取到一个 Token 码，随后便可以通过 Token 码获取数据了。Tushare 采用积分来管理数据获取权限，但较低的积分即可满足大部分的数据获取需求。可以通过注册账号获取 100 积分，修改个人信息获取另外的 20 积分，这样就可以有权限访问相对高频的股票行情数据了。

2. Tushare 数据获取

可以通过阅读 Tushare 的数据接口文档方便地了解到获取数据的具体操作。新版的 Tushare 采用的是 pro 接口来获取数据，需要进行初始化，具体方式如下：

import tushare **as** ts

pro = ts.pro_api(填入 Token 码)

（1）获取数据

初始化好 pro 接口后，就可以通过其数据接口来获取相应数据了。例如，获取股票日线行情的方法及主要参数为：

pro.daily(ts_code, trade_date, start_date, end_date)

① ts_code 设置股票代码，其中上交所的股票代码以 ".SH" 结尾，深交所的股票代码以 ".SZ" 结尾，支持多个股票同时提取，股票代码以逗号分隔。

② trade_date 设置交易日期，start_date 设置开始日期，end_date 设置结束日期，日期格式均为 "yyyymmdd"。

③ ts_code 省略表示提取所有股票数据，trade_date 表示某单个日期，不与其他两个日期同时使用。

④ 返回值为一个 DataFrame。Tushare 返回的绝大部分的数据格式都是 Pandas 的 DataFrame 类型，非常便于后续用 Pandas、NumPy、Matplotlib 进行数据分析和可视化。

（2）提取数据

Tushare 还提供了一个通用行情接口，可以提取股票（不复权、前复权和后复权）、指数、数字货币、ETF 基金、期货、期权的行情数据，具体用法及主要参数为：

ts.pro_bar(ts_code, start_date, end_date, asset='E', adj=None, freq='D')

① ts_code 设置股票代码，不支持多值输入，start_date 设置开始日期 / 时间，end_date 设置结束日期 / 时间，时间格式为 "yyyy-mm-dd hh:mm:ss"。

② asset 设置资产类别：E – 股票、I – 沪深指数、C – 数字货币、FT – 期货、FD – 基金、O – 期权、CB – 可转债。

③ adj 设置复权类型（只针对股票）：None – 未复权、qfq – 前复权、hfq – 后复权。

④ freq 设置数据频度：min – 分钟、D – 日、W – 周、M – 月。

（3）示例

以下我们以获取浦发银行股票（上证代码600000）在2020年1月1日至2020年12月31日间的日线行情为例进行演示。

```
>>>import tushare as ts
>>>import pandas as pd

# 初始化 pro 对象，需要填入获取的 Token 码
>>>pro = ts.pro_api('')

# 获取浦发银行股票（上证代码 600000）的日线行情
>>>df_ts = pro.daily(ts_code='600000.SH',start_date='20200101', end_date='20201231')
>>>df_ts.iloc[:5, :6]
```

	ts_code	trade_date	open	high	low	close
0	600000.SH	20201231	9.51	9.69	9.49	9.68
1	600000.SH	20201230	9.52	9.54	9.44	9.50
2	600000.SH	20201229	9.59	9.62	9.52	9.53
3	600000.SH	20201228	9.55	9.63	9.50	9.57
4	600000.SH	20201225	9.56	9.61	9.51	9.58

可以看出，Tushare 返回的数据是一个按日期倒序排列的 DataFrame，如果需要可以用 DataFrame 的 sort_values( ) 方法改成按日期顺序排列。

```
# 获取所有股票的日线行情
>>>df_ts = pro.daily(start_date='20200101', end_date='20201231')
>>>df_ts.iloc[:5, :6]
```

	ts_code	trade_date	open	high	low	close
0	689009.SH	20201231	82.00	88.00	80.09	85.82
1	300731.SZ	20201231	21.52	22.20	21.28	22.07
2	601456.SH	20201231	20.45	21.75	20.30	21.33
3	300742.SZ	20201231	23.40	24.41	23.31	24.04
4	300727.SZ	20201231	32.05	32.87	31.28	31.65

```
# 获取多只股票的日线行情
>>>df_ts = pro.daily(ts_code='600000.SH,300731.SZ',
start_date='20200101', end_date='20201231')
>>>df_ts.iloc[:5, :6]
```

	ts_code	trade_date	open	high	low	close
0	300731.SZ	20201231	21.52	22.20	21.28	22.07
1	600000.SH	20201231	9.51	9.69	9.49	9.68
2	300731.SZ	20201230	20.97	21.40	20.29	21.13
3	600000.SH	20201230	9.52	9.54	9.44	9.50
4	300731.SZ	20201229	20.29	22.09	20.29	20.97

```
# 获取浦发银行的后复权日线行情
>>>df_ts = ts.pro_bar(ts_code='600000.SH',start_date='20200101',
end_date='20201231', adj='hfq', freq='D')
>>>df_ts.iloc[:5, :6]
```

	ts_code	trade_date	open	high	low	close
0	600000.SH	20201231	127.4815	129.8944	127.2134	129.7604
1	600000.SH	20201230	127.6156	127.8837	126.5432	127.3475
2	600000.SH	20201229	128.5539	128.9561	127.6156	127.7496
3	600000.SH	20201228	128.0178	129.0901	127.3475	128.2859
4	600000.SH	20201225	128.1518	128.8220	127.4815	128.4199

```
# 获取浦发银行的月线行情
>>>df_ts = ts.pro_bar(ts_code='600000.SH',start_date='20200101',
end_date='20201231', freq='M')
>>>df_ts.iloc[:5, :6]
```

	ts_code	trade_date	close	open	high	low
0	600000.SH	20201231	9.68	10.08	10.39	9.44
1	600000.SH	20201130	10.06	9.28	10.53	9.22
2	600000.SH	20201030	9.26	9.44	9.93	9.25
3	600000.SH	20200930	9.39	10.31	10.36	9.35
4	600000.SH	20200831	10.36	10.40	10.98	10.31

（二）数据文件读写

除了直接从网络数据接口获取在线数据外，做数据分析时更经常用到的是从本地的文件读写数据。常见的数据文件格式有 CSV、Excel、TXT 等。Pandas 包提供了一系列完善的文件读写操作，下面我们介绍如何用 Pandas 读写常见的数据文件。

1. CSV 文件读写

逗号分隔值（Comma-Separated Values，CSV）文件，是一种以纯文本格式存储的表格数据文件。CSV 文件具有存储效率高、简单直观（可以用 Excel 打开）等特点，因此被广泛用来作为存储表格型数据的工具。CSV 文件的读写可以通过 Pandas 的 read_csv() 函数和 DataFrame 的 to_csv() 方法来实现，具体调用方式及常用参数如下：

```
pandas.read_csv(filepath_or_buffer, sep=',', header='infer', index_col=None
                usecols=None, dtype=None, parse_dates=False, encoding=None)
```

其中，filepath_or_buffer 设置包括文件名的文件路径；sep 指定文件的分隔符，默认为逗号，说明该函数不仅可以读取 CSV 文件，还可以读取 TXT 文本文件；header 指定表头（列名）所在的行，如果数据没有表头，则设置 header=None；index_col 指定哪一列作为 DataFrame 的索引；usecols 指定要读取的列；dtype 设置列的读取格式；parse_dates 设置是否要将索引或者指定列的日期字符串解析为日期型数据；encoding 指定文件编码格式，当文件中含有中文时需要特别注意读取时的编码格式要和存储时的编码格式一致，否则会出现乱码。

DataFrame.to_csv(path_or_buf=None, sep=','、columns=None,

header=True, index=True, encoding=None)

其中，path_or_buf 设置包括文件名的文件路径；sep 指定文件的分隔符，默认为逗号；columns 指定需要存储的列；header 设定是否将列名存为表头；index 设置是否存储索引；encoding 指定文件编码格式，当文件中含有中文时建议显式指定编码格式（例如 utf-8 或 GBK），读取文件时用相同的编码格式读取。

作为演示，我们先把从 Tushare 获取的股票数据（DataFrame 格式）存成 CSV 文件，然后再读取。

```
# 获取浦发银行股票（上证代码 600000）的日线行情
>>>df_ts= pro.daily(ts_code='600000.SH',start_date='20200101', end_date='20201231')
>>>df_ts.to_csv('600000.csv', index=False, encoding='utf-8')
>>>df_csv = pd.read_csv('600000.csv', sep=',', header=0, encoding='utf-8')
>>>df_csv.iloc[:5, :6]
```

	ts_code	trade_date	open	high	low	close
0	600000.SH	20201231	9.51	9.69	9.49	9.68
1	600000.SH	20201230	9.52	9.54	9.44	9.50
2	600000.SH	20201229	9.59	9.62	9.52	9.53
3	600000.SH	20201228	9.55	9.63	9.50	9.57
4	600000.SH	20201225	9.56	9.61	9.51	9.58

用 read_csv( ) 读取其他来源股票数据时，如果股票代码前面含有数字零而且代码没有字符后缀，可能会将代码读成数字并去掉前面的零。例如会将股票代码为 0000001 的值读成数字 1。解决办法是在 read_csv( ) 中用 dtype 参数额外指定某些列的格式，例如：

read_csv(…, dtype={'ts_code ': str})

以此来指定 ts_code 列为字符串格式。

```
# 构造 df 用于模拟股票代码读取错误
>>>df = df_ts.iloc[:3, :3]
>>>df.iloc[:3,0] = '000001'
>>>df.to_csv('1.csv', index=False)
>>>df                        # 原 df
```

	ts_code	trade_date	open
0	000001	20201231	9.51
1	000001	20201230	9.52
2	000001	20201229	9.59

```
# 直接读取
>>>df1 = pd.read_csv('1.csv', header=0)
>>>df1                        # 原股票代码变成了数字 1
```

	ts_code	trade_date	open
0	1	20201231	9.51
1	1	20201230	9.52
2	1	20201229	9.59

```
# 读取时指定 ts_code 列的格式
>>>df2 = pd.read_csv('1.csv', header=0, dtype={'ts_code': str})
>>>df2                    # 正确读取
```

	ts_code	trade_date	open
0	000001	20201231	9.51
1	000001	20201230	9.52
2	000001	20201229	9.59

2. Excel 文件读写

与 CSV 文件的读取类似，Excel 文件的读写可以分别通过 Pandas 的 read_excel( ) 函数和 DataFrame 的 to_excel( ) 方法来实现，具体用法如下：

```
pandas.read_excel(io, sheet_name=0, header=0, index_col=None,
                  usecols=None, dtype=None, parse_dates=False)
```

其中，io 设置文件路径；sheet_name 指定 sheet 的名称、序号或列表；header 指定表头（列名）所在的行，如果数据没有表头，则设置 header=None；index_col 指定哪一列作为 DataFrame 的索引；usecols 指定要读取的列；dtype 设置列的读取格式；parse_dates 设置是否要将索引或者指定列的日期字符串解析为日期型数据。

```
DataFrame.to_excel(excel_writer, sheet_name='Sheet1',
                   columns=None, header=True, index=True, encoding=None)
```

其中，excel_writer 设置文件路径，columns 指定需要存储的列，header 设定是否将列名存为表头，index 设置是否存储索引，encoding 指定文件编码格式。

3. 其他文件读取

Pandas 的 read_table( ) 函数可以用于一般分隔文件（如逗号分隔、空格分隔等）的读取，其用法与 read_csv( ) 类似。Pandas 还支持了从剪贴板、JSON 字符串、HTML、SAS、SPSS、STATA 等数据文件的读取，具体总结如表 2-1 所示。

表 2-1　Pandas 读写不同格式数据文件的函数

数据描述	Reader	Writer
CSV	read_csv	to_csv
JSON	read_json	to_json
HTML	read_html	to_html
XML	read_xml	to_xml
本地剪贴板	read_clipboard	to_clipboard
MS Excel	read_excel	to_excel
HDF5	read_hdf	to_hdf

续　表

数据描述	Reader	Writer
Feather 格式	read_feather	to_feather
Parquet 格式	read_parquet	to_parquet
Msgpack	read_msgpack	to_msgpack
Stata	read_stata	to_stata
SAS	read_sas	NA
SPSS	read_spss	NA
Python Pickle 格式	read_pickle	to_pickle
SQL	read_sql	to_sql
Google Big Query	read_gbq	to_gbq

（三）从数据库中读写数据

如果需要处理的数据量比较大，建议用数据库而不是 CSV 或 Excel 等文件来存取数据，以提高数据管理的效率。本章以 MySQL 数据库为例演示如何用 Python 建立数据库连接并进行相应的数据库操作。

1. 相关 Python 库

通过 Python 访问和操作 MySQL 数据库的方式有多种，其中一种是通过 SQLAlchemy 和 Pandas 来实现。SQLAlchemy 是开源的 SQL 工具包及对象关系映射（ORM）工具，采用简单的 Python 语言进行高效的数据库访问。具体需要用到 sqlalchemy、pandas 和 pymysql（MySQL 驱动）这 3 个包。其中 sqlalchemy 和 pandas 已包含在 Anaconda 中，pymysql 包需要通过 pip 命令安装。

2. MySQL 数据库操作

安装好相应的包后，我们来看如何进行常见的数据库操作，包括建立数据库连接、执行 SQL 语句，以实现数据读写和关闭数据库连接。

（1）建立数据库连接

建立数据库连接需用到 SQLAlchemy 的 create_engine( ) 函数，具体调用方式如下：

from sqlalchemy **import** create_engine

engine = create_engine('dialect+driver://username:password@host:port/database')

其中，create_engine( ) 只包含一个字符串参数，字符串中的信息依次为 dialect－数据库类型、driver－数据库驱动、username－数据库用户名、password－数据库密码、host－服务器地址、port－端口、database－数据库名称。例如：

create_engine("mysql+pymysql://root:123456@localhost:3306/fda")

表示创建 MySQL 本地 3306 端口名称为"fda"的数据库连接，连接的用户名是"root"，密码是"123456"。

（2）执行数据库 SQL 语句

创建好连接后，通过 DataFrame 的 to_sql( ) 方法将 DataFrame 存入数据库，调用方式及常用参数为：

DataFrame.to_sql(name, con, if_exists='fail', index=True)

其中，name 用来设置数据库表名，con 是数据库连接，if_exists 指定如果表已经存在的处理方式，index 设置是否存储索引。从数据库读取数据的操作为：

pd.read_sql_query(sql, con)

其中，sql 为数据库查询语句，con 为数据库连接，该函数返回一个 DataFrame。对于其他的数据库操作，如增、删、改，可以统一通过以下一条语句完成：

engine.execute(sql)

（3）关闭数据库连接

这是一个数据库使用的基本步骤，目的是节省系统资源和提高访问效率。直接调用 engine.dispose( ) 语句即可关闭数据库连接。为了避免因执行 SQL 语句失败后抛出异常而导致数据库连接不能被关闭，建议将数据库读写语句放在异常处理结构中，在出现异常的时候关闭数据库连接。例如：

try:

    res = df.to_sql('mysql_ts', engine, index=**False**, if_exists='append')

except Exception **as** e:

print(e)

finally:

    engine.dispose( )

在介绍完基本的操作方法后，我们来看具体的例子演示。假设我们已经手动创建好了一个名称为 fda 的数据库，接下来把从 Tushare 获取的某个 DataFrame 对象写入数据表 pufa_price 中，并对表进行增、删、改、查等数据库操作。以下为具体演示代码。

```
>>>df_ts = pro.daily(ts_code='600000.SH',start_date='20200101', end_date='20201231')
>>>df_ts.iloc[:5, :6]
```

	ts_code	trade_date	open	high	low	close
0	600000.SH	20201231	9.51	9.69	9.49	9.68
1	600000.SH	20201230	9.52	9.54	9.44	9.50
2	600000.SH	20201229	9.59	9.62	9.52	9.53
3	600000.SH	20201228	9.55	9.63	9.50	9.57
4	600000.SH	20201225	9.56	9.61	9.51	9.58

```
>>>from sqlalchemy import create_engine

# 按实际情况依次填写 MySQL 的用户名、密码、IP 地址、端口、数据库名
>>>engine = create_engine("mysql+pymysql://root:123456@localhost:3306/fda")
>>>res = df_ts.to_sql('pufa_price', engine, index=False, if_exists='append')

# 数据库查询操作
>>>sql_query = "SELECT trade_date,open,high,low,close FROM pufa_price LIMIT 5"
>>>df_read = pd.read_sql_query(sql_query, engine)
>>>df_read
```

	trade_date	open	high	low	close
0	20201231	9.51	9.69	9.49	9.68
1	20201230	9.52	9.54	9.44	9.50
2	20201229	9.59	9.62	9.52	9.53
3	20201228	9.55	9.63	9.50	9.57
4	20201225	9.56	9.61	9.51	9.58

可看出从数据库中读取出来的数据与原 DataFrame 是一样的，说明数据的存储和读取都没有问题。接下来再对 2020 年 12 月 31 日的开盘价进行修改。

```
# 修改表数据
>>>sql = "UPDATE pufa_price set open=100 WHERE trade_date='20201231'"
>>>engine.execute(sql)

# 重新查询数据
>>>sql_query = "SELECT trade_date,open,high,low,close FROM pufa_price LIMIT 5"
>>>df_read = pd.read_sql_query(sql_query, engine)
>>>df_read
```

	trade_date	open	high	low	close
0	20201231	100.00	9.69	9.49	9.68
1	20201230	9.52	9.54	9.44	9.50
2	20201229	9.59	9.62	9.52	9.53
3	20201228	9.55	9.63	9.50	9.57
4	20201225	9.56	9.61	9.51	9.58

```
# 插入一条重复数据
>>>sql = "INSERT INTO pufa_price SELECT * FROM pufa_price WHERE
trade_date='20201231'"
>>>engine.execute(sql)

# 重新查询数据
>>>sql_query = "SELECT trade_date,open,high,low,close FROM pufa_price where
trade_date='20201231'"
>>>df_read = pd.read_sql_query(sql_query, engine)
>>>df_read
```

	trade_date	open	high	low	close
0	20201231	100.0	9.69	9.49	9.68
1	20201231	100.0	9.69	9.49	9.68

```
# 删除加入的重复数据
>>>sql = "DELETE FROM pufa_price WHERE trade_date='20201231' LIMIT 1"
>>>engine.execute(sql)

# 重新查询数据
>>>sql_query = "SELECT trade_date,open,high,low,close FROM pufa_price where
trade_date='20201231'"
>>>df_read = pd.read_sql_query(sql_query, engine)
>>>df_read
```

	trade_date	open	high	low	close
0	20201231	100.0	9.69	9.49	9.68

从以上结果看出，修改后读取出来的数据均符合预期。所有操作完成后，关闭数据库连接。

```
# 关闭数据库连接
>>>engine.dispose( )
```

三、综合案例分析

本案例为从 Tushare 获取当期所有 A 股股票的基础信息，并且获取这些股票在 2021年 6 月 30 日的市盈率、市净率、总股本和总市值数据。

首先，在 Tushare 上获取相关数据，由于需要的信息可能无法通过一个函数来获取，我们需要对不同的数据进行合并。具体操作为用 stock_basic( ) 函数获取股票的基础信息，用 daily_basic( ) 函数获取股票的市盈率等行情信息，选用 2021 年 6 月 30 日的数据。获取到数据后，存入 CSV 文件便于后续的操作，获取数据的代码如下。

```
>>>import tushare as ts
>>>import numpy as np
>>>import pandas as pd
>>>from pandas_profiling import ProfileReport
>>>from sklearn import preprocessing
>>>from sklearn.model_selection import train_test_split

# 初始化 pro 对象，填入获取的 Token 码
>>>pro = ts.pro_api( )

# 获取股票基础信息
>>>basic_info=pro.stock_basic(exchange='',list_status='L',    fields='ts_code,name,industry,market,is_hs')

# 重新设置索引
>>>basic_info.index = basic_info['ts_code']
>>>basic_info.drop(columns='ts_code', inplace=True)
>>>basic_info.head( )
```

ts_code	name	industry	market	is_hs
000001.SZ	平安银行	银行	主板	S
000002.SZ	万科 A	全国地产	主板	S
000004.SZ	国华网安	软件服务	主板	N
000005.SZ	ST 星源	环境保护	主板	N
000006.SZ	深振业 A	区域地产	主板	S

```
# 获取股票其他信息
>>>daily_basic = pro.daily_basic(ts_code='', trade_date='20210630',
                                 fields='ts_code,pe,pb,total_share,total_mv')

# 重新设置索引
>>>daily_basic.index = daily_basic['ts_code']
>>>daily_basic.drop(columns='ts_code', inplace=True)
>>>daily_basic.head( ).round(2)
```

ts_code	pe	pb	total_share	total_mv
000692.SZ	NaN	4.35	53283.30	184360.21
600299.SH	23.73	2.39	268190.13	3207553.92
688408.SH	95.46	11.17	13571.55	2725166.84
300596.SZ	30.32	4.04	20501.04	888310.15
000587.SZ	84.32	15.45	212374.93	380151.13

```
# 合并股票信息
>>>stock_info = pd.concat([basic_info, daily_basic], axis=1, join='inner')
>>>stock_info.head( ).round(2)
```

ts_code	name	industry	market	is_hs	pe	pb	total_share	total_mv
000001.SZ	平安银行	银行	主板	S	15.17	1.45	1940591.82	43896186.96
000002.SZ	万科 A	全国地产	主板	S	6.66	1.23	1161773.22	27661820.37
000004.SZ	国华网安	软件服务	主板	N	47.40	2.10	16505.26	306337.67
000005.SZ	ST 星源	环境保护	主板	N	NaN	1.59	105853.68	199004.93
000006.SZ	深振业 A	区域地产	主板	S	7.82	0.92	134999.50	676347.52

```
# 存储股票信息
>>>stock_info.to_csv(' 股票基础信息 .csv', encoding='GBK')

# 读取股票基础信息，验证存储成功
>>>df = pd.read_csv(' 股票基础信息 .csv', index_col=0, encoding='GBK')
>>>df.head( ).round(2)
```

ts_code	name	industry	market	is_hs	pe	pb	total_share	total_mv
000001.SZ	平安银行	银行	主板	S	15.17	1.45	1940591.82	43896186.96
000002.SZ	万科 A	全国地产	主板	S	6.66	1.23	1161773.22	27661820.37
000004.SZ	国华网安	软件服务	主板	N	47.40	2.10	16505.26	306337.67
000005.SZ	ST 星源	环境保护	主板	N	NaN	1.59	105853.68	199004.93
000006.SZ	深振业 A	区域地产	主板	S	7.82	0.92	134999.50	676347.52

四、具体任务

（1）注册 Tushare 账号，并修改个人信息，获得 120 积分及 Token 码。

（2）通过 Tushare 的 daily 接口获取列表 ['600362.SH', '600346.SH', '600332.SH', '600309.SH', '600276.SH'] 中 5 只股票从 2017 年 1 月 1 日到 2021 年 12 月 31 日的日线行情数据。将获取的数据根据日期和股票代码两个属性进行排序。

（3）通过 Tushare 的 stk_factor 接口获取前述 5 只股票从 2017 年 1 月 1 日到 2021 年 12 月 31 日的技术指标数据，具体指标如下：

macd, kdj_k, kdj_d, kdj_j, rsi_6, rsi_12, rsi_24, cci

将获取的数据根据日期和股票代码两个属性进行排序。

（4）将以上两个数据集的索引改为日期和股票代码的二重索引，索引设置成功后将原日期和股票代码列删除。

（5）将日线行情数据的"pct_chg"和"vol"两列与技术指标数据集按二重索引对齐进行横向合并。将合并后的数据集存为"股价因子数据 .csv"。

（6）读取"财务因子数据 .csv"，要求读取为以日期和股票代码为二重索引的 DataFrame。

（7）读取"股价因子数据 .csv"，要求读取为以日期和股票代码为二重索引的 DataFrame。

（8）将两个数据集按二重索引对齐进行横向合并。将合并后的数据集存为"股票数据 .csv"。

实践三　数据可视化

一、实践目的

·通过学习和动手练习掌握 Python 绘图库 Matplotlib 的基本操作，掌握折线图、饼图等常用二维图及三维图形的画法，为综合的金融数据分析打下基础。

二、基本原理及操作演示

为了更好地了解数据，在抽象数据分析的基础上用图表的方式展现数据是数据分析中非常重要的步骤。通过绘图展现数据，用户可以更直观地分析数据的规律并对不同的数据做比较分析。数据可视化不仅可用在探索性数据分析中，还可以用在数据建模及展示数据分析的结论中。

Python 中常用的绘图库有 4 个：Matplotlib、Seaborn、Plotly 和 Pyecharts。Matplotlib 是最基础、最重要的绘图库，本章将详细介绍其用法。Seaborn 基于 Matplotlib 做了更高级的封装，使得绘图更加容易。不仅如此，Seaborn 还兼容 NumPy、Pandas 等数据结构，从而在更大程度上方便用户完成数据可视化。Plotly 是一个基于 JavaScript 的绘图库，绘图种类丰富，效果美观并且可以与 Web 无缝集成。Pyecharts 库是一个用于生成 Echarts 图表的库。Echarts 是一个由百度开源的商业级数据图表库，它是一个纯 JavaScript 的图表库，可以为用户提供直观生动、可交互、可高度个性化定制的数据可视化图表，赋予了用户对数据进行挖掘整合的能力。

（一）绘图库：Matplotlib

Matplotlib 是一个 Python 的常用绘图库，其绘图的操作风格非常类似于 Matlab。通过 Matplotlib 可以快速地绘制折线图、散点图、柱状图、饼图、直方图、等高线图、条形图、极坐标图、箱线图、雷达图、热力图等二维平面图，还可以绘制三维图形，甚至是图形动画等。

1. 折线图

学习 Matplotlib 绘图可以从折线图开始。借助折线图，我们将演示图形的数据、坐标轴、网格、颜色、线性、点型、图例、标题、多线、多图、子图等方面的操作。以下以一个包含正弦和余弦曲线的折线图为例演示典型的绘图步骤，这个框架同样适合于其他图形的绘制。折线图的画法为先描点，然后将相邻点用线段连接，使用 Matplotlib 时也是遵循这一思路，具体的步骤如下。

（1）导入相关包并设置参数

```
>>>import numpy as np
>>>import pandas as pd
>>>import matplotlib.pyplot as plt
```

首先导入 NumPy、Pandas 和 Matplotlib 包。Matplotlib 的绘图数据可以通过 Python 的内置对象（如列表）来提供，更普遍的是用 NumPy 或者 Pandas 中的数组和 DataFrame 对象来提供，因此通常需要导入这两个包。

```
>>>plt.rcParams['font.sans-serif'] = ['SimHei']      # 解决中文无法显示的问题
>>>plt.rcParams['axes.unicode_minus'] =False         # 解决负号无法显示的问题
```

在导入 Matplotlib 后还需要通过两句代码设置 plt.rcParams，以解决图形中的中文和负号无法正常显示的问题。初学者不必过多纠结于这两句的设置细节，只需要知道其功能即可。

（2）准备绘图数据

```
>>>x = np.arange(0, 2*np.pi, 0.2)      # 自变量取值
>>>y = np.sin(x)                        # 计算正弦函数值
>>>z = np.cos(x)                        # 计算余弦函数值
```

在绘图之前需要准备好绘图数据，即所有点的横坐标向量和纵坐标向量，这个可以通过 NumPy 轻松完成。

（3）新开绘图窗口

```
>>>plt.figure( )
```

绘图窗口就相当于一张画布，这条语句将新开一个绘图窗口，可在上面绘图。这个语句可以省略，如果省略，则代表后续的绘图在当前绘图窗口中进行；如果当前没有打开的绘图窗口，后续绘图时会自动新开一个绘图窗口。需要注意的是，如果没有新建绘图窗口，后续的绘图会跟当前窗口中已有的图形出现在同一个窗口中。用户可以根据需要进行灵活选择。

（4）绘制图像

```
# 在同一个坐标系中先后绘制两条折线
>>>plt.plot(x, y, 'r*-', label=' 正弦 ', linewidth=1)
>>>plt.plot(x, z, 'bo:', label=' 余弦 ', linewidth=2)
```

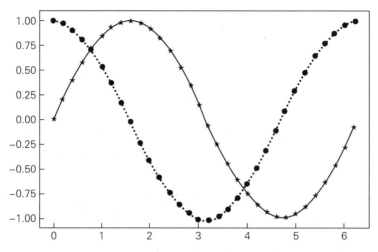

这一步是绘制折线图的核心步骤，涉及 plot( ) 函数的用法，具体用法如下。

```
plot([x], y, [fmt], *, data=None, **kwargs)
plot([x], y, [fmt], [x2], y2, [fmt2], ..., **kwargs)          # 一次画多条线
```

① [x] 为可选横坐标数据向量，可以为列表、NumPy 数组、Series 等序列型对象。如果未提供 x，则取 y 的下标作为横坐标。x 也可以为二维数组，每列对应一条线的横坐标。

② y 为纵坐标数据向量，可以为序列型对象和二维数组。当 x 存在时，x 的第一维数要与 y 的第一维数相同。

③ [fmt] 为可选参数，用于指定颜色、点型和线型的包含 3 个字符的字符串。例如 "ro-" 表示折线的颜色为红色，点的形状为 "o"，线的类型为实线。fmt 参数如果不提供则使用默认颜色，3 个字符也可以仅提供部分，如果不提供线型参数则表示画散点图。

其中，fmt 参数的取值较多，具体如表 3-1 所示，我们也不必刻意去记，需要用到时用 help(plt.plot) 命令查看即可。

表 3-1　plot( ) 函数 fmt 参数说明

颜色		点型				线型	
字符	含义	字符	含义	字符	含义	字符	含义
b	blue（蓝）	.	point（点）	s	square（方形）	−	solid line（实线）
g	green（绿）	,	pixel（像素点）	p	pentagon（五边形）	−−	dashed line（短划线）
r	red（红）	o	circle（圆）	★	star（星形）	−·	dash-dot line（点划线）
c	cyan（蓝绿）	v	triangle_down（向下三角形）	h	hexagon1（1 号六角形）	··	dotted line（虚线）
m	magenta（洋红）	^	triangle_up（向上三角形）	H	hexagon2（2 号六角形）		
y	yellow（黄）	<	triangle_left（向左三角形）	+	plus（加号标记）		
b	black（黑）	>	triangle_right（向右三角形）	x	×marker（×号标记）		
w	white（白）	1	tri_down（向下三角星）	D	diamond（菱形）		
		2	tri_up（向上三角星）	d	thin_diamond（窄型菱形）		
		3	tri_left（向左三角星）	|	vline（垂直线形）		
		4	tri_right（向右三角星）	_	hline（水平线形）		

④ kwargs 参数为不定长的属性参数，以等号的方式输入键值对（例如 linewidth=2），

之后会被打包为一个字典传入。其中一些属性如 linestyle 可以通过 fmt 参数设置，另一些可以作为补充，常见的属性参数如表 3-2 所示。

表 3-2　plot 函数 kwargs 常用参数

属性名称	含义
color or c	颜色
label	标签
linestyle	线型
linewidth	线宽
marker	点型
markeredgecolor or mec	点边框颜色
markerfacecolor or mfc	点内部颜色
markersize or ms	点大小

如果是在 Jupyter Notebook 中绘图，则图形会自动显示在单元格下方，与普通代码执行结果一样无缝嵌入文档。如果是在 Spyder 中绘图，则图形的显示方式有两种，一种是内嵌在绘图窗口中（默认），另一种是弹出独立窗口。独立窗口的好处是可以进行图形交互，如放大、缩小、旋转、修改、另存为图片等操作。可以在 Spyder 的工具—偏好设置—IPython 控制台—绘图—图形的后端中选择"自动"以实现独立窗口绘图，如图 3-1 所示。

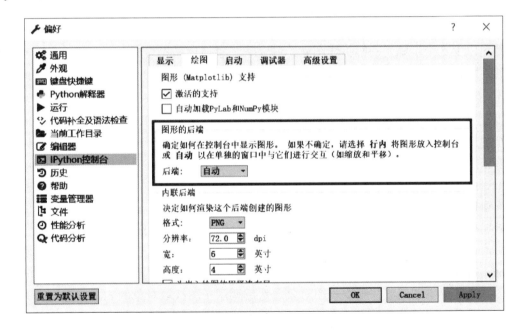

图 3-1　Spyder 绘图显示设置

（5）完善图像细节

图像细节的完善内容包括图标题、坐标轴标签、坐标轴范围、坐标轴刻度及标签、图例、网格等。其中在设置标签时可以加字体大小参数 fontsize，图例的显示名称来自 plot( ) 中的 label 参数。

```
# 折线图一系列的后续设置
>>>plt.xlabel('x- 变量 ', fontsize=18)                    # 设置 x 轴标签
>>>plt.ylabel('y- 正弦余弦函数值 ', fontsize=18)          # 设置 y 轴标签
>>>plt.title('sin-cos 函数图像 ', fontsize=20)             # 设置标题
>>>plt.legend( )                                          # 显示图例
>>>plt.grid( )                                            # 加网格
```

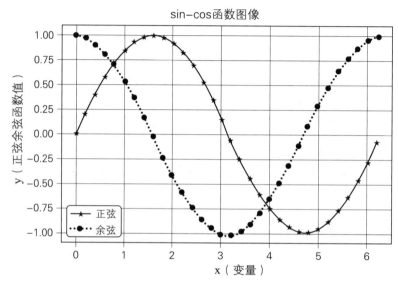

经过以上 5 个步骤，一幅折线图就绘制完毕，总体遵循先绘制图形主体，再完善图形细节的思路，用户只需提供数据和绘图参数即可。

2. 多图和子图

以上我们用 plot( ) 函数演示了如何绘制含有多条线的折线图，这个图是单图，即只涉及一个绘图窗口且在图中只有一个坐标轴（或称为绘图区域）。显然，我们很多时候需要绘制多张图，即新开绘图窗口，这种情形本书称之为多图。这可以通过在绘图过程中加入 plt.figure( ) 语句打开新的绘图窗口来实现。在两个 plt.figure( ) 语句之间的所有绘图默认都在当前窗口中进行。有时候我们还希望在同一个绘图窗口中的不同区域绘制不同的图，每个区域拥有独立的坐标轴，可以独立控制图形的细节，这种图被称为子图。

Matplotlib 中的绘子图的方式有两种，一种是先开辟子图区域，然后在子图区域中用 plt.plot( ) 等函数进行绘图，操作跟单图一样，可称为面向过程的绘图；另一种是面向对象的绘图，先开辟子图区域并获取子图对象，然后调用子图区域对象的 plot( ) 等绘图方法来完成。这两种方式的绘图效果一样，只是实现方式不同。其中第二种方式涉及的对象有绘图窗口对象 Figure 和子图区域对象 Axes（也称为坐标轴对象）。一个绘图窗口中可以包含多个绘图区域，即我们可以构造出多个 Axes 对象，而具体的子图绘图动作由每个 Axes 对象来执行，Figure 和 Axes 对象的关系如图 3-2 所示。

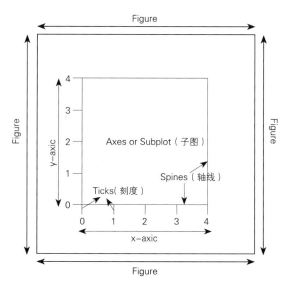

图 3-2 Figure 和 Axes 对象关系图

开辟子图区域的方式又有两种，一种是通过 Figure 对象的 add_axes( ) 方法，另一种是通过 subplot( ) 函数，算上子图的两种绘制方式，总共有 4 种组合，如表 3-3 所示。

表 3-3 绘制子图的 4 种代码

方式	面向过程	面向对象
通过 add_axes 开辟子图区域	fig = plt.figure( ) fig. add_axes( ) plt.plot( )	fig = plt.figure( ) ax = fig.add_axes( ) ax.plot( )
通过 subplot 开辟子图区域	plt.subplot( ) plt.plot( )	ax = plt.subplot( ) ax.plot( )

以下是子图绘制的具体说明及操作演示。

```
>>>fig = plt.figure( )                      # 构造 Figure 对象
>>>ax1 = fig.add_axes([0, 0, 0.5, 0.5])     # 由 Figure 对象构造 Axes 对象
>>>ax1.plot(x, y)                           # 在区域 1 中绘图
>>>ax1.set_title(' 子图 1')


>>>ax2 = fig.add_axes([0.5, 0, 0.5, 0.5])   # 由 Figure 对象构造 Axes 对象
>>>ax2.plot(x, z)                           # 在区域 2 中绘图
>>>ax2.set_title(' 子图 2')
```

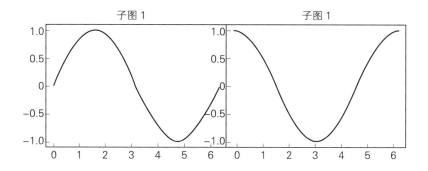

其中，fig.add_axes( ) 列表参数中前两个数字表示绘图区域的左下角坐标，后两个数字表示区域在 x 和 y 轴方向的长度。Matplotlib 还提供了一种更友好的子图绘制方式，即用 plt.subplot( ) 函数。subplot( ) 函数有 3 个整数参数，分别表示绘图窗口分割的行数、列数及当前的窗口编号。例如，subplot (2, 2, 1) 表示将绘图窗口分割为 2 行 2 列即 4 个子图，编号分别为 1、2、3 和 4，当前的窗口是子图 1。为了方便也可以把 subplot(2, 2, 1) 简写为 subplot(221)。以下为具体演示。

```
>>>ax1 = plt.subplot(221)          # 构造绘图区域 1
>>>ax1.plot(x, y)                  # 在区域 1 中绘图
>>>ax1.set_title(' 子图 1')

>>>ax2 = plt.subplot(224)          # 构造绘图区域 4
>>>ax2.plot(x, z)                  # 在区域 4 中绘图
>>>ax2.set_title(' 子图 4')
```

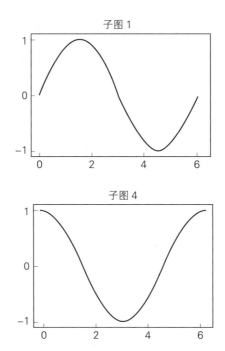

此外，subplot 还支持不均匀分割的子图，例如上面两个小图，下面一个大图。

```
>>>ax1 = plt.subplot(221)          # 构造绘图区域 1
>>>ax1.plot(x, y)                  # 在区域 1 中绘图
>>>ax1.set_title(' 子图 1')

>>>ax2 = plt.subplot(222)          # 构造绘图区域 2
>>>ax2.plot(x, z)                  # 在区域 2 中绘图
>>>ax2.set_title(' 子图 2')

>>>ax3 = plt.subplot(212)          # 构造绘图区域 3，上下分割
>>>ax3.plot(x, y+z)                # 在区域 3 中绘图
>>>ax3.set_title(' 子图 3')
```

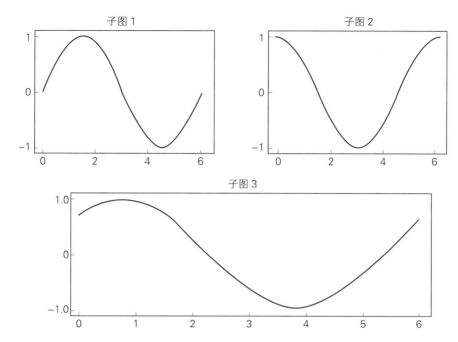

3. 其他二维图

以上我们介绍了折线图及多图、子图的画法，接下来可以把目光转向其他各种类型的二维图。这些图的绘制方法本质上与折线图没有什么区别，有了折线图的基础都比较容易掌握。

（1）散点图

顾名思义，散点图就是一些离散的点组成的图，直观上类似在平面上撒点。上一节我们提到可以用 plot( ) 函数绘制散点图，Matplotlib 还提供了 scatter( ) 函数专门用于画散点图，这两者功能基本一样，调用方式有少许差别。scatter( ) 函数的绘制函数及常用参数为：

scatter(x, y, s=None, c=None, marker=None, edgecolors=None, **kwargs)

其中，x, y 分别代表数据点的横纵坐标向量；s 设置点的大小，可以设置为递增向量实现气泡效果；c 设置点的颜色；marker 设定点的形状；edgecolors 设置点的边框颜色；kwargs 设置其他图形属性。

```
>>>np.set_printoptions(4)          # 设置显示 4 位小数
>>>np.random.seed(0)               # 设定随机数种子
>>>n = 10
>>>data = np.random.randn(n, 2)
>>>data
array([[ 1.7641,  0.4002],
       [ 0.9787,  2.2409],
       [ 1.8676, -0.9773],
       [ 0.9501, -0.1514],
       [-0.1032,  0.4106],
       [ 0.144 ,  1.4543],
       [ 0.761 ,  0.1217],
       [ 0.4439,  0.3337],
       [ 1.4941, -0.2052],
       [ 0.3131, -0.8541]])
```

```
# 散点图
>>>plt.scatter(range(n), data[:, 0], s=200, c='b', marker='*', edgecolors='r', label='A')
>>>plt.scatter(range(n), data[:, 1], s=200, c='y', marker='o', edgecolors='b', label='B')
>>>plt.title(' 散点图 ')
>>>plt.legend( )
```

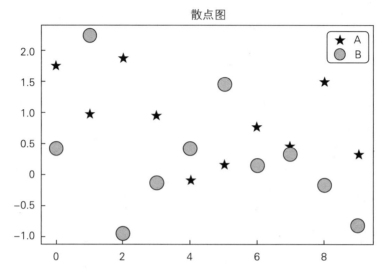

（2）柱状图

柱状图是一种常用的用于展示数据分布情况和多组数据之间进行直观对比的图形。柱状图分为竖直和水平（也称为条形图）两种，在 Matplotlib 的调用方式分别为：

bar(x, height, width=0.8, bottom=None, align='center', **kwargs)

barh(y, width, height =0.8, left=None, align='center', **kwargs)

其中，x 代表横坐标向量，height 设置柱状图高度，width 设置柱状图宽度，bottom 设置竖直柱状图底部的 y 坐标，left 设置水平柱状图最左边的 x 坐标，align 控制柱子的对齐方式，kwargs 设置其他图形属性。

```
# 柱状图
>>>plt.subplot(121)
>>>plt.bar(range(0, 2*n, 2), data[:, 0], label='A')
>>>plt.bar(range(1, 2*n+1, 2), data[:, 1], label='B')
>>>plt.title(' 竖直柱状图 ')
>>>plt.legend( )
>>>plt.subplot(122)
>>>plt.barh(range(0, 2*n, 2), data[:, 0], label='A')
>>>plt.barh(range(1, 2*n+1, 2), data[:, 1], label='B')
>>>plt.title(' 水平柱状图 ')
>>>plt.legend( )
```

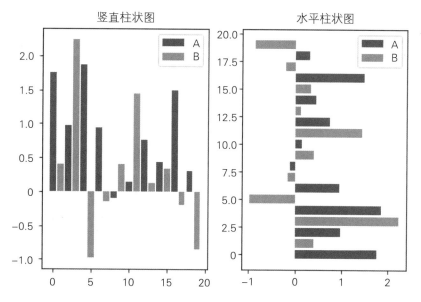

（3）饼图

饼图用于直观展示一个整体中各个部分的占比关系。Matplotlib 中饼图的绘制函数及常用参数为：

pie(x, explode=None, labels=None, colors=None, autopct=None, pctdistance=0.6,
shadow=False, labeldistance=1.1, radius=1, counterclock=True, center=(0, 0))

其中，x 为饼图数据，explode 指定饼图某些部分的突出显示，labels 用于设置饼图各部分的标签，colors 设置饼图各部分的颜色，autopct 设置百分比显示格式，pctdistance 设置百分比标签与圆心的距离，shadow 设置是否添加阴影，labeldistance 设置标签与圆心的距离，radius 设置圆饼的半径大小，counterclock 控制饼图是否按逆时针显示，center 设置饼图的圆心位置。

```
# 饼图
>>>x_pie = range(1, 5)
>>>plt.pie(x_pie, explode=[0, 0.1, 0, 0], labels=['A', 'B', 'C', 'D'], colors=None,
autopct='%.2f%%', pctdistance=0.6,shadow=True, labeldistance=1.1,
radius=1, counterclock=True, center=(0, 0))
>>>plt.title(' 饼图 ')
```

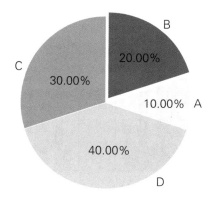

（4）直方图

直方图是一种柱状图，用于展示数据在各个不同取值区间内的频数或者频率，从而直观地了解数据的分布情况。直方图又可进一步分为频数直方图和频率直方图两种。频数直方图的横轴为数据取值，并且划分为多个相邻的小区间，纵轴的取值为每个小区间内样本的频数，每个小区间对应一个柱子。频率直方图的横轴与频数直方图一样，纵轴的取值变为每个小区间内样本的频率与组距（小区间长度）的比值，柱子的面积即为该区间的样本频率，从而使得频率直方图的轮廓接近于数据的概率密度函数图。Matplotlib 中直方图的绘制函数及常用参数为：

hist(x, bins=None, range=None, density=False, weights=None, cumulative=False,
　　bottom=None, histtype='bar', align='mid', orientation='vertical', color=None, label=None,
　　**kwargs)

其中，x 为数据，bins 指定划分区间个数，range 用于设置直方图数据的范围，density 设置是否画频率直方图，weights 设置数据点的频数权重，cumulative 设置是否计算累计频数或频率，bottom 设置直方图底部的 y 坐标，histtype 设置直方图的形状，align 控制柱子的对齐方式，orientation 设置直方图的摆放方向，color 设置直方图颜色，label 设置直方图标签，kwargs 控制其他图形属性。

```
# 直方图
>>>np.random.seed(1)  # 设定随机数种子
>>>x_hist = np.random.randn(100, 1)
>>>plt.subplot(121)
>>>plt.hist(x_hist, bins=20, density=False)
>>>plt.title(' 频数直方图 ')
>>>plt.subplot(122)
>>>plt.hist(x_hist, bins=20, density=True)
>>>plt.title(' 频率直方图 ')
```

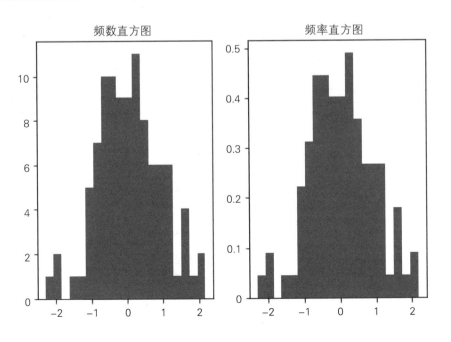

（5）箱线图

箱线图也称为盒图、箱须图，用于直观地展示数据的分布特征。从箱线图可以观察到数据的离散程度、分布是否对称、是否存在异常值等信息。箱线图的典型形状如图 3-3 所示。以中位数为中心，依次向两边扩展到上下四分位数、最大值和最小值。

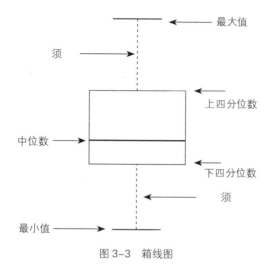

图 3-3　箱线图

其中，下四分位数即 25% 分位数，上四分位数即 75% 分位数。记上下四分位数的差为 *IQR*，则

$$最小值 = 下四分位 - 1.5IQR$$
$$最大值 = 上四分位 + 1.5IQR$$

落在上下限之外的点称为异常点或者离群点。箱线图可以用于数据的异常值处理，具体见实践七。Matplotlib 中箱线图的绘制函数及常用参数为：

boxplot(x, notch=None, sym=None, vert=None, positions=None, widths=None,
　　　　showmeans=None, showcaps=None, showbox=None, showfliers=None, labels=None,
　　　　**kwargs)

其中，x 为数据，notch 设置箱线图是否有凹口，sym 指定异常点的形状，vert 设置是否竖直摆放，positions 设置摆放位置，widths 设置箱体宽度，showmeans 设置是否显示均值，showcaps 设置是否显示顶端和末端的两条线，showbox 控制是否显示箱体，showfliers 控制是否显示异常值，labels 设置标签，kwargs 控制其他图形属性。

```
# 箱线图
>>>plt.subplot(121)
>>>plt.boxplot(data, notch=None)
>>>plt.title(' 普通箱线图 ')
>>>plt.subplot(122)
>>>plt.boxplot(data, notch=True)
>>>plt.title(' 凹口箱线图 ')
```

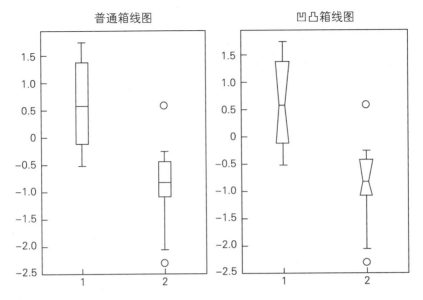

（6）热力图

热力图是一种直观呈现数据在不同区域数值大小的工具，通过设置不同的颜色可以直观反映出热点分布、区域聚集等数据信息。例如大家所熟知的疫情地图，颜色越红说明疫情越严重。Matplotlib 中热力图的画法较简单，绘制函数及常用参数为：

pcolor (C, cmap=None, **kwargs)

colorbar( )   # 显示颜色条

其中，C 为二维数组类型的数据，cmap 指定热力图的色系，kwargs 控制其他图形属性。

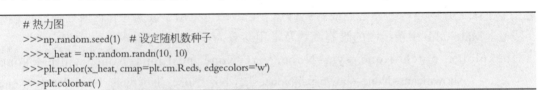

```
# 热力图
>>>np.random.seed(1)  # 设定随机数种子
>>>x_heat = np.random.randn(10, 10)
>>>plt.pcolor(x_heat, cmap=plt.cm.Reds, edgecolors='w')
>>>plt.colorbar( )
```

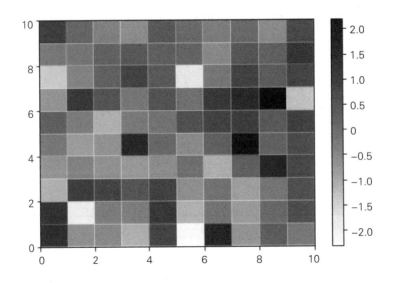

（7）六边形分箱图

六边形分箱图是散点图的延伸，将坐标区域划分成一个个六边形，统计每个六边形中的点出现的频数，从而显示出不同的颜色。六边形分箱图可以用于展示点在二维平面上各区域的分布情况，六边形分箱图同时具备直方图和热力图的功能，可以看成是一种特殊的热力图。Matplotlib 中面积图的绘制函数及常用参数为：

hexbin(x, y, C=None, gridsize=100, **kwargs)

其中，x、y 分别代表数据点的横纵坐标向量；C 设置点的权重；gridsize 设置 x 轴方向的六边形个数；kwargs 控制其他图形属性。

```
# 六边形分箱图
>>>np.random.seed(1)                                    # 设定随机数种子
>>>x_hex = np.random.randn(100, 1)
>>>y_hex = np.random.randn(100, 1)
>>>plt.hexbin(x_hex, y_hex, gridsize=10, cmap=plt.cm.Blues)
>>>plt.title(' 六边形分箱图 ')
>>>plt.colorbar( )
```

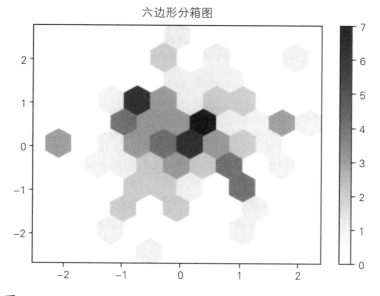

（8）面积图

面积图又称为区域图，是在折线图的基础上将折线与自变量坐标轴之间的区域使用颜色填充得到。可以将不同的面积图进行堆叠，显示整体和部分，以及不同系列间的关系。面积图强调数量随时间而变化的程度，也具有类似饼图的效果。Matplotlib 中面积图的绘制函数及常用参数为：

stackplot(x, *args, labels=( ), colors=None, baseline='zero', **kwargs)

其中，x 为横坐标数据向量，args 为多个纵坐标数据向量，labels 设置标签，colors 设置区域颜色，kwargs 控制其他图形属性。

```
# 面积图
>>>x_stack = [4, 2, 3, 3, 1]
>>>y_stack = [2, 1, 2, 1, 1]
>>>plt.stackplot(range(5), x_stack, y_stack, labels=('A', 'B'))
>>>plt.legend( )
>>>plt.title(' 面积图 ')
```

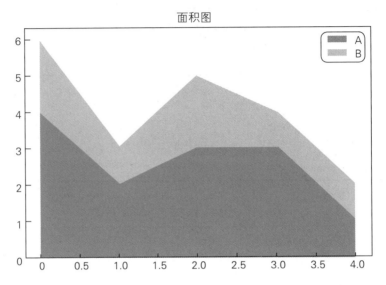

3. 三维图

以上讨论的都是二维平面图，有时候我们还需要绘制三维图。Matplotlib 中绘制三维图形的基本思路为先创建三维 Axes 对象，然后再调用相应方法作图。典型代码为：

fig = plt.figure( )

ax = fig.gca(projection='3d')

其中，gca 的含义为 get current axes，即获取当前的坐标轴对象；projection='3d' 指定坐标轴是三维的。常见的三维图有曲线图、散点图和曲面图 3 种，分别用 plot( )、scatter( ) 和 plot_surface( ) 方法绘制。此外，有时还需要绘制一个曲面的线框图和等高线图。三维图也可以画子图，通过在 subplot( ) 中添加 projection='3d' 参数实现。具体见以下的操作演示。

```
>>>fig = plt.figure( )
>>>ax = fig.gca(projection='3d')                    # 三维图形
>>>theta = np.linspace(−4* np.pi, 4* np.pi, 100)
>>>theta = np.linspace(−4* np.pi, 4* np.pi, 100)
>>>z = np.linspace(−4, 4, 100)*0.1
>>>r = z**3+1
>>>x = r * np.sin(theta)
>>>y = r * np.cos(theta)

>>>ax.plot(x, y, z)
>>>ax.set_title(' 三维曲线图 ')
```

三维曲线图

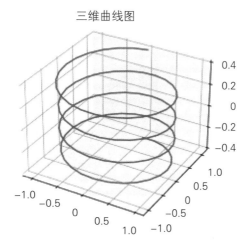

```
>>>fig = plt.figure( )
>>>ax = fig.gca(projection='3d')
>>>ax.scatter(x, y, z)
>>>ax.set_title(' 三维散点图 ')
```

三维散点图

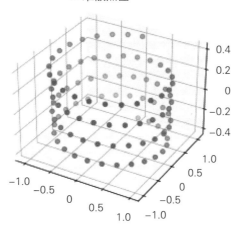

```
>>>X = np.arange(−5, 5, 0.25)
>>>Y = np.arange(−5, 5, 0.25)
>>>X, Y = np.meshgrid(X, Y)
>>>R = np.sqrt(X **2+ Y **2)
>>>Z = np.sin(R)

>>>fig = plt.figure( )
>>>ax = fig.gca(projection='3d')
>>>ax.plot_surface(X, Y, Z)          # 画三维曲面
>>>ax.set_title(' 三维曲面图 ')
```

三维曲面图

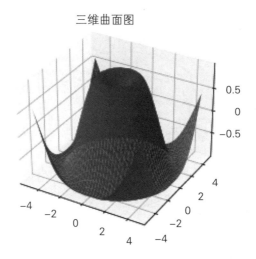

```
>>>fig = plt.figure( )
>>>ax = plt.subplot(121, projection='3d')
# 画线框图 rstride 和 cstride 控制网格粗细
>>>ax.plot_wireframe(X, Y, Z, rstride=2, cstride=2)
>>>ax.set_title(' 三维曲面线框图 ')


>>>ax = plt.subplot(122, projection='3d')
>>>ax.contour(X, Y, Z, offset=0)                    # 画等高线
>>>ax.set_title(' 三维曲面等高线图 ')
```

三维曲面线框图

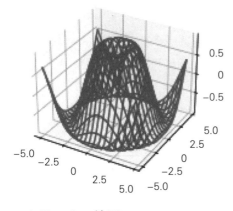

三维曲面等高线图

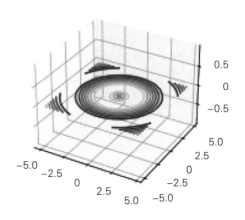

4. Pandas 绘图

Python 金融数据分析中最常用的结构是 Pandas 的 DataFrame，因此经常需要基于 DataFrame 或 Series 的数据绘图。我们当然可以用前面介绍的方法将数据传入并进行绘图，然而 Pandas 提供了更加方便的绘图途径。Pandas 对 matplotlib.axes.Axes.plot 进行了封装，使得可以直接调用 DataFrame 或 Series 对象的方法进行绘图。典型的 DataFrame 绘图方式为：

DataFrame.plot.some_plot(…)

其中，some_plot 是各种不同的图形名称，如 line（折线图）、scatter（散点图）、bar（柱状图）、pie（饼图）、hist（直方图）、box（箱线图）、hexbin（六边形分箱图）、area（面积图）等。DataFrame.plot.line( ) 还可以简化为 DataFrame.plot( )。根据不同的图，some_plot( ) 中需要设置相应数据、参数及格式。由于 DataFrame 有多列，绘图会对每一列进行绘制，并且默认画在同一个图里。如果想对每一列分开画图，则只要设置参数 subplots=**True** 即可。以下是一些具体的操作演示，更多的细节请参考 Pandas 官网的帮助文档。

```
>>>np.random.seed(0)
>>>df = pd.DataFrame(np.random.rand(20,4), columns=list('ABCD'))
>>>df.head( )
```

	A	B	C	D
0	0.548814	0.715189	0.602763	0.544883
1	0.423655	0.645894	0.437587	0.891773
2	0.963663	0.383442	0.791725	0.528895
3	0.568045	0.925597	0.071036	0.087129
4	0.020218	0.832620	0.778157	0.870012

```
>>>df.plot(subplots=True)
```

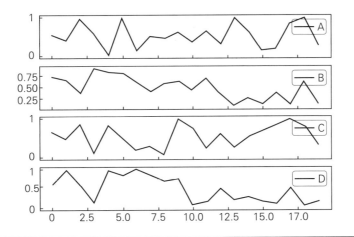

```
>>>df.plot.scatter(x='A', y='B')
```

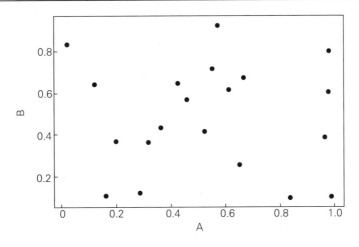

>>>df.plot.box( )

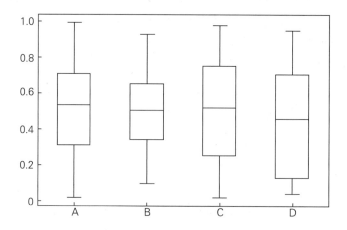

>>>df.plot.area( )

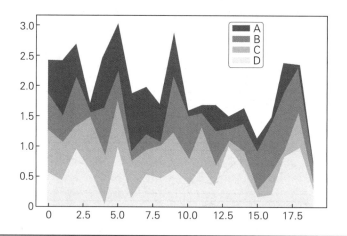

>>>df.hist( )

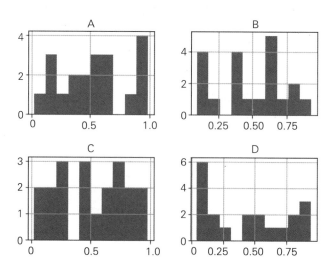

```
>>>df.plot.bar(subplots=True)
```

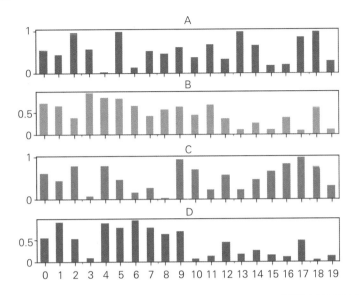

```
>>>df[:5].plot.pie(y='A')
```

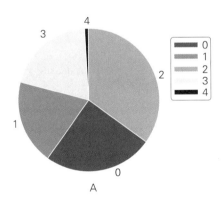

```
>>>df.plot.hexbin(x='A', y='B', gridsize=5)
```

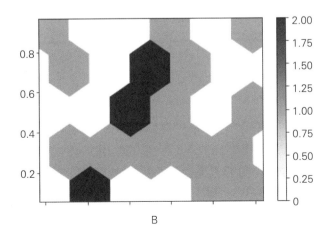

5. 绘图总结

我们通过一张思维导图对本章涉及的 Matplotlib 的绘图功能及操作方式进行总结（见图 3-4）。

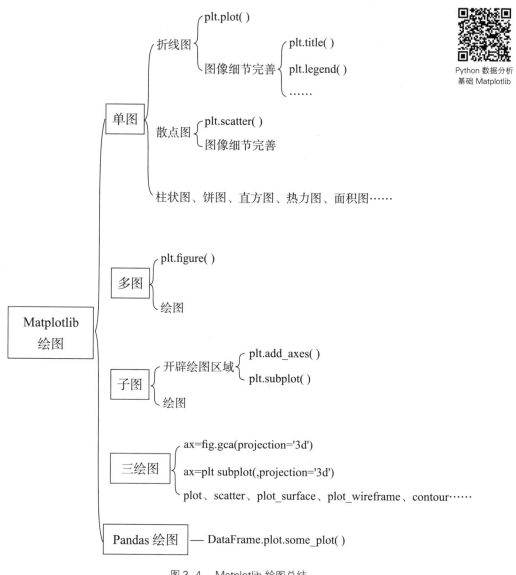

Python 数据分析
基础 Matplotlib

图 3-4　Matplotlib 绘图总结

（二）探索性数据分析与可视化

在 Python 中，初步探索性分析主要可以通过两种工具来完成。一个是 Pandas 中对 DataFrame 对象的一系列描述性统计方法；另一个是用专门的探索性数据分析包，例如 pandas_profiling。pandas_profiling 旨在扩展 DataFrame 对象的数据描述功能，将数据类型检测、缺失值统计、描述性统计、相关性分析等常用探索性数据分析功能整合到一个报告中，并通过直方图、饼图、热力图等各种形式的图表进行可视化。这个报告采用网页的形式来展现，具有良好的交互性。pandas-profiling 包并不属于 Pandas，需要通过 pip install pandas-profiling 命令来安装。pandas_profiling 包支持一键生成数据概要报告，并且可以将报告另存为 html 文件。具体的相关函数用法非常简单，如表 3-4 所示。

表 3-4　pandas_profiling 常用函数和方法

函数 / 方法	参数	功能
ProfileReport	df	生成 df（DataFrame 对象）的数据概要报告对象
to_notebook_iframe	无	报告对象的方法，在 Jupyter Notebook 中打印报告
to_file	file_name	报告对象的方法，将报告保存为 html 文件

三、综合案例分析

```
>>>import pandas as pd
>>>from pandas_profiling import ProfileReport
```

```
# 读取股票基础信息
>>>df = pd.read_csv(' 股票基础信息 .csv', index_col=0, encoding='GBK')
>>>df_star = df[df['market'] ==' 科创板 ']          # 筛选出科创板股票
>>>df_star.round(2).head( )
```

ts_code	name	industry	is_hs	pe	pb	total_share	total_mv
688001.SH	华兴源创	专用机械	N	62.79	5.33	43853.68	1664685.59
688002.SH	睿创微纳	通信设备	H	76.04	14.87	44500.00	4442435.00
688003.SH	天准科技	专用机械	N	63.37	4.69	19360.00	680504.00
688004.SH	博汇科技	软件服务	N	45.76	3.06	5680.00	212432.00
688005.SH	容百科技	电气设备	N	254.49	11.76	44738.34	5422286.60

```
# 生成数据概要报告对象，去掉名称列
>>>pr = ProfileReport(df_star.iloc[:,1:])
>>>pr.to_notebook_iframe( )            # 打印报告
>>>pr.to_file('eda_report.html')       # 保存报告
```

由于这篇报告篇幅比较长，我们分段对其进行叙述。报告的第一部分是数据集概览，如图 3-5 所示。图中的表格列出了总属性数目（Number of variables）、离散属性数目（Categorical）、连续属性数目（Numeric）、缺失值个数（Missing cells）、缺失值比例 [Missing cells (%)]、重复行数（Duplicate rows）、重复行数占比 [Duplicate rows (%)]、数据占的内存大小（Total size in memory）等信息。可以看出数据集中有 19 个值存在缺失，有 3 个离散属性和 4 个连续属性。

Dataset statistics		Variable types	
Number of variables	7	**Categorical**	3
Number of observations	299	**Numeric**	4
Missing cells	19		
Missing cells (%)	0.9%		
Duplicate rows	0		
Duplicate rows (%)	0.0%		
Total size in memory	16.5 KiB		
Average record size in memory	56.4 B		

图 3-5 数据集概览（Dataset statistics）

再来看具体的属性信息。行业属性（见图 3-6）的不同取值有 29 个，科创板股票数量最多的前 5 个行业分别是软件服务、医疗保健、专用机械、元器件和半导体。

Industry Categorical			软件服务	35
	Distinct	29	医疗保健	34
	Distinct (%)	9.7%	专用机械	30
	Missing	0	元器件	23
	Missing (%)	0.0%	半导体	23
	Memory size	2.5 KiB	Other values (24)	154

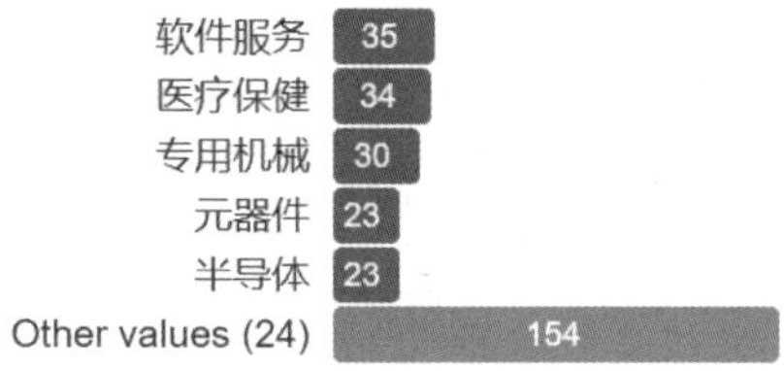

图 3-6 属性统计情况：行业（Industry）

is_hs 属性（见图 3-7）表示是否沪深港通，因为我们的数据集是上交所的所有股票，因此其代表的确切含义为是否沪港通。沪港通即沪港股票市场交易互联互通机制，指两地投资者委托上交所会员或者联交所参与者，买卖规定范围内的对方交易所上市股票。沪港通包括沪股通和港股通两部分。科创板中只有 23 只股票开通了沪港通业务，占比不到 10%。

is_hs Categorical			N	276
	Distinct	2	H	23
	Distinct (%)	0.7%		
	Missing	0		
	Missing (%)	0.0%		
	Memory size	2.5 KiB		

图 3-7 属性统计情况：是否沪深港通（is_hs）

关于 pe 属性（见图 3-8）的报告中出现了高相关性（HIGH CORRELATION）和缺失值（MISSING）警告，这两点我们在前面已经分析过。关于偏度的问题我们可以进一步查看报告上的直方图 [见图 3-10(a)]。从图上明显可以看出 pe 值在右边有一个细长的尾部，数据高峰主要在最左边，呈现出明显的右偏形态。这说明大多数科创板股票的市盈率是相对比较小的，少数股票的市盈率很大，最大值甚至达到831.2081。

pe Real number (ℝ≥0) HIGH CORRELATION HIGH CORRELATION HIGH CORRELATION HIGH CORRELATION MISSING	Distinct	280	Minimum	11.8248
	Distinct (%)	100.0%	Maximum	831.2081
			Zeros	0
	Missing	19	Zeros (%)	0.0%
	Missing (%)	6.4%	Negative	0
			Negative (%)	0.0%
	Infinite	0		
	Infinite (%)	0.0%	Memory size	2.5 KiB
	Mean	93.87372		

图 3-8 属性统计情况：市盈率（pe）

pb属性（见图3-9）也有高相关性提醒，并且其299个取值均不同，因此有"UNIQUE"（独特性）的提醒。此外，从直方图 [见图 3-10(b)] 可以看出，科创板股票的市净率分布也是右偏的。

pb Real number (ℝ≥0) HIGH CORRELATION HIGH CORRELATION HIGH CORRELATION HIGH CORRELATION UNIQUE	Distinct	299	Minimum	1.4948
	Distinct (%)	100.0%	Maximum	54.1945
			Zeros	0
	Missing	0	Zeros (%)	0.0%
	Missing (%)	0.0%	Negative	0
			Negative (%)	0.0%
	Infinite	0		
	Infinite (%)	0.0%	Memory size	2.5 KiB
	Mean	7.562388294		

图 3-9 属性统计情况：市净率（pb）

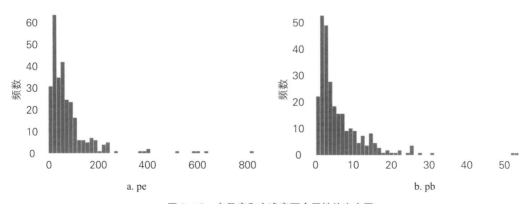

图 3-10 市盈率和市净率两个属性的直方图

total_share 属性的统计结果如图 3-11 所示，其与总市值有较高的相关性，因此也有高相关性警告。其直方图 [见图 3-13(a)] 呈现出严重的右偏性。total_mv 属性（见图 3-12）的情况类似如图 3-13(b) 所示。

total_share Real number (ℝ≥0) HIGH_CORRELATION	Distinct	252	Minimum	3700
	Distinct (%)	84.3%	Maximum	1380943.762
			Zeros	0
	Missing	0	Zeros (%)	0.0%
	Missing (%)	0.0%	Negative	0
	Infinite	0	Negative (%)	0.0%
	Infinite (%)	0.0%	Memory size	2.5 KiB
	Mean	35448.41892		

图 3-11　属性统计情况：总股本（total_share）

total_mv Real number (ℝ≥0) HIGH_CORRELATION HIGH_CORRELATION HIGH_CORRELATION	Distinct	298	Minimum	164159.055
	Distinct (%)	99.7%	Maximum	48844336.34
			Zeros	0
	Missing	0	Zeros (%)	0.0%
	Missing (%)	0.0%	Negative	0
	Infinite	0	Negative (%)	0.0%
	Infinite (%)	0.0%	Memory size	2.5 KiB
	Mean	1725419.097		

图 3-12　属性统计情况：总市值（total_mv）

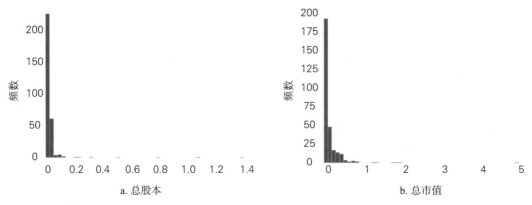

a. 总股本　　　　　　　　　　　　b. 总市值

图 3-13　total_share 和 total_mv 的直方图

　　最后查看其相关系数，通过其热力图可以直观地了解各属性间相关性的强弱。报告中支持5种相关系数矩阵：即Person相关系数、Spearman秩相关系数、肯德尔（Kendall）秩相关系数、φ相关系数和V相关系数。图3-14列出了4个数值属性的皮尔逊相关系数和Spearman秩相关系数热力图，两者总体差距不大。从图中可以看出，市盈率和市净率的相关性较高，总股本和总市值也存在一定的相关性。

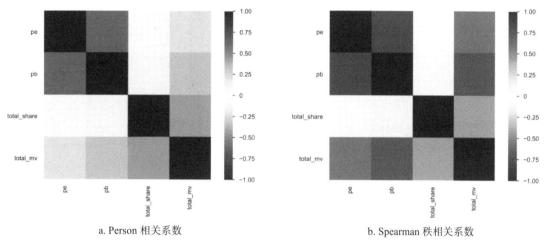

a. Person 相关系数　　　　　　　　　　　　b. Spearman 秩相关系数

图 3-14　数值属性相关系数图

　　重点看φ相关系数和V相关系数图。图3-15展示了属性的φ相关系数图，可以看出该图包含了所有的属性：包括数值属性和类别属性，说明相关系数支持混合属性的相关系数计算。从图中可以看出是否沪深港通跟其他属性均存在一定的相关关系，与总市值和市净率的相关性相对较高。图3-16则展示了行业和是否沪深港通两个类别属性的V相关系数，这是一种仅支持类别属性的列联相关系数。

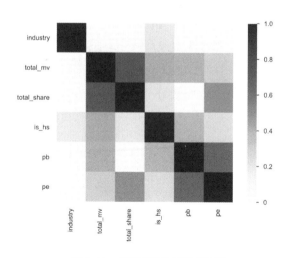

图 3-15　所有属性的相关系数图

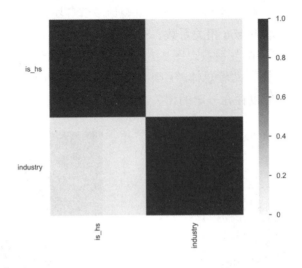

图 3-16 类别属性的 V 相关系数图

四、具体任务

（1）读取实践二金融数据获取具体任务中生成的"股票数据 .csv"，要求读取为以日期和股票代码为二重索引的 DataFrame。

（2）用探索性数据分析工具 pandas-profiling 生成数据概要报告。

（3）分析数据概要报告，观察数据集的大小，是否有缺失值、重复值。

（4）观察数据概要报告中各属性的数据类型、直方图及是否有高相关性警告。

（5）观察数据概要报告中各属性间的交互图、相关系数热力图，明确哪些是高相关属性。

（6）用自己的代码画出属性"pct_chg"的直方图。

（7）用自己的代码画出各属性的秩相关系数热力图。

（8）画出各属性非缺失值个数的柱状图。

实践四 综合数据分析

一、实践目的

· 在介绍完前述章节 Python 金融数据分析基础库、金融数据获取、数据可视化、特征工程等内容后，本章总结综合的数据分析流程。目的是让学生综合运用金融数据分析中的各个环节的基本知识进行较全面的数据分析，巩固学习成果，具备基本的数据分析能力。

二、基本原理及操作演示

（一）数据分析的流程

假设我们已经明确了数据分析的目标和任务，并且已经认为选定了模型的种类，接下来便可进行数据分析。具体流程如图 4-1 所示。

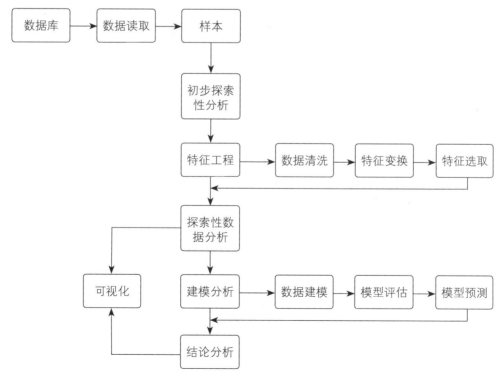

图 4-1　数据分析的微观流程

1. 数据读取

从数据文件、数据库等数据源读取数据，得到结构化的二维表数据。二维表数据是数据分析中最典型的数据形式。当然，现实中并不是所有数据都很容易转换成二维表，例如文本、图像等数据。

2. 初步探索性分析

从纯数据抽象的角度（不含业务逻辑）了解数据集的大小、数据缺失、属性类别、数据分布等情况，为后续的数据预处理提供指导。

3. 特征工程

基于初步探索性分析的结果进行数据清洗、数据规范化、特征提取等预处理，主要目的是为后续的数据建模做准备。这一步是数据分析的主要工作量所在。特征工程看似简单且无关紧要，事实上决定了数据分析的上限，是数据分析中必不可少的步骤。

4. 探索性数据分析

得到规范的数据集后，在建模之前结合业务逻辑背景进行一些简单的统计分析，主要目的是进一步了解数据的特性，并得出一些初步的结果。这一步可以看成是建模分析的热身。例如，我们想知道借款人中哪个年龄段的人群更容易违约，则可以先进行简单的比例统计，得出初步结果。

5. 建模分析

建模分析包括数据建模、模型评估、模型预测等步骤，这通常是数据分析特别是数据挖掘的主要环节。模型可以分为业务逻辑模型和机器学习模型。业务逻辑模型是数据本身的业务领域已有的一些理论和模型，例如金融领域的资本资产定价模型、B-S 期权定价公式等。机器学习模型一般不与具体业务逻辑直接相关，其主要功能是基于数据进行建模并预测，通常用于解决分类或者回归问题。

6. 结论分析及展示

对探索性分析和建模分析的结果进行总结，得出一些有用的规律和结论。同时对数据分析的结果及分析的中间过程进行可视化展示，从而更加生动直观地表达数据的规律。

（二）Logistic 回归模型介绍

本章的案例将基于一个贷款数据集，用简单的机器学习模型进行建模评估。本章只用到 Logistic 回归模型，但该流程是一个分析框架，也适用于其他更复杂的机器学习模型。

1. 模型基本思想

建立回归模型的目的是在因变量（y）和自变量（x）之间建立一种映射关系，从而解释自变量的变化对因变量的影响。具体到数据分析中，y 就是数据集的属性值，x 就是数据集的标记。属性通常有多个，最常见的做法是建立多元线性回归模型，即

$$y = w'x+b+\varepsilon, \quad E[\varepsilon] = 0, \tag{4-1}$$

其中，$w' = (w_1,\cdots,w_d)'$ 为系数向量，b 为截距，ε 为随机误差项，通常假设 ε 服从均值为零的正态分布。

对于二分类问题，其因变量 y 的取值为 0 或者 1，而 $w'x+b$ 的取值范围是 $(-\infty, +\infty)$，

因此直接用回归方程来预测 y 是不合适的。一种简单的做法就是对回归方程做一个单位阶跃函数变换，即

$$y=\begin{cases} 0, & w'x+b\leqslant0 \\ 1, & w'x+b>0 \end{cases} \tag{4-2}$$

但是单位阶跃函数是不连续的，因此性质不够好。Logistic 回归用的是 Logistic 函数变换，也称为 Sigmoid 函数，如图 4-2 所示。Logistic 函数是一个单调递增函数，而且是连续可导的，具有较好的数学性质，从而便于模型系数估计。

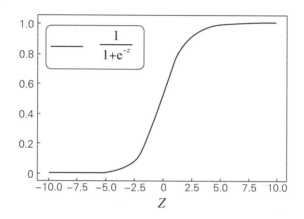

图 4-2　Sigmoid 函数图像

先将 $w'x+b$ 通过 Logistic 函数映射到区间（0,1），公式为

$$y_0=\frac{1}{1+\mathrm{e}^{-(w'x+b)}} \tag{4-3}$$

再根据 y_0 的取值确定 y 的取值，公式为

$$y=\begin{cases} 0, & y_0\leqslant\theta \\ 1, & y_0>\theta \end{cases} \tag{4-4}$$

式中，θ 是一个设定的阈值，通常取 $\theta=0.5$。Logistic 函数变换等价于

$$\ln\frac{y_0}{1-y_0}=w'x+b \tag{4-5}$$

由于 $0<y_0<1$，如果把 y_0 看成事件 $y=1$ 发生的概率，则 $1-y_0$ 就是 $y=0$ 发生的概率，而 $y_0/（1-y_0）$ 通常称为"几率"，因此，式（4-5）左边就是一个对数几率。这也是把 Logistic 函数称为对数几率函数的原因。从而 Logistic 回归也被称为对数几率回归，简称对率回归。Logistic 回归的参数可以通过极大似然估计得到，但似然函数的极值没有显式解，需要通过迭代求解，具体细节可以参考相关的文献。

2. 模型的进一步解释

Logistic 回归是一种用回归方法来解决分类问题的模型。从以上过程我们可以看到，

对于二分类问题，如果要用回归模型来建模，则需要将 $w'x+b$ 变换到区间 $[0, 1]$。从概率论中我们知道，一个随机变量的累计分布函数的取值范围也是 $[0, 1]$，因此可以把这个变换函数扩展成各种累积分布函数。事实上，Logistic 回归所用的对数几率变换正是 Logistic 分布的分布函数。如果我们采用标准正态分布函数，则所对应的回归称为 Probit 回归。记累计分布函数为 $F(x)$，以上回归的统一格式为

$$y_0 = F(w'x+b) \qquad (4\text{-}6)$$

$$\text{或} = F^{-1}(y_0) = w'x+b \qquad (4\text{-}7)$$

本质上这是一种广义线性回归模型。

模型参数 w' 和 b 通过极大似然估计得到，具体细节本书不做介绍。对于一个新的样本 x，代入模型计算出 y_0 后结合阈值即可判断该样本的类别。Logistic 回归可以进一步扩展为 Softmax 回归，应用于多分类问题的建模。Logistic 回归模型具有简单直观、支持输出概率值估计、抗噪声能力强、支持分布式计算从而适用于大数据分析等优点，但也有容易欠拟合、分类精度不高等缺点。它通常可以作为分类预测问题的类似于"探索性分析"的前导模型。

3. 模型性能评估

在机器学习中评估模型性能的标准就是模型的泛化性能，指的是模型在不可见样本上的预测能力。对于分类问题，一个最直接的性能指标就是分类准确率。但机器学习中还有更强大的性能评估工具，其中混淆矩阵最为基础。我们以二分类问题（标记取值为 0 或 1）为例，介绍混淆矩阵及在此基础上衍生出来的一系列性能度量指标和工具。

二分类问题的混淆矩阵是一个 2 阶方阵，矩阵的元素是满足相应条件的测试样例的数目，如表 4-1 所示。

表 4-1　混淆矩阵

真实情况	预测结果	
	正例	反例
正例	TP（真正例）	FN（假反例）
反例	FP（假正例）	TN（真反例）

其中，TP、FP、FN、TN 都是整数，它们的和为测试样例总数。正例指标记是 1 的样例，反例指标记是 0 的样例。混淆矩阵是与某个模型及某个测试样本相对应的，TP 代表测试样本中真实标记是 1，同时被模型正确预测为正例的样例个数，因此称为真正例。其余几个数值也可以进行类似的解释。在混淆矩阵的基础上，我们可以定义以下常见的性能度量指标

$$\text{Accuracy} = \frac{TP+TN}{TP+FP+TN+FN} \qquad (4\text{-}8)$$

$$\text{Precision} = \frac{TP}{TP+FP} \qquad (4\text{-}9)$$

$$\text{Recall} = \frac{TP}{TP+FN} \qquad (4\text{-}10)$$

Accuracy 即整体预测正确率。Precision 称为查准率,计算的是在所有被模型预测为正例的样例中预测正确的比例。此处考虑正例的原因是,在现实建模中我们往往把更加关注的样本类别作为正例,例如违约的贷款作为正例,未违约的贷款作为反例。Recall 被称为查全率、召回率或灵敏度,计算的是所有正例中被正确预测的比例。查准率和查全率分别对应于概率统计中的取伪(第二类错误)和弃真错误(第一类错误),很难做到两全。要提高查全率很简单,极端情况就是让模型把所有样例都预测为正例,此时查全率为 1,但查准率往往就会很低。除了以上 3 个常见的性能指标外,还有 F_1 指标,是查准率和查全率的调和平均值

$$F_1 = \frac{2 \times \text{Precision} \times \text{Recall}}{\text{Precision} + \text{Recall}} \quad (4\text{-}11)$$

如果对同一个模型用多个测试样本进行测试,例如 k 折交叉验证,就会得到多个混淆矩阵,此时以上各指标就会涉及"微指标"和"宏指标"的概念。微指标的计算方式为先对多个混淆矩阵取平均,然后再计算相应的指标。宏指标的计算方式为先计算各个混淆矩阵对应的指标,再对指标做平均。对于查准率,其微指标和宏指标分别为

$$\text{Micro\_P} = \frac{\overline{\text{TP}}}{\overline{\text{TP}} + \overline{\text{FP}}} \quad (4\text{-}12)$$

$$\text{Macro\_P} = \overline{\text{Precision}} \quad (4\text{-}13)$$

ROC(Receiver Operating Characteristic,接收者操作特征)曲线是一个重要的模型性能评估工具。它源于第二次世界大战中用于敌机检测的雷达信号分析技术,而后被引入机器学习领域,并成为最流行的机器学习模型性能评估工具之一。ROC 曲线的典型形状如图 4-3 所示,其横轴是 FPR(False Positive Rate,假正例率),纵轴是 TPR(True Positive Rate,真正例率),曲线从 (0, 0) 点出发到 (1, 1) 点。

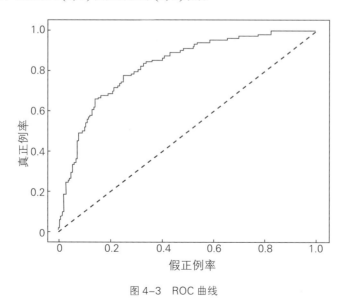

图 4-3 ROC 曲线

其中 TPR 和 FPR 基于混淆矩阵计算，定义为

$$TPR=\frac{TP}{TP+FN}=Recall \qquad (4\text{-}14)$$

$$FPR=\frac{FP}{FP+TN} \qquad (4\text{-}15)$$

4. 相关 Python 库介绍

Scikit-Learn（官网：https://scikit-learn.org/stable/#）是一个著名的 Python 机器学习库，包含在 Anaconda 中。Scikit-Learn 库基于 NumPy、SciPy 和 Matplotlib，提供了机器学习领域分类、回归、聚类和降维的各种模型接口，同时提供了强大的模型选择、性能评估、数据预处理等功能。本书不涉及过多的机器学习知识，因此仅介绍本章需要用到的相关内容。

Logistic 回归属于线性回归模型，在 Scikit-Learn 中对应的函数是 LogisticRegression（）。Logistic 回归用于分类问题时总体遵循机器学习的流程（详见实践八），具体实现步骤为如下。

（1）数据预处理

与一般数据分析相同，从 CSV 等数据文件或者数据库中读取结构化的二维表数据。然后对数据进行一些特征处理，使其适用于 Logistic 回归建模。由于 Logistic 回归模型无法直接处理离散属性，因此需要进行离散属性编码。此外，对于连续属性可以进行取对数、标准化等操作，甚至还可以先对连续属性离散化，再进行编码，目的是训练出预测能力更强的模型。

（2）训练测试样本分割

为了评估模型的泛化性能，需要留出部分测试数据对模型进行测试。通常的做法是随机抽取部分样本作为测试数据，剩余部分作为训练数据，测试数据和训练数据必须做到没有交集。这一步可以借助 scikit-learn 包的 train_test_split（）函数轻松实现。例如：

X_train, X_test, y_train, y_test = train_test_split(X, y, test_size,random_state=None)

其中，X 代表样本属性数据，为二维 NumPy 数组或者 DataFrame；y 为标记向量，多标记问题中 y 也可以为 DataFrame；test_size 设置测试样本的大小占比；random_state 设置随机划分的种子，如果为 None 则每次划分结果会不同。返回的结果满足 X=X_train ∪ X_test，y=y_train ∪ y_test，而且 X_train 和 y_train，以及 X_test 和 y_test 是属性和标记分别是对应的。

（3）模型构建

建模包括模型初始化和模型训练，在 Scikit-Learn 中可以很方便地实现。先选定一个模型，并通过构造相应的模型对象（也称为学习器）来初始化模型。在构造模型对象的同时可以设定诸如最大迭代次数、模型结构等超参数；再基于训练样本对模型进行训练（通常也称为拟合），估计出模型参数。借助 Scikit-Learn 可以仅通过两句代码来实现建模步骤，具体如下。

```
model = LogisticRegression(max_iter=100,fit_intercept=True)    # 模型初始化，生成模型对象
model.fit(X_train, y_train)                                     # 模型训练
```

其中，max_iter 设置估计模型参数时的最大迭代次数，fit_intercept 设置模型中是否有常数项。

（4）模型预测

训练完成后，模型就可以用于预测了。通常我们要预测的是样本外数据，因此需要用与训练数据无交集的测试数据来进行。

```
y_pred = model.predict(X_test)                # 模型预测，预测类别
y_score = model.predict_proba(X_test)         # 模型预测，预测概率
```

Logistic 回归提供了两种预测，一种是类别预测，即返回 0 或 1；另一种是概率预测，返回属于正例的概率。具体根据实际情况选用，例如概率预测结果可以用于 ROC 曲线的绘制。

（5）模型评估

得到测试数据的标记预测结果 y_pred 后，通过与真实标记 y_test 进行比较评估模型的性能。常用的工具为混淆矩阵及在其基础上衍生出来的各种指标如下。

```
cm = confusion_matrix(y_test, y_pred)                    # 得到混淆矩阵
classification_report(y_test, y_pred)                    # 得到测试报告
fpr, tpr, thresholds = roc_curve(y_test, y_score)        # 得到 ROC 曲线
roc_auc_score(y_test, y_score)                           # 计算 AUC
```

其中，confusion_matrix( ) 根据类别预测和实际类别得到测试的混淆矩阵；classification_report( ) 打印更加详细的测试报告，内容包括查准率、查全率、F_1 等指标值；roc_curve( ) 根据概率预测和实际类别得到 ROC 曲线的 (FPR, TPR) 点对；roc_auc_score( ) 则直接计算出 AUC（Area Under Curve，曲线下面积）的值。

三、综合案例分析

UCI 数据库（官网：https://archive.ics.uci.edu/ml/index.php）是加利福尼亚大学欧文分校（University of California Irvine）提供的用于机器学习的数据库，创建于 1987 年。该数据库包含了 500 多个数据集，是机器学习研究领域的重要测试数据源。本节选取其中的 German Credit 数据集进行分析。

German Credit 是 UCI 提供的德国信用数据集，包含了 1000 条个人银行贷款信息。该数据集有 20 个贷款属性（包括借款人年龄、贷款目的等）。这些属性描述了借款人及贷款人本身的基本信息，以及一个标示该笔贷款是否违约的标记属性。原始的德国信用数据集中属性的数据都是一些编码，很不直观；同时一些属性的描述比较模糊并且对结果的预测能力较弱。因此，我们用的是在原始数据集的基础上进行简化后的数据集，包含 10 个属性，具体说明如表 4-2 所示。

表 4-2 德国信用数据集属性说明

属性	含义	取值
Age	年龄	数字
Sex	性别	male（男性）/female（女性）
Job	工作类型	0-非熟练和非居民，1-非熟练和居民，2-熟练，3-高技能
Housing	住房情况，拥有、出租或免费	own-拥有，rent-出租，free-免费
Saving_accounts	存款账户	little-少量，moderate-中等，quite rich-丰富，rich-富裕
Checking_account	支票账户	little-少量，moderate-中等，rich-富裕
Credit_amount	信用额度	数字（马克）
Duration	贷款期限（月）	数字
Purpose	借款目的，包括汽车、家具/设备、广播/电视、家用电器、维修、商务、教育、度假、其他	car-汽车，furniture/equipment-家具/设备，radio/TV-广播/电视，domestic appliances-家用电器，repairs-维修，education-教育，business-商务，vacation/others-其他
Risk	类别标记，标示该笔贷款的风险	good-低风险，bad-高风险

本节的数据分析目的是回答"哪些因素对贷款风险产生影响，各因素的影响程度如何，给定新的样本如何预测其贷款风险"等问题。下面我们来看具体的数据分析过程。

（一）探索性数据分析

1. 导入数据

首先导入相关的 Python 包并读取相应数据。

```
>>>import pandas as pd
>>>import numpy as np
>>>from pandas_profiling import ProfileReport

# 读取数据
>>>df_credit = pd.read_csv("german_credit_data.csv", index_col=0)

# 接着对数据做初步的探索性分析，了解数据的大致情况。

>>>df_credit.iloc[:,[0,1,2,3,4,9]]        # 列数过多，仅展示前5列及标记列
```

	Age	Sex	Job	Housing	Saving_accounts	Risk
0	67	male	2	own	NaN	good
1	22	female	2	own	little	bad
2	49	male	1	own	little	good
3	45	male	2	free	little	good
4	53	male	2	free	little	bad
...	...	...	...	...	...	...
995	31	female	1	own	little	good
996	40	male	3	own	little	good
997	38	male	2	own	little	good
998	23	male	2	free	little	bad
999	27	male	2	own	moderate	good

```
>>>df_credit.info()
Data columns (total 10 columns):
 #    Column             Non-Null Count     Dtype
---   ------             --------------     -----
 0    Age                1000 non-null      int64
 1    Sex                1000 non-null      object
 2    Job                1000 non-null      int64
 3    Housing            1000 non-null      object
 4    Saving_accounts    817 non-null       object
 5    Checking_account   606 non-null       object
 6    Credit_amount      1000 non-null      int64
 7    Duration           1000 non-null      int64
 8    Purpose            1000 non-null      object
 9    Risk               1000 non-null      object

>>>df_credit.nunique()
Age                 53
Sex                 2
Job                 4
Housing             3
Saving_accounts     4
Checking_account    3
Credit_amount       921
Duration            33
Purpose             8
Risk                2
```

可以看出，数据集总共有 10 个属性，1000 条样例。Age、Credit_amount 和 Duration 属性的取值为数值型，其余属性为类别型。Sex 属性的取值有 2 种，Housing 的取值有 3 种，标记属性 Risk 的取值有 2 种。分析 ProfileReport 的报告结果我们发现 Saving_accounts 和 Checking_account 属性存在缺失值。进一步通过 ProfileReport 进行观察，如图 4-4 和图 4-5 所示。

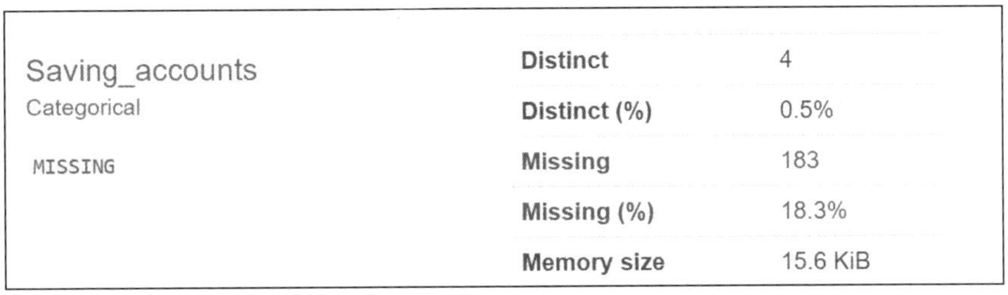

Saving_accounts		
Categorical	Distinct	4
	Distinct (%)	0.5%
MISSING	Missing	183
	Missing (%)	18.3%
	Memory size	15.6 KiB

图 4-4 属性统计情况：存款账户（Saving_accounts）

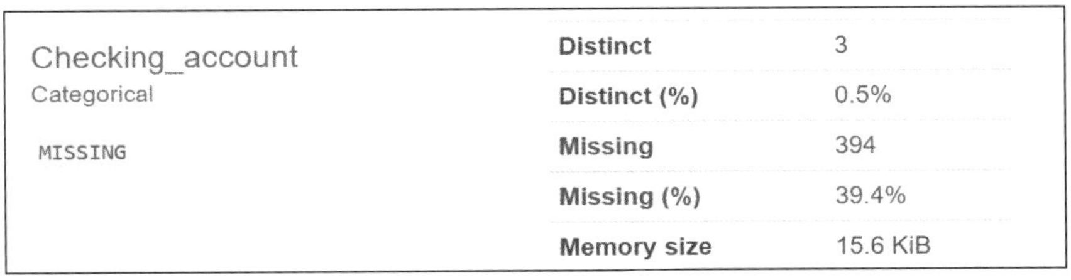

Checking_account		
Categorical	Distinct	3
	Distinct (%)	0.5%
MISSING	Missing	394
	Missing (%)	39.4%
	Memory size	15.6 KiB

图 4-5 属性统计情况：支票账户（Checking_accounts）

由于这两个存在缺失值的属性都是离散属性，而且从业务逻辑上看，存款账户和支票账户存在缺失有可能是客户不愿意透露相关信息或无法提供，因此可以把缺失值单独归为一类而不进行填补。

2. 分析影响

在处理完缺失值之后，继续用 ProfileReport 分别生成低风险和高风险样本的报告，以便进行进一步的探索性分析。首先是标记变量本身，全体样本中高风险样例有 300 个，低风险样例有 700 个，存在样本不平衡的问题。接着来考察数据属性与贷款的关系及对贷款风险的影响。

（1）年龄

从样本的年龄直方图（见图 4-6）中可以看出借款者的年龄主要集中在 22 ～ 40 岁。这个现象比较容易解释，因为这个年龄阶段的人群是最需要贷款的。而从高风险样本的年龄直方图可以看到，22 ～ 35 岁的人群贷款风险最高，因为他们处在刚开始工作的阶段，经济实力不强、收入不稳定，较容易违约。

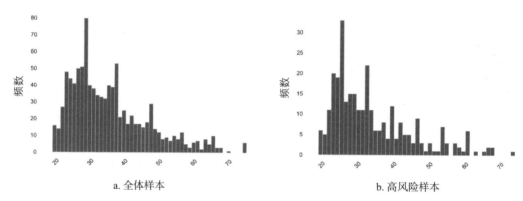

图 4-6　年龄直方图

（2）性别

再来看性别属性，具体的统计数据如表 4-3 所示。从表中可以看出男性借款人远多于女性借款人，但在高风险样本中男性借款人的比例有所降低。

表 4-3　贷款风险分析：性别属性

性别	全体样本	占比 /%	高风险样本	占比 /%
男	690	69.00	191	63.67
女	310	31.00	109	36.33

（3）工作

工作属性的情况如表 4-4 所示。可以看出工作类型为 "2- 熟练" 的借款人占比最多，这并不意味着这部分人群申请贷款的比例比其他人群高，而可能是被授予贷款的比例高。从银行的角度来看，银行更愿意把贷款发放给工作稳定且收入来源有保障的客户。高风险样本中的比例变化不大，说明工作情况对贷款违约风险似乎影响不大，需要进一步建模分析才能得出结论。

表 4-4 贷款风险分析：工作属性

Job	全体样本	占比 /%	高风险样本	占比 /%
2	630	63.00	186	62.00
1	200	20.00	56	18.70
3	148	15.00	51	17.00
0	22	2.20	7	2.30

（4）住房

住房属性对贷款的影响类似于工作属性（见表 4-5）。拥有住房的人群更容易获得贷款，占比高达 71.3%。在高风险样本中，拥有住房的人群比例下降，其余两类人群的比例均上升，说明拥有住房的客户贷款风险相对较低。

表 4-5 贷款风险分析：住房属性

Housing	全体样本	占比 /%	高风险样本	占比 /%
own	713	71.30	186	62.00
rent	179	17.90	70	23.30
free	108	10.80	44	14.70

（5）储蓄账户

再来看储蓄账户对贷款的影响，具体数据如表 4-6 所示。可以看出拥有低存款（little）的人群占了贷款样本的大多数，其次是信息缺失（missing）的人群。正是因为需要资金才会去申请贷款，因此这个比例分布是符合常理的。从高风险样本的情况来看，存款越少的人群风险越高，特别是少量存款的人群的比例明显上升了。因此我们可以初步判断储蓄账户与贷款风险呈反向关系，这也正是银行对申请贷款客户要求查看其银行流水的原因。此外，信息缺失人群在高风险样本中的比例明显下降了，可以判断这部分人群中大部分人的储蓄账户情况是较好的，可能是他们不愿意透露储蓄情况而导致信息缺失。

表 4-6 贷款风险分析：储蓄账户属性

Saving_accounts	全体样本	占比 /%	高风险样本	占比 /%
little	603	60.30	217	72.30
moderate	103	10.30	34	11.30
quite rich	63	6.30	11	3.70
rich	48	4.80	6	2.00
(missing)	183	18.30	32	10.70

（6）支票账户

表 4-7 显示了支票账户属性的样本分布情况。与储蓄账户相比，该属性出现了更多的缺失值，且缺失样本的比例达到 39.4%，高于任何一种类别。这与该属性涉及较敏感的个人隐私有关，并且账户值越高的人群越不愿意透露自己的情况。在高风险样本中支票账户值为低（little）和中（moderate）的人群比例明显上升，说明这部分人的贷款风险更大。同样，信息缺失人群在高风险样本中的比例明显下降。从以上分析也可以看出，储蓄账户和支票账户的缺失不是随机的，这也是不能对缺失数据进行简单填补的原因之一。

表 4-7 贷款风险分析：支票账户属性

Checking_accounts	全体样本	占比 /%	高风险样本	占比 /%
little	274	27.40	135	45.00
moderate	269	26.90	105	35.00
rich	63	6.30	14	4.70
(missing)	394	39.40	46	15.30

（7）信用额度

信用额度直方图如图 4-7 所示。多数借款者的信用额度集中在 2500 元左右，全体样本和高风险样本的直方图形态相差不大，需要进一步用模型分析该属性对贷款风险的影响。

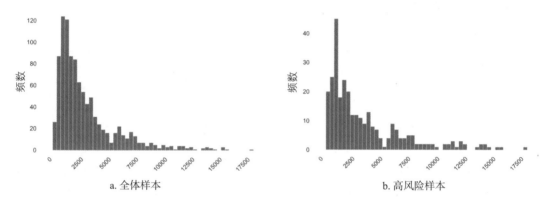

图 4-7 信用额度直方图

（8）贷款期限

图 4-8 显示了贷款期限的直方图。从图中可以看出，多数贷款的期限都在 24 个月以下，高风险样本的直方图形态与全体的样本没有太大差别。

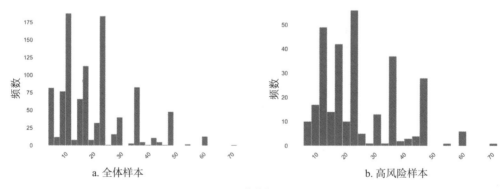

图 4-8 贷款期限直方图

（9）借款目的

再来考察借款目的属性的情况（见表 4-8）。排在前三的借款目的分别是汽车（car）、广播 / 电视（radio/TV）和家具 / 设备（furniture/equipment），占了近 80%。在高风险样本中，汽车、广播电视和家具的比例有所降低，说明这类贷款相对风险较低。与之形成对比的是，经营类（business）和教育类（education）贷款在高风险样本中比例有所上升，说明这类贷款风险较高。

表 4-8 贷款风险分析：借款目的属性

Purpose	全体样本	占比 /%	高风险样本	占比 /%
car	337	33.70	106	25.30
radio/TV	280	28.00	62	20.70
furniture/equipment	181	18.10	58	19.30
business	97	9.70	34	11.30
education	59	5.90	23	7.70
repairs	22	2.20	8	2.70
vacation/others	12	1.20	5	1.70
domestic appliances	12	1.20	4	1.30

（二）特征工程

进行了探索性分析并了解了数据的大致情况之后，我们来做特征处理，从而为后续的建模分析做准备。具体进行以下处理。

（1）考虑到要用 Logistic 回归建模，需要将离散属性进行编码，此处用简单的哑变量编码。对于标记变量也进行哑变量编码，其中 1 代表高风险，0 代表低风险。

（2）Credit amount 属性数值较大，因此对其取对数。

具体代码操作如下。

```
# 不填充缺失值，把缺失值归为一类
>>>df_credit['Saving_accounts'] = df_credit['Saving_accounts'].fillna('no_inf')
>>>df_credit['Checking_account'] = df_credit['Checking_account'].fillna('no_inf')

# 列出需要编码的列
>>>cols = ['Sex', 'Job', 'Housing', 'Saving_accounts', 'Checking_account', 'Purpose', 'Risk']
```

```
# 哑变量编码
>>>for col in cols:
df_credit = pd.concat([df_credit, pd.get_dummies(df_credit[col],
drop_first=True, prefix=col)], axis =1)
```

以上我们用 Pandas 的 pd.get_dummies( ) 哑变量编码函数，并将每列编码后与原DateFrame 合并，继续进行其余操作。

```
# 删除原来的离散变量
>>>for col in cols:
del df_credit[col]
# 处理标记列，转换为 bad 为 1，good 为 0
>>>df_credit['Risk_good'] =1-df_credit['Risk_good']
>>>df_credit = df_credit.rename(columns={'Risk_good': 'target'})

# 变换 Credit_amount 列
>>>df_credit['Credit_amount'] = np.log(df_credit['Credit_amount'])
>>>df_credit.shape
(1000, 24)
>>>df_credit.iloc[:5, :8]
```

序号	Age	Credit_amount	Duration	Sex_male	Job_1	Job_2	Job_3
0	67	7.063904	6	1	0	1	0
1	22	8.691315	48	0	0	1	0
2	49	7.647786	12	1	1	0	0
3	45	8.972337	42	1	0	1	0
4	53	8.490849	24	1	0	1	0

从特征处理的结果可以看出，原先 10 列的数据集，进行编码后变成了 24 列。Sex 属性有两个取值，仅需要一个 0 ～ 1 变量来表示，因此进行哑变量编码后只有 1 列。同理，Job 属性有 4 个取值，编码后有 3 列。

（三）建模分析及评估

1. 建模分析

在完成特征处理之后，接下来开始进行建模分析。

```
>>>from sklearn.model_selection import train_test_split
>>>from sklearn import metrics
>>>from sklearn.linear_model import LogisticRegression
>>>from sklearn.metrics import ConfusionMatrixDisplay

# 分离属性数据和标记数据
>>>X = df_credit.drop('target', axis=1)
>>>y = df_credit['target']

# 分割样本
>>>X_train, X_test, y_train, y_test = train_test_split(X, y, test_size=0.3, random_state=0)

# 初始化并拟合 Logistic 回归模型
>>>model = LogisticRegression(max_iter=1000)
>>>model.fit(X_train, y_train)
```

```
>>>model.coef
>>>model.intercept

# 模型系数，通过 model.coef 和 model.intercept_ 获取
```

变量	系数	变量	系数
Age	−0.0093	Saving_accounts_rich	−0.5012
Credit_amount	−0.1545	Checking_account_moderate	−0.4231
Duration	0.0455	Checking_account_no_inf	−1.7427
Sex_male	−0.0960	Checking_account_rich	−1.0706
Job_1	0.2437	Purpose_car	−0.1662
Job_2	0.1298	Purpose_domestic appliances	0.2831
Job_3	0.4459	Purpose_education	0.0253
Housing_own	0.0119	Purpose_furniture/equipment	−0.3411
Housing_rent	0.5103	Purpose_radio/TV	−0.4898
Saving_accounts_moderate	0.0698	Purpose_repairs	0.4803

变量	系数	变量	系数
Saving_accounts_no_inf	−0.7800	Purpose_vacation/others	−0.0876
Saving_accounts_quite_rich	−0.1685	常数项	0.6057

得到模型系数后就可以分析各变量对贷款风险的影响。我们之前用"1"来标记高风险贷款，"0"标记低风险贷款，因此 y 越大风险越高。而 Logistic 模型中，y_0 越大，$y=1$ 的概率也越大，我们只要考察各属性变量对 y_0 的影响即可。考虑到 Logistic 函数的性质，$w'x+b$ 的值越大则 y_0 越大，从而贷款风险越高。综合以上的讨论，w' 的取值和贷款风险是同向的。以下我们来考察各个变量对贷款风险的影响。

（1）年龄（Age）变量的系数为负，说明其与贷款风险是负相关的，即年轻人的违约风险更高。这也可以从高风险样本的样本报告中看出，因此，模型结论与初步探索性分析结论一致。

（2）信用额度（Credit_amount）变量的系数也为负，表明信用额度越高，风险越低。这是符合常理的，额度越高说明银行越信任该客户，客户的信用水平也会越高。

（3）贷款期限（Duration）变量的系数为正，表明在其他条件不变的情况下，贷款期限越长，风险越高，这也是显然的。

（4）性别（Sex_male）变量的系数为负，表明男性客户的风险更低，这个结果与初步探索性分析一致。通过查看全样本报告和高风险样本报告可知，全样本男女客户比例为 690/310 = 2.2258，而高风险样本男女客户的比例为 191/109 = 1.7523，即高风险样本中男性客户比例降低了。

（5）工作（Job）变量是一个哑变量，参照水平为"0 – 非熟练和非居民"。这 3 个变量的系数都为正，表明参照水平的风险最低，而且 Job_3 的系数最大，表明风险最高。这个模型结论似乎有悖常理，需要进一步结合问题背景进行解释。

（6）住房（Housing）变量是一个哑变量，参照水平为"free"。回归系数表明免费住房客户、拥有住房客户和租房客户的贷款风险依次升高，符合常理。

（7）存款账户（Saving_accounts）变量是一个哑变量，参照水平为"little"。从回归系数来看，存款水平越高，贷款风险越低，符合常理。存在缺失值的样本风险水平反而较低，原因可能为部分高净值客户不愿意透露自己的存款水平。

（8）支票账户（Checking_account）变量是一个哑变量，参照水平为"little"。从回归系数来看，支票账户水平越高，贷款风险越低，符合常理。存在缺失值的样本风险水平反而较低，原因可能为部分高净值客户不愿意透露自己的支票账户水平。

（9）贷款目的（Purpose）变量的系数有正有负，表明不同贷款目的的风险水平差异较大。以购买电器、维修为目的的贷款风险相对较高，而买车、买家具、使用广播／电视的贷款风险较低。

2. 模型评估

接下来评估模型的预测性能，通过测试样本进行测试。

```
>>>y_pred = model.predict(X_test)              # 得到预测结果
>>>metrics.accuracy_score(y_test, y_pred)      # 整体预测正确率
0.7433
>>>cm = metrics.confusion_matrix(y_test, y_pred)    # 混淆矩阵
>>>metrics.ConfusionMatrixDisplay(cm).plot( )       # 混淆矩阵图
```

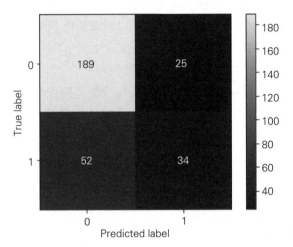

```
# 给出模型的连续值预测: 属于标记 1 的概率
>>>y_proba = model.predict_proba(X_test)[:,1]
>>>y_proba[:5].round(4)
array([0.6688, 0.1434, 0.0974, 0.321 , 0.4912])

# 阈值为 0.5, >=0.5 预测为 1, <0.5 预测为 0
>>>y_pred[:5]
array([1, 0, 0, 0, 0], dtype=uint8)

# 进一步验证连续值预测 h 和标记预测之间的关系
>>>y_pred[y_proba>=0.5]
array([1, 1, 1, 1, 1, 1, 1, 1, 1, 1, 1, 1, 1, 1, 1, 1, 1, 1, 1, 1, 1,1, 1, 1, 1, 1, 1, 1, 1, 1, 1, 1, 1, 1, 1, 1, 1, 1, 1, 1,1,
1, 1, 1, 1, 1, 1, 1, 1, 1, 1, 1, 1, 1], dtype=uint8)

>>>metrics.plot_roc_curve(model, X_test, y_test)    # 绘制 ROC 曲线
```

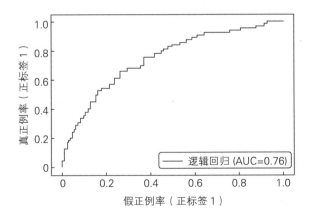

>>>metrics.roc_auc_score(y_test, y_proba).round(4)	# 计算 AUC

0.7555。

从测试结果看，整体的预测正确率为 74.33%，AUC 为 0.7555，正确率和 AUC 都不算高。从混淆矩阵看，在 86 个高风险样本中，预测正确的有 34 个，正确率仅为 40%；在 214 个低风险样本中，预测正确的有 189 个，正确率为 88%。

四、具体任务

（1）读取特征工程具体任务中生成的"日线建模数据 .csv"，要求读取为以日期和股票代码为二重索引的 DataFrame。

（2）用探索性数据分析工具 pandas-profiling 生成数据概要报告。

（3）分割训练样本和测试样本。

（4）分步特征工程，先对训练集数据进行标准化处理，再用相同的参数对测试集数据进行标准化处理。

（5）初始化并拟合 Logistic 回归模型。

（6）评估模型，得到测试集的预测结果和准确率、混淆矩阵、ROC 曲线 AUC 值等性能指标。

（7）分析各个变量对预测结果的影响，包括方向和大小。

（8）对"月线建模数据 .csv"重复（1）～（7）步的操作，比较两个模型结果的差异。

第二篇

量化投资

实践五　量化回测平台的搭建与运用

一、实践目的

- 能够配置量化回测平台环境。
- 可以在本地电脑搭建量化回测平台。
- 能使用量化回测平台回测策略。

二、量化回测平台实验环境的配置

量化回测平台实验环境的配置主要包含安装 Anaconda、安装 Pycharm、安装相关模块和配置高频数据模块 4 个部分。

（一）安装 Anaconda

Anaconda 是 Python 的一个开源发行版本，不仅集合了 conda、Python、Pandas、NumPy、SciPy、Scikit-Learn、Matplotlib 等 180 多个科学计算的第三方库及其依赖项，也提供 Python、Jupyter 和 Spyder 等交互环境。要安装 Anaconda 环境，只需进入 https://www.anaconda.com/products/distribution，依据你的操作系统下载最新版的 Anaconda。若官网下载速度过慢，可考虑到清华开源软件镜像站 https://mirror.tuna.tsinghua.edu.cn/help/anaconda 下载最新版本的 Anaconda。

下载完成之后，会出现一个类似名为 "Anaconda3-2021.11-Windows-x86_64" 的安装包，安装过程只需使用默认配置。对于初学者，在安装到出现如图 5-1 所示的界面时，可以选择勾选第一个复选项，可自动为初学者配置环境变量。

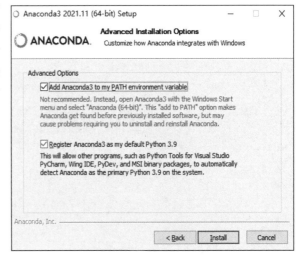

图 5-1　Anaconda 的安装

（二）安装 PyCharm

PyCharm 是一种 Python IDE（Integrated Development Environment，集成开发环境），带有一整套可以帮助用户在使用 Python 语言开发时提高其效率的工具，比如调试、语法高亮、项目管理、代码跳转、智能提示、自动完成、单元测试、版本控制等。

要安装 PyCharm 只需进入 https://www.jetbrains.com/pycharm，依据你的操作系统下载免费的 PyCharm 社区版（Community）。下载完成之后，会出现一个名为 "pycharm-community-2022.2.1.exe" 的安装包，安装过程只需使用默认配置。对于初学者，在安装到出现如图 5-2 所示的界面时，根据需要勾选选项，勾选上 "Add 'bin' folder to the PATH" 会自动配置上环境变量。

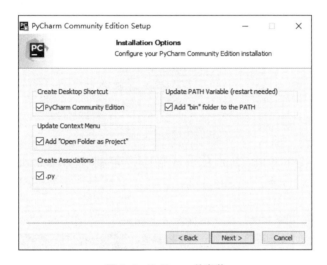

图 5-2　PyCharm 的安装

（三）安装相关模块

1. 安装 TA_Lib

TA_Lib 全称 "Technical Analysis Library"，是 Python 金融量化的高级库，广泛应用于金融市场数据技术分析。TA-Lib 是一个多平台的市场分析工具，对 C/C++、Java、Perl、Python、.NET 都有开源 API，涵盖 200 多个指标，包括股票、期货交易软件中常用的技术分析指标，如 MA(均线)、Bollinger band(布林带) 和 Stochastic 等。

TA_Lib 的安装包下载地址为 https://www.lfd.uci.edu/~gohlke/pythonlibs，进入网页后可使用快捷键（ctrl+f）查找安装包 TA_Lib，并根据自己的 Python 版本和 Windows 系统下载对应的 TA-lib 版本。在图 5-3 中，cp310 表示 Python 版本是 3.10，win32 指的是 32 位 Windows 系统，Win_amd64 指的是系统是 64 为 Windows 系统。

TA-Lib: a wrapper for the TA-LIB Technical Analysis Library.

TA_Lib-0.4.24-pp38-pypy38_pp73-win_amd64.whl

TA_Lib-0.4.24-cp310-cp310-win_amd64.whl

TA_Lib-0.4.24-cp310-cp310-win32.whl

TA_Lib-0.4.24-cp39-cp39-win_amd64.whl

TA_Lib-0.4.24-cp39-cp39-win32.whl

TA_Lib-0.4.24-cp38-cp38-win_amd64.whl

TA_Lib-0.4.24-cp38-cp38-win32.whl

TA_Lib-0.4.24-cp37-cp37m-win_amd64.whl

TA_Lib-0.4.24-cp37-cp37m-win32.whl

TA_Lib-0.4.19-cp36-cp36m-win_amd64.whl

TA_Lib-0.4.19-cp36-cp36m-win32.whl

TA_Lib-0.4.17-cp35-cp35m-win_amd64.whl

TA_Lib-0.4.17-cp35-cp35m-win32.whl

TA_Lib-0.4.17-cp34-cp34m-win_amd64.whl

TA_Lib-0.4.17-cp34-cp34m-win32.whl

TA_Lib-0.4.17-cp27-cp27m-win_amd64.whl

TA_Lib-0.4.17-cp27-cp27m-win32.whl

图 5-3　TA-LIb 的目录

此外，若要查找本地电脑的 Python 版本，可打开 Anaconda Prompt，直接输入"python"可查看 Python 版本，如图 5-4 所示。

图 5-4　Python 版本查看

在确定 Python 与 Windows 版本之后，可以下载对应的安装包到本地并获取安装包的目录，如"C:\Users\hornorcz\Downloads\TA_Lib-0.4.24-cp39-cp39-win_amd64.whl"。打开 Anaconda Prompt，直接输入如下命令：

pip install C:\Users\hornorcz\Downloads\ TA_Lib-0.4.24-cp39-cp39-win_amd64.whl

安装完成后会提示："successfully installed ta-lib-0.4.24"，则安装完成，如图 5-5 所示。

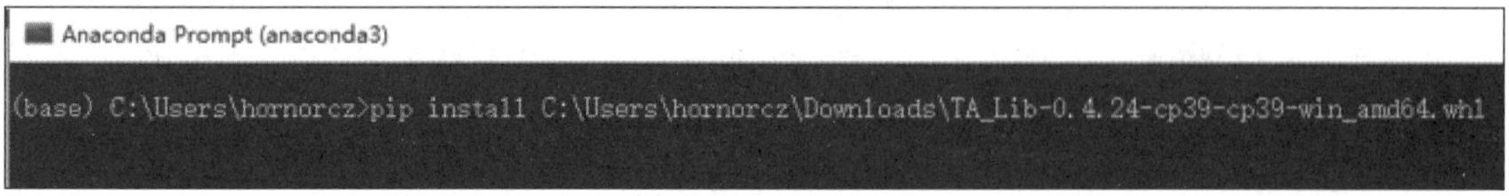

```
Anaconda Prompt (anaconda3)

(base) C:\Users\hornorcz>pip install C:\Users\hornorcz\Downloads\TA_Lib-0.4.24-cp39-cp39-win_amd64.whl
```

图 5-5　安装 TA-Lib

2. 安装 Alphalens

Alphalens 是一个用于因子分析的开源 Python 库。Alphalens 最主要的功能就是展示与 Alpha 因子最为相关的统计量，包括收益分析、IC 分析、换手分析和分组分析。Alphalens 的 GitHub 地址为 https://github.com/quantopian/alphalens，打开 Anaconda Prompt，输入 "pip install alphalens" 即可完成安装。

由于 Alphalens 的软件开发商 Quantopian 在 2020 年宣布关闭，Alphalens 的后续版本并未持续更新。但随着 Pandas 版本的内 Alphalens 出现报错 'Index' object has no attribute get_values #379，此时可将 tears.py 中的 get_values( ) 函数改为 to_numpy( )。tears.py 的常见目录为 "C:\Users\Administrator\anaconda3\lib\site-packages\alphalens\tears.py"，也可在报错中找到 tears.py 的目录。

（四）配置高频数据模块

1. 安装 MongoDB

MongoDB 是一个基于分布式文件存储的数据库。MongoDB 数据库介于关系数据库和非关系数据库之间，是非关系数据库中功能最丰富、最像关系数据库的。它支持的数据结构非常松散，是类似 json 的 bson 格式，因此可以存储比较复杂的数据类型。MongoDB 最大的特点是它支持的查询语言非常强大，其语法有点类似于面向对象的查询语言，几乎可以实现类似关系数据库单表查询的绝大部分功能，而且还支持对数据建立索引。

在网址 https://www.mongodb.com/try/download/community 可以下载 MongoDB Community 版本。双击 msi 安装包 mongodb-compass-1.33.1-win32-x64.msi，依次点击，选择默认选项，并按照图 5-6 至图 5-8 安装 MongoDB。

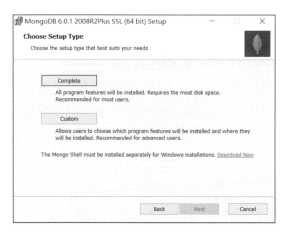

图 5-6　MongoDB 安装

图 5-7　MongoDB 安装

图 5-8　MongoDB 安装

2. 安装 MongoDB Compass 图形界面

在以下网址 https://www.mongodb.com/try/download/compass 下载 MongoDB Compass，双击 mongodb-compass-1.33.1-win32-x64.exe 程序即可完成安装。

3. 配置并启动 MongoDB 数据库

（1）在安装路径（C:\Program Files\MongoDB\Server\6.0）的 data 文件夹下手动创建 db 文件夹，db 路径为：C:\Program Files\MongoDB\Server\6.0\data\db。

（2）打开 Anaconda Prompt，转入到 MongoDB 安装路径的 bin 目录（C:\Program Files\MongoDB\Server\6.0\bin），然后输入 "mongod -dbpath C:\Program Files\MongoDB\Server\6.0\data\db"，注意不要关闭该窗口。如图 5-9 所示。

图 5-9　配置 MongoDB 数据库

（3）在桌面打开 MongoDB Compass 图标，点击 "Connect" 即可进入图 5-10、图 5-11 所示的界面。

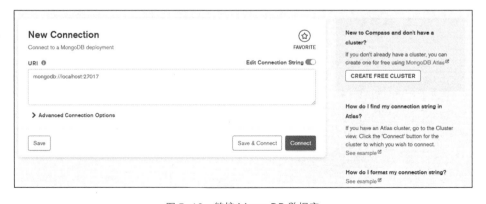

图 5-10　链接 MongoDB 数据库

图 5-11 配置完成 MongoDB 数据库

三、量化回测平台的搭建

量化回测平台是在 Ricequant 的开源项目 Rqalpha 的基础上，进一步构建 Hdualpha 因子有效性检验模块和高频交易模块，为学生打造专属于自己的程序化交易系统。

（一）在 PyCharm 中加载量化回测平台

1. 下载量化回测平台源代码

在百度网盘下载量化回测平台的源代码包"hduquant.zip"[①]，并解压到文档目录"C:\Users\hornorcz\Documents\hduquant"或者 Windows 下任一目录，如图 5-12 所示。

图 5-12 量化回测平台解压

---

① 链接：https://pan.baidu.com/s/1_9CZAF1VfAhqVEEtC_vpRg?pwd=5mcd. 提取码：5mcd。

2. 加载回测平台源代码

（1）打开 PyCharm，点击 "File"，再点击 "New Project"，如图 5-13 所示。

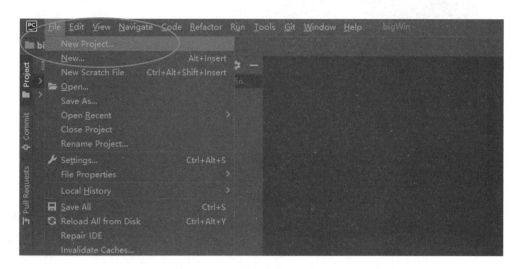

图 5-13 加载回测平台源代码 1

（2）点击 "Location" 右边的文件符号，如图 5-14 所示。

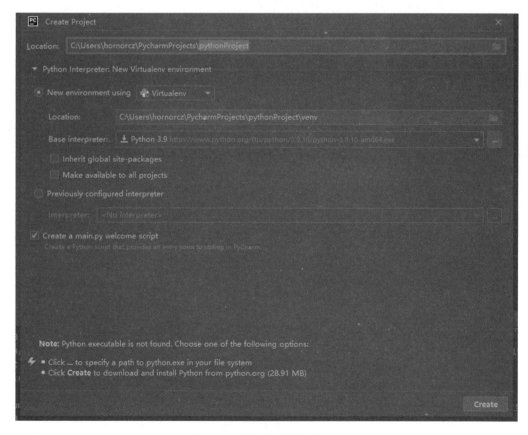

图 5-14 加载回测平台源代码 2

（3）选择量化虚拟仿真平台源代码所在目录，点击"OK"，再点击"Create"，如图 5-15、图 5-16 所示。

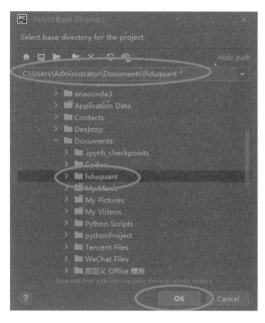

图 5-15　加载回测平台源代码 3

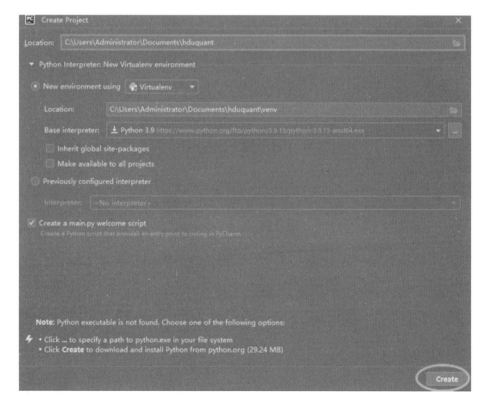

图 5-16　加载回测平台源代码 4

3. 配置 Python 解释器

（1）点击"File"，选择"Setting"，如图 5-17 所示。

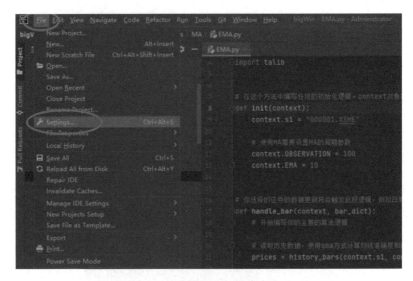

图 5-17　配置 Python 解释器 1

（2）在"project：hduquant"下选择"Python Interpreter"，点击"Add Interpreter"，选择"Add local interpreter"，如图 5-18 所示。

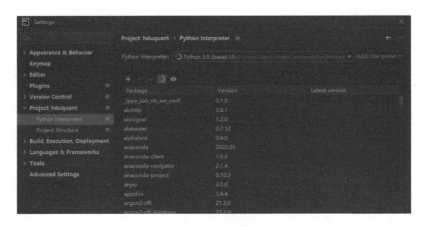

图 5-18　配置 Python 解释器 2

（3）选择"Virtualenv Environment"和"Existing"，并点击右边省略号，如图 5-19 所示。

图 5-19　配置 Python 解释器 3

（4）选择 Anaconda 安装目录里的 "python.exe"，并点击 "OK"，如图 5-20 所示。

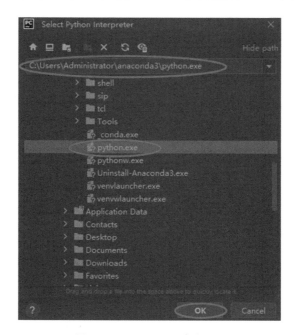

图 5-20　配置 Python 解释器 4

（二）安装量化回测平台

（1）打开 AnacondaProompt 并输入命令。

以管理员身份打开 AnacondaProompt，输入命令：

cd C:\Users\Administrator\Documents\hduquant\rqalph

将目录转移到 setup.py 所在的目录，如图 5-21、图 5-22 所示。

图 5-21　安装量化回测平台 1

图 5-22　安装量化回测平台 2

（2）输入"python setup.py install"，输入命令时需保证网络连接通畅，如图 5-23 所示。

图 5-23　安装量化回测平台 3

（三）下载 Rqalpha 股价数据库

打开 Anaconda Prompt，并输入"rqalpha download-bundle"即可下载数据，数据下载成功后会显示：Data bundle download successfully in C:\Users\Administrator\.rqalpha\bundle，如图 5-24 所示。

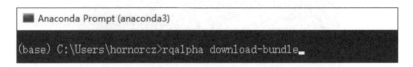

图 5-24　安装量化回测平台

（四）导入高频数据

双击打开 Data 目录下的"to_mgdb.py"文件，右键选择并点击"Run to_mgdb"运行"to_mgdb.py"，如图 5-25 所示。若成功导入高频数据，结果会显示：Process finished with exit code 0，如图 5-26 所示。

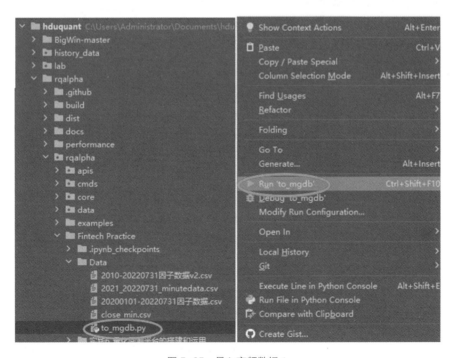

图 5-25　导入高频数据 1

```
4572001it [00:06, 673527.11it/s]
start instert
4572000
finish

Process finished with exit code 0
```

图 5-26 导入高频数据 2

（五）量化回测平台测试

在 pycharm 的 hduqant 项目中，依次点击 hduquant、rqalpha、rqalpha、hdu_quant_class 和实验任务 1：MA 策略，双击 sma.py，右键选择 "Run 'sma'"（见图 5-27），可得测试结果（见图 5-28）。

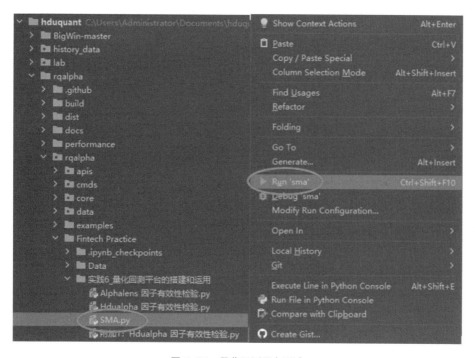

图 5-27 量化回测平台测试

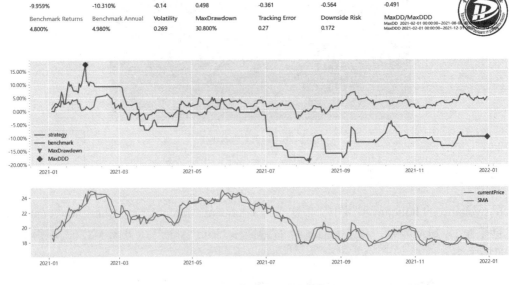

图 5-28　量化回测平台测试结果

四、量化回测平台的运用

（一）因子有效性检验的实现

在量化回测平台中，因子有效性检验可以通过调用 Hdualpha 模块实现单因子的有效性检验。Hdualpha 可以输出因子的 IC 均值、RankIC 均值、IR 值、年化收益率和胜率。

Hdualpha 因子有效性检验的流程为：①导入 Hdualpha 因子有效性检验模块；②参数设置；③读取因子数据；④因子数据预处理；⑤因子有效性检验。

在以下代码中，我们演示了单因子 factor_bbi 的 Hdualpha 的检验代码。

```
# coding: utf-8
# Hdualpha 因子有效性检验

# 1. 导入 Hdualpha 因子有效性检验模块
import sys
sys.path.append('../../hdualpha/')
from hdualpha import *
import pandas as pd
import numpy as np
from sklearn import linear_model

# 过滤 FutureWarning
import warnings
warnings.filterwarnings('ignore')
# 2. 参数设置
# 设置要检验的因子名称，一次只可检验一个，可选参数见因子数据 "2010-20220731 因子数据 v2.csv"，也可自行导入因子数据
```

```python
factors = 'factor_bbi'
# 因子检测可选范围为：2010-01-01 至 2022-07-31
start_date = '2020-01-01'
end_date = '2020-12-31'
holding_period = 20  # 股票持有时间
quantile_number = 5  # 因子检测分组数目

# 3. 读取因子数据
df = pd.read_csv('../Data/2010-20220731 因子数据 v2.csv',
            parse_dates=True, encoding='gbk')
df.index = df['factor_date']
mask = (df['factor_date'] > start_date) & (df['factor_date'] <= end_date)
data = df.loc[mask]

# 4. 因子数据预处理

# 4.1 缺失值处理
# 选择 BBI 和股票收盘价
data = data[[factors, 'factor_symbol', 'close', 'factor_market_cap', 'indus']]
# 删除缺失值
data = data.dropna( )

# 4.2 中位数法去极值
# - 因子常常存在一些异常值，个别极大或极小值。虽然排序打分法受极值影响有限。
# - 但为了更好地计算因子的合理收益，应该对因子进行去极值化处理。

# 定义去极值函数
def winsorize(df, factor, n=3):
    '''
    df 为 DataFrame 数据
    factor 为需要去极值的列名称
    n 为判断极值上下边界的常数
    '''
    # 提取该列的数据
    ls_raw = np.array(df[factor].values)
    # 排序
    ls_raw.sort(axis=0)
    # 获取中位数
    D_M = np.median(ls_raw)

    # 计算离差值
    ls_deviation = abs(ls_raw - D_M)
    # 排序
    ls_deviation.sort(axis=0)
    # 获取离差中位数
D_MAD = np.median(ls_deviation)
    # 将大于中位数 n 倍离差中位数的值赋为 NaN
    df.loc[df[factor] >= D_M + n * D_MAD] = None
    # df.loc[df[factor] >= D_M + n * D_MAD] = D_M + n * D_MAD
    # 将小于中位数 n 倍离差中位数的值赋为 NaN
    df.loc[df[factor] <= D_M - n * D_MAD] = None
```

```
    # df.loc[df[factor] <= D_M − n * D_MAD] = D_M − n * D_MAD
    return df

# 去极值
data = winsorize(data, factors, 3).copy( )
data = data.dropna( )

# 4.3 数据标准化
# 数据标准化主要处理不同性质的数据之间量纲和数量级的差异问题

# 定义标准化函数
def standardize(df, factor):
    '''
    df 为 DataFrame 数据
    factor 为因子名称，string 格式
    '''
    # 标准化
    df[factor] = (df[factor] − df[factor].mean( )) / df[factor].std( )
    return df

# 数据标准化
data = standardize(data, factors).copy( )

# 4.4 市值中性化

# 定义市值中性化函数
def neutralize(df, factor, market_cap):
    '''
    df 为 DataFrame 数据
    factor 为因子名称，string 格式
    market_cap 为市值变量名称，string 格式
    '''
    y = df[[factor]]
    x = df[[market_cap]]
    neutra_reg = linear_model.LinearRegression( )
    neutra_reg.fit(x, y)
    y_hat = neutra_reg.predict(x)

    df[factor] = y − y_hat
    return df

# 市值中性化
data = neutralize(data, factors, 'factor_market_cap').copy( )

# 4.5 获取交易日
def get_trade_days(start_date, end_date, holding_period):
    dates = list(data[data.factor_symbol == '000001.SZ'].index)
    trade_dates = []
    for i in range(0, len(dates), holding_period):
        trade_dates.append(dates[i])
    return trade_dates
```

```
trade_dates = get_trade_days(start_date, end_date, holding_period)

# 5. 因子有效性检验
hduquant_results = hdualpha(data, factors, trade_dates, holding_period, quantile_number)

print('Hdualpha 因子检测结果 ')
print(hduquant_results[0])
```

out（输出结果）：

Hdualpha	因子检测结果
	factor_bbi
IC 均值	-0.024066
RankIC 均值	-0.006408
IR 值	-0.489485
年化收益率	0.005272
胜率	0.333333

（二）股票量化策略的实现

在 Rqalpha 中，股票量化策略一般包含 init( )、handle_bar( )、before_trading( ) 和 after_trading( ) 这 4 个函数。init( ) 是初始化方法，会在程序启动的时候执行，在程序执行过程中仅会运行一次；before_trading( ) 会在每天策略交易开始前调用；handle_bar( ) 在 bar 数据更新时会自动触发调用；after_trading( ) 会在每天交易结束后调用。以下是 Rqalpha 策略逻辑模板。

```
# 量化回测的初始化逻辑。context 对象将会在你的算法策略的任何方法之间做传递。
def init(context):
    # 在 context 中保存全局变量
    context.s1 = "000001.XSHE"
    # 实时打印日志
    logger.info("RunInfo: {}".format(context.run_info))


# before_trading 此函数会在每天策略交易开始前被调用，当天只会被调用一次
def before_trading(context):
    logger.info(" 开盘前执行 before_trading 函数 ")


# 你选择的证券的数据更新将会触发此段逻辑
def handle_bar(context, bar_dict):
    logger.info(" 每一个 Bar 执行 ")
    logger.info(" 打印 Bar 数据: ")
    logger.info(bar_dict[context.s1])
# after_trading 函数会在每天交易结束后被调用，当天只会被调用一次
def after_trading(context):
    logger.info(" 收盘后执行 after_trading 函数 ")
```

由此，我们在以下代码中设定了一个最简单的单均线移动平均策略。首先在 def init(context) 函数中设定要交易的股票为 "000001.XSHE"，MA 的周期参数为 context.SMA = 10 ；其次，在 handle_bar 中设定 MA 策略的交易逻辑，即当收盘价由上向下穿越均线时做空，

当收盘价由下向上穿越均线时做多；再次，在 config 中设定移动平均策略的回测区间、交易频率、交易金额和业绩比较基准；最后，使用 run_func 运行策略，并得到最终的量化回测结果。

```python
# 单均线移动平均策略
from rqalpha.apis import *
from rqalpha import run_func
import talib

# context 对象将会在你的参数与函数之间做传递。
def init(context):
    # 设定要交易的股票
    context.s1 = "000001.XSHE"

    # 使用 MA 需要设置 MA 的周期参数
    context.OBSERVATION = 100
    context.SMA = 10

# before_trading 此函数会在每天策略交易开始前被调用，当天只会被调用一次
def before_trading(context):
    logger.info(" 开盘前执行 before_trading 函数 ")

# 你选择的证券的数据更新将会触发此段逻辑
def handle_bar(context, bar_dict):
    # 开始编写你的主要的算法逻辑

    # 读取历史数据，使用 sma 方式计算均线
    prices = history_bars(context.s1, context.OBSERVATION, '1d', 'close')

    # 使用 talib 计算 ma
    SMA = talib.SMA(prices, context.SMA)
    # 获取当前股价
    currentPrice = bar_dict[context.s1].close

    # 计算现在 portfolio 中股票的仓位
    curPosition = context.portfolio.positions[context.s1].quantity

    plot('currentPrice', currentPrice)
    plot('SMA', SMA[-1])

    # 当股价由下往上突破均线，为入场信息
    if currentPrice > SMA[-1]:
        order_target_percent(context.s1, 1)
    # 当股价由上往下突破均线，清仓
    if currentPrice < SMA[-1] and curPosition != 0:
        order_target_percent(context.s1, 0)
    print(context.portfolio.positions.keys)

# 设置回测参数
config = {
    "base": {
        "start_date": "2021-01-01",      # 回测起始日
        "end_date": "2021-12-31",        # 回测结束日
        "frequency": "1d",               # 回测频率
        "accounts": {
```

```
            "stock": 10000000                          # 账户金额
        },
        "volume_limit": False
    },

    "mod": {
        "sys_analyser": {
            "benchmark": "000001.XSHG",                # 基准指数
            "enabled": True,
            "plot": True,
        },
        "sys_simulation": {
            "enabled": True,
            "volume_limit": False,
            "inactive_limit": False
        }
    }
}
# 运行算法
run_func(init=init, handle_bar=handle_bar, config=config)
```

out（输出结果）：

五、具体任务

（一）实践任务

本次实践任务包含以下 3 个方面的内容。

（1）在本地电脑搭建量化回测平台。

（2）基于量化回测平台对因子有效性进行检验。

（3）在量化回测平台实现双均线策略的回测。

（二）实践步骤

本次实践任务的具体步骤如下。

1. 在本地电脑搭建量化回测平台

（1）量化回测平台实验环境的配置

①安装 Anaconda。

②安装 PyCharm。

③安装相关模块。

④配置高频数据模块。

（2）量化回测平台的搭建

①在 PyCharm 中加载量化回测平台。

②安装量化回测平台。

③下载 Rqalpha 股价数据库。

④导入高频数据。

⑤量化回测平台测试。

2. 基于量化回测平台对因子有效性进行检验

（1）导入 Hdualpha 因子有效性检验模块。

（2）参数设置。

（3）读取因子数据。

（4）因子数据预处理。

（5）因子有效性检验。

3. 在量化回测平台实现双均线策略的回测

（1）理解双均线策略的原理。

（2）在 init( ) 函数中设定参数，比如，交易的股票和双均线测的周期参数。

（3）在 handle_bar 中设定双均线策略的交易逻辑。

（4）在 config 中设定双均线策略的回测参数。

（5）使用 run_func 运行策略，并得到最终的量化回测结果。

（三）实践思考

（1）在单因子有效性检验中，如何才能排除其他因子对股票收益率的影响？

（2）在移动平均策略中，若要将均线的计算方法从简单的移动平均更改为加权移动平均，该如何操作？

国内外知名量化
平台与论坛

实践六 单因子有效性检验

一、实验目的

- 掌握单因子有效性检验的原理。
- 能够使用 Python 实现单因子有效性检验。

二、基本原理及操作演示

一个市场中股票的收益具有一定的分布，这种分布可能对某些参数或者因子有一定的相关性。在可以对市场做空的情况下，寻找到这样的因子，区分出该市场股票中收益较好的一部分并持有，同时做空市场，就可以得到一个稳定的 Alpha 收益。函数的单调性是指随着自变量的变大，因变量会朝着一个方向变化。将函数中的自变量理解为我们的因子值，因变量理解为要预测的未来收益率，这便是因子单调性的含义。单因子分析的方法会直观地反映因子的单调关系，但是如果因子值对未来收益率的影响是复杂关系，那么单因子分析得到的结果可能就不尽如人意。我们构建多因子模型时，不管是用哪种数理统计的方法，单调的因子总是受人喜欢的，对线性模型尤其如此。但是单调性不好的因子是否一无是处，答案也不是确定的，毕竟我们有更复杂的模型，例如神经网络模型去拟合复杂关系。总之，我们希望通过单因子分析筛选出单调性较好的因子，没有通过单因子检测的因子，可以对其进行调整并进行多次尝试，或者通过更为复杂的模型去提取其中的复杂信息。本章将包含以下主题：单因子有效性检验的常见方法及基本原理，以及如何在 Python 中实现单因子的有效性检验。

（一）数据的预处理

在单因子测试之前，需要对使用的数据进行一定的调整，数据的预处理主要包括以下两个方面，极端数据的处理和数据的标准化处理。

1. 极端数据的处理

在进行单因子测试和模型的构建过程中，如果样本数据中存在少数的观测值距离大多数观察值很远，则会对策略研究产生严重的干扰，这些数据也被称为极端值。因此在进行构建多因子模型的具体步骤之前，要对数据的极端值进行处理。极端值处理的方法如下。

（1）中位数去极值法。

当 $X_i > X_m + n \times X_{MAD}$ 时，$\tilde{X}_i = X_m + n \times X_{MAD}$；

当 $X_i < X_m - n \times X_{MAD}$ 时，$\tilde{X}_i = X_m - n \times X_{MAD}$；

当不属于上述两种情况时，$\tilde{X}_i = X_i$。

其中，X_i 表示序列的第 i 个观察值；X_m 表示序列 X_i 的中位数；X_{MAD} 为序列 $X_i - X_m$ 的中位数；$\tilde{X}_i$ 为经过中位数去极值法修正后的 X_i。对于 n 值的选取不同研究人员的选择有所不同，一般而言，通常将 n 设定为5。

常见步骤：第一，需要找出所有因子的中位数；第二，求每个因子与中位数的绝对偏差值，再求因子绝对偏差值的中位数；第三，根据因子的中位数与绝对偏差值的中位数确定阈值范围，对超出阈值范围的因子值做调整；第四，令超出阈值范围的因子值等于阈值，处在阈值范围内的因子的值保持不变。

实现中位数去极值的操作方法如下。

```
def mad(factor):
    """3 倍中位数去极值
    """
    # 求出因子值的中位数
    med = np.median(factor)

    # 求出因子值与中位数的差值，再将其转化为绝对值
    mad = np.median(abs(factor − med))

    # 定义几倍的中位数上下限
    high = med + (3 * 1.4826 * mad)
    low = med − (3 * 1.4826 * mad)

    # 替换上下限以外的值
    factor = np.where(factor > high, high, factor)
    factor = np.where(factor < low, low, factor)
    return factor
```

（2）三倍标准差去极值法。

三倍标准差去极值法又被称为 3σ 去极值法，其去极值的处理方法为如下。

当 $X_i > \mu + 3\sigma$，$\tilde{X}_i = \mu + 3\sigma$；

当 $X_i > \mu - 3\sigma$，$\tilde{X}_i = \mu - 3\sigma$；

当不属于上述两种情况时，$\tilde{X}_i = X_i$。

其中，μ 为序列的均值，σ 为序列 X_i 的标准差。

实现三倍标准差去极值的操作方法如下。

```
def winsorize(factor, std=3, have_negative = True):
    '''
    去极值函数
    factor: 以股票 code 为 index，因子值为 value 的 Series
    std 为几倍的标准差，have_negative 为布尔值，是否包括负值
    输出 Series
    '''
    r=factor.dropna( ).copy( )
    if have_negative == False:
        r = r[r>=0]
    else:
```

```
        pass
    # 去极值
    edge_up = r.mean( )+std*r.std( )
    edge_low = r.mean( )−std*r.std( )
    r[r>edge_up] = edge_up
    r[r<edge_low] = edge_low
    return r
```

（3）百分位法去极值。

百分位法也是在金融领域较为常见的方法。主要的方式就是根据分位数，将分位数之外的值用相应分位数值来代替。例如，对于 5% 的极端值应用该方法处理就是对那些大于95% 分位数的值，将其替换为 95% 分位数的值；对那些小于 5% 分位数的值，将其替换为5% 分位数的值。

```
# 获取财务数据必须填写日期
factor = get_fundamentals(query(fundamentals.eod_derivative_indicator.pe_ratio), entry_date="20180103")[:, 0, :]

factor['pe_ratio'][:1000].plot( )

# 百分位去极值
# 将 2.5% 分位数以下的值，替换
# 将 97.5% 分位数以上的值，替换
factor['pe_ratio1'] = winsorize(factor['pe_ratio'], limits=0.025)

factor['pe_ratio'][:1000].plot( )
factor['pe_ratio1'][:1000].plot( )
# 求出两个分位数的点的值
def quantile(factor,up,down):
    """ 分位数去极值  """
    up_scale = np.percentile(factor, up)
    down_scale = np.percentile(factor, down)
    factor = np.where(factor > up_scale, up_scale, factor)
    factor = np.where(factor < down_scale, down_scale, factor)
    return factor
```

（二）数据的标准化处理

由于每种资产的因子数据的量纲存在不同，因此在单因子测试前，因子数据的标准化处理也是很关键的。此外，在经典线性回归模型中，需要满足正态性的假设，这也是需要将数据进行标准化的原因。常用的数据标准化方法主要有以下两种。

1.z-score 标准化

z-score 标准化方法是最常用的数据标准化方式，具体的计算公式为

$$\tilde{X}_i^{norm} = \frac{\tilde{X}_i - \mu}{\sigma} \tag{6-1}$$

其中，μ 为序列的均值，σ 为序列标准差，$\tilde{X}_i^{norm}$ 为经过标准化处理后的序列。

z-score 标准化的实现操作如下。

```
# 标准化函数:
def standardize(s,ty=2):
    '''
    s 为 Series 数据
    ty 为标准化类型 :1 MinMax,2 Standard,3 maxabs
    '''
    data=s.dropna( ).copy( )
    if int(ty)==1:
        re = (data − data.min( ))/(data.max( ) − data.min( ))
    elif ty==2:
        re = (data − data.mean( ))/data.std( )
    elif ty==3:
        re = data/10**np.ceil(np.log10(data.abs( ).max( )))
    return re
```

2. Box-Cox 变换

Box-Cox 变换是由英国统计学家乔治·博克斯和戴维·考克斯在 1964 年共同提出的，通过 Box-Cox 变换的方法，可以使线性回归模型在满足正态性的同时又不丢失信息。其一般形式为

$$y(\lambda) = \begin{cases} \dfrac{y^{\lambda} - 1}{\lambda} \,, & \lambda \neq 0 \\ \ln y \,, & \lambda = 0 \end{cases} \qquad (6\text{-}2)$$

当 λ 为 1 时，模型为线性模型；λ 为 0 时，模型为对数线性或者半对数线性模型；当 λ 为 −1 时，模型为双曲函数模型。因此，根据 λ 的取值的不同，可以产生多种不同的函数形式。对于 λ 的估计方法可以用极大似然估计法和贝叶斯法，具体操作方法读者可以根据数据处理软件的设定和教程要求进行具体学习应用。

实现 Box-Cox 变换的操作如下。

```
fig, ax = plt.subplots(figsize=[12,8])
data1 = stats.lomax(c=14).rvs(size=500) # 生成帕累托分布数据，数据每次生成时可能不同
sns.distplot(data1)
plt.show( )
```

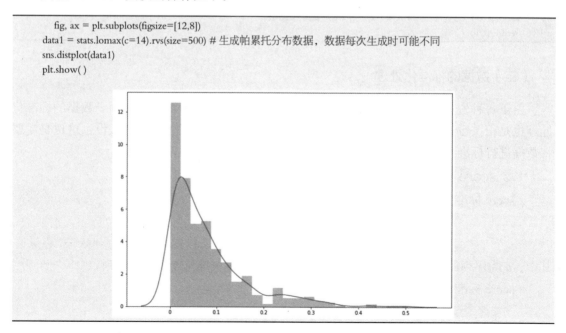

图为帕累托数据直方图，从图中我们可以明显看出，该数据的分布不服从正态分布，而是一个右偏分布，数据比较集中于 0 ～ 2。接下来我们对其进行 BOX–COX 变换
fig, ax = plt.subplots(figsize=[12,8])
converted_data1 = stats.boxcox(data1)[0] # 对数据进行 BOX–COX 变换
sns.distplot(converted_data1)
plt.show( )

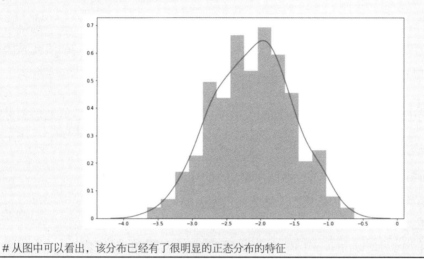

从图中可以看出，该分布已经有了很明显的正态分布的特征

完成上述准备工作，接下来将完成单因子检验的具体步骤。

（三）回归法

加权最小二乘回归 WLS 的方法

回归法是检测单个因子的一种常用方法，可以用于检验因子对收益率的解释能力。用 t 期的因子值对股票的 $t+1$ 期收益率做截面回归，检验 t 期的因子值对 $t+1$ 期的收益率的解释力度。那么最基本的回归模型为

$$r_i = \alpha + \gamma \tilde{X}_i^{norm} + \varepsilon_i \qquad (6\text{-}3)$$

在式（6-3）中，r_i 是资产 i 在 $t+1$ 期的收益率，这是读者特别需要注意的一点；γ 为因子的收益率，$\tilde{X}_i^{norm}$ 为 t 期经过极端值处理和标准化后的因子值，α 为常数项，ε_i 为随机误差项。在检测期内，每一期都进行上述式子的回归，从而得到关于 γ 的时间序列 γ_t，并且我们需要在每一期都通过 t 检验的方式检验因子收益率的显著性，t 检验统计量为

回归法示意

$$t = \frac{\overline{X} - \mu}{\frac{\sigma_x}{\sqrt{n}}} \qquad (6\text{-}4)$$

在式（6-4）中，$\overline{X}$ 表示样本平均值，μ 表示总体平均值，σ_x 表示样本的标准差，n 表示样本数量，t 值用来判断因子收益率 γ 是否显著不等于 0。值得一提的是，我们进行 t 检验得到的 t 统计量也是一个时间序列，此时我们对于因子有效性的判定方法主要有以下几种。

（1）对 t 检验值取绝对值，然后计算其平均值，如果 t 检验值绝对值均值大于 2，则可以说明结果较为理想。

（2）对 t 检验值取绝对值，观察绝对值序列大于 2 的个数，在绝对值序列中，大于 2 的值占比越大，说明因子效果越好。

（3）观察 t 检验值的序列，是否有很大的一部分为负值或者为正值，如果是，说明因子较为稳定。

（4）计算因子在样本期间的累计收益率，如果收益率呈现出一种确定性的趋势（如持续向上或者持续向下），则可以说明该因子的效果较好。

不同因子的 IC 序
列图

（四）IC 法

IC 法也是单因子检测的一种常见方法，主要通过 IC 值来进行判定。IC 值就是因子在第 t 期的因子值与 $t+1$ 期的资产收益率之间的相关系数，使用的是截面数据，即

$$IC = corr\ (r_i, X_i^{norm}) \tag{6-5}$$

在式（6-5）中，r_i 是资产 i 在 $t+1$ 期的收益率，X_i^{norm} 为 t 期经过极端值处理和标准化后的因子值。IC 法用来检验因子对于收益预测能力的强弱。对于 IC 值的判定方法主要有以下几种。

（1）IC 值的绝对值的均值越高，说明因子对于收益的预测能力越强。

（2）当 IC 值为正时，说明因子与收益呈现正相关的关系。

（3）当 IC 值为负时，说明因子与收益呈现负相关的关系。

（4）观察 IC 值的时间序列，对 IC 值进行 t 检验，通过显著性来判断因子预测能力的持久性。

（5）观察 IC 值的时间序列，计算 IC 值大于 0 或者小于 0 的占比，可以判断因子预测能力的一致性。

（6）观察 IC 值的时间序列，计算其标准差，可以判断因子预测能力的稳定性。

（五）分层回溯法

分层回溯法是用来检验因子选股能力的一种常用方法，也是业界最为通用的方法。其主要思想就是：在 t 期，按照因子值将所有的资产（股票）进行排序，可以分为 5 档（也可分为 3 档或者 10 档，视具体情况而定），本书举例使用 5 档，根据 5 档建立 5 个投资组合，计算 5 个组合在 $t+1$ 期的收益率；之后

因子分层回测

在 $t+1$ 期再次按照因子值将所有的资产（股票）进行排序，分为 5 档，构建 5 个投资组合，计算 5 个投资组合在 $t+2$ 期的收益率，依此类推。一般可以按月调仓。可以根据各个投资组合收益率的差异对因子效果进行判断。分层回测的优势在于所产生的数据直接为收益率数据，并通过图像的方式直观输出，非常便于分析和解释，利用回归得到的数据可能在这方面显然不够直观。

（1）观察 5 个档位的收益率或者超额收益（组合收益 - 基准收益）情况，如果 5 个投资组合的收益率递减或者递增的规律较强，那么说明该因子效果较好。

（2）观察 5 个档位投资组合相对基准收益胜率（组合收益高于基准的期数 / 总期数），如果 5 个投资组合的胜率递减或者递增的规律较强，那么说明该因子效果较好。

（3）观察 5 个档位投资组合年化波动率情况，如果 5 个投资组合的年化波动率递减或者递增的规律较强，那么说明该因子效果较好。

（4）观察 5 个档位投资组合夏普比率（超额收益 / 组合收益的标准差）情况，如果 5

个投资组合的年化波动率递减或者递增的规律较强，那么说明该因子效果较好。

（5）观察 5 个档位投资组合最大回撤（回测期组合收益最大值 - 回测期组合收益最小值）情况，如果 5 个投资组合的最大回撤递减或者递增的规律较强，那么说明该因子效果较好。

经过了上述单因子检验之后，我们应该可以把因子库中表现很一般的因子去掉了，那么剩下的因子可以纳入我们的备选因子池。

经过了单因子检验的因子，很多时候往往具有共线性，也就是说往往是一类因子，这时候可以选择把同类因子按照一定的权重进行合成，或者也可以选择不断进行正交化，把残差作为新的 Alpha 因子。在正交化的过程中，如果出现系数不显著的情况，说明这个新增的因子并没有给整个模型带来新增的 Alpha，那么就可以考虑把这个因子删除。

三、综合案例分析

（一）运用回归法和 IC 法检测 BP 因子（测试时间：2010—2015 年）

1. 实验过程

```
from jqdata import *
import pandas as pd
from pandas import Series, DataFrame
import numpy as np
from datetime import datetime,timedelta
import time
from sklearn import preprocessing
from scipy.stats import mstats
import scipy.stats as st
import seaborn as sns
import calendar
import statsmodels.api as sm
import matplotlib.pylab as plt
import xlrd
import itertools
import copy
import pickle
import warnings
from jqfactor import get_factor_values
from scipy import stats


# 定义类 '参数分析'
class parameter_analysis(object):

    # 定义函数中不同的变量
    def __init__(self, algorithm_id=None):
        self.algorithm_id = algorithm_id            # 回测 id

        self.params_df = pd.DataFrame( )             # 回测中所有调参备选值的内容，列名字为对应修改面两名称
对应回测中的 g.XXXX
        self.results = {}                            # 回测结果的回报率，key 为 params_df 的行序号，value 为
        self.evaluations = {}        # 回测结果的各项指标，key 为 params_df 的行序号，value 为一个 dataframe
        self.backtest_ids = {}       # 回测结果的 id
```

```python
        # 新加入的基准的回测结果 id，可以默认为空 "，则使用回测中设定的基准
        self.benchmark_id = ""

        self.benchmark_returns = []        # 新加入的基准的回测回报率
        self.returns = {}                  # 记录所有回报率
        self.excess_returns = {}           # 记录超额收益率
        self.log_returns = {}              # 记录收益率的 log 值
        self.log_excess_returns = {}       # 记录超额收益的 log 值
        self.dates = []                    # 回测对应的所有日期
        self.excess_max_drawdown = {}      # 计算超额收益的最大回撤
        self.excess_annual_return = {}     # 计算超额收益率的年化指标
        self.evaluations_df = pd.DataFrame(  # 记录各项回测指标，除日回报率外

    # 定义排队运行多参数回测函数
    def run_backtest(self,
            algorithm_id=None,             # 回测策略 id
            running_max=10,                # 回测中同时巡行最大回测数量
            start_date='2006-01-01',       # 回测的起始日期
            end_date='2016-11-30',         # 回测的结束日期
            frequency='day',               # 回测的运行频率
            initial_cash='1000000',        # 回测的初始持仓金额
            param_names=[],                # 回测中调整参数涉及的变量
            param_values=[]                # 回测中每个变量的备选参数值
            ):
        # 当此处回测策略的 id 没有给出时，调用类输入的策略 id
        if algorithm_id == None: algorithm_id=self.algorithm_id

        # 生成所有参数组合并加载到 df 中
        # 包含了不同参数具体备选值的排列组合中一组参数的 tuple 的 list
        param_combinations = list(itertools.product(*param_values))
        # 生成一个 dataframe，对应的列为每个调参的变量，每个值为调参对应的备选值
        to_run_df = pd.DataFrame(param_combinations)
        # 修改列名称为调参变量的名字
        to_run_df.columns = param_names

        # 设定运行起始时间和保存格式
        start = time.time( )
        # 记录结束的运行回测
        finished_backtests = {}
        # 记录运行中的回测
        running_backtests = {}
        # 计数器
        pointer = 0
        # 总运行回测数目，等于排列组合中的元素个数
        total_backtest_num = len(param_combinations)
        # 记录回测结果的回报率
        all_results = {}
        # 记录回测结果的各项指标
        all_evaluations = {}

        # 在运行开始时显示
```

```
print '【已完成 | 运行中 | 待运行】:',
# 当运行回测开始后，如果没有全部运行完全的话:
while len(finished_backtests)<total_backtest_num:
    # 显示运行、完成和待运行的回测个数
    print('[%s|%s|%s].' % (len(finished_backtests),
                    len(running_backtests),
(total_backtest_num−len(finished_backtests)−len(running_backtests)) )),
    # 记录当前运行中的空位数量
        to_run = min(running_max−len(running_backtests), total_backtest_num−len(running_backtests)−len(finished_backtests))
    # 把可用的空位进行跑回测
    for i in range(pointer, pointer+to_run):
    # 备选的参数排列组合的 df 中第 i 行变成 dict，每个 key 为列名字，value 为 df 中对应的值
    params = to_run_df.ix[i].to_dict( )
    # 记录策略回测结果的 id，调整参数 extras 使用 params 的内容
    backtest = create_backtest(algorithm_id = algorithm_id,
                        start_date = start_date,
                        end_date = end_date,
                        frequency = frequency,
                        initial_cash = initial_cash,
                        extras = params,
    # 再回测中把改参数的结果起一个名字，包含了所有涉及的变量参数值
                        name = str(params)
                        )
    # 记录运行中 i 回测的回测 id
        running_backtests[i] = backtest
    # 计数器计数运行完的数量
    pointer = pointer+to_run

    # 获取回测结果
    failed = []
    finished = []
    # 对于运行中的回测，key 为 to_run_df 中所有排列组合中的序数
    for key in running_backtests.keys( ):
    # 研究调用回测的结果，running_backtests[key] 为运行中保存的结果 id
        bt = get_backtest(running_backtests[key])
    # 获得运行回测结果的状态，成功和失败都需要在运行结束后返回，如果没有返回则说明运行没有结束
        status = bt.get_status( )
    # 当运行回测失败
    if status == 'failed':
    # 失败 list 中记录对应的回测结果 id
    failed.append(key)
    # 当运行回测成功时
    elif status == 'done':
    # 成功 list 记录对应的回测结果 id，finish 仅记录运行成功的
    finished.append(key)
    # 回测回报率记录对应回测的回报率 dict，key to_run_df 中所有排列组合中的序数，value 为回报率的 dict
    # 每个 value 一个 list，每个对象为一个包含时间、日回报率和基准回报率的 dict
    all_results[key] = bt.get_results( )
    # 回测回报率记录对应回测结果指标 dict，key to_run_df 中所有排列组合中的序数，value 为回测结果指标的 dataframe
```

```
                all_evaluations[key] = bt.get_risk( )
                # 记录运行中回测结果 id 的 list 中删除失败的运行
                for key in failed:
                running_backtests.pop(key)
                # 在结束回测结果 dict 中记录运行成功的回测结果 id, 同时在运行的记录中删除该回测
                for key in finished:
                finished_backtests[key] = running_backtests.pop(key)
                # 当一组同时运行的回测结束时报告时间
                if len(finished_backtests) != 0 and len(finished_backtests) % running_max == 0 and to_run !=0:
                # 记录当时时间
                middle = time.time( )
                # 计算剩余时间, 假设没工作量时间相等的话
                remain_time = (middle − start) * (total_backtest_num − len(finished_backtests)) / len(finished_backtests)
                # print 当前运行时间
                print('[ 已用 %s 时 , 尚余 %s 时 , 请不要关闭浏览器 ].' % (str(round((middle − start) / 60.0 / 60.0,3)),
                str(round(remain_time / 60.0 / 60.0,3)))),
                # 5 秒钟后再跑一下
                time.sleep(5)
                # 记录结束时间
            end = time.time( )
            print ''
            print('【回测完成】总用时 : %s 秒 ( 即 %s 小时 )。' % (str(int(end−start)),
                            str(round((end−start)/60.0/60.0,2)))),
                # 对应修改类内部对应
            self.params_df = to_run_df
            self.results = all_results
            self.evaluations = all_evaluations
            self.backtest_ids = finished_backtests



    #7 最大回撤计算方法
    def find_max_drawdown(self, returns):
        # 定义最大回撤的变量
        result = 0
        # 记录最高的回报率点
        historical_return = 0
        # 遍历所有日期
        for i in range(len(returns)):
            # 最高回报率记录
            historical_return = max(historical_return, returns[i])
            # 最大回撤记录
            drawdown = 1−(returns[i] + 1) / (historical_return + 1)
            # 记录最大回撤
            result = max(drawdown, result)
        # 返回最大回撤值
        return result

    # log 收益、新基准下超额收益和相对于新基准的最大回撤
    def organize_backtest_results(self, benchmark_id=None):
        # 若新基准的回测结果 id 没给出
        if benchmark_id==None:
```

```
        # 使用默认的基准回报率，默认的基准在回测策略中设定
        self.benchmark_returns = [x['benchmark_returns'] for x in self.results[0]]
    # 当新基准指标给出后
    else:
        # 基准使用新加入的基准回测结果
        self.benchmark_returns = [x['returns'] for x in get_backtest(benchmark_id).get_results( )]
    # 回测日期为结果中记录的第一项对应的日期
    self.dates = [x['time'] for x in self.results[0]]


    # 对应每个回测在所有备选回测中的顺序（key），生成新数据
    # 由 {key : {u'benchmark_returns': 0.022480100091729405,
    #       u'returns': 0.03184566700000002,
    #       u'time': u'2006-02-14'}} 格式转化为:
    # {key: []} 格式，其中 list 为对应 date 的一个回报率 list
    for key in self.results.keys( ):
        self.returns[key] = [x['returns'] for x in self.results[key]]
    # 生成对于基准（或新基准）的超额收益率
    for key in self.results.keys( ):
        self.excess_returns[key] = [(x+1)/(y+1)-1 for (x,y) in zip(self.returns[key], self.benchmark_returns)]
    # 生成 log 形式的收益率
    for key in self.results.keys( ):
        self.log_returns[key] = [log(x+1) for x in self.returns[key]]
    # 生成超额收益率的 log 形式
    for key in self.results.keys( ):
        self.log_excess_returns[key] = [log(x+1) for x in self.excess_returns[key]]
    # 生成超额收益率的最大回撤
    for key in self.results.keys( ):
        self.excess_max_drawdown[key] = self.find_max_drawdown(self.excess_returns[key])
    # 生成年化超额收益率
    for key in self.results.keys( ):
        self.excess_annual_return[key] = (self.excess_returns[key][-1]+1)**(252./float(len(self.dates)))-1
    # 把调参数据中的参数组合 df 与对应结果的 df 进行合并
    self.evaluations_df = pd.concat([self.params_df, pd.DataFrame(self.evaluations).T], axis=1)
#       self.evaluations_df =


# 获取最终分析数据，调用排队回测函数和数据整理的函数
def get_backtest_data(self,
            algorithm_id=None,          # 回测策略 id
            benchmark_id=None,          # 新基准回测结果 id
            file_name='results.pkl',    # 保存结果的 pickle 文件名字
            running_max=10,             # 最大同时运行回测数量
            start_date='2006-01-01',    # 回测开始时间
            end_date='2016-11-30',      # 回测结束日期
            frequency='day',            # 回测的运行频率
            initial_cash='1000000',     # 回测初始持仓资金
            param_names=[],             # 回测需要测试的变量
            param_values=[]             # 对应每个变量的备选参数
            ):
    # 调运排队回测函数，传递对应参数
    self.run_backtest(algorithm_id=algorithm_id,
            running_max=running_max,
```

```
                running_max=running_max,
                start_date=start_date,
                end_date=end_date,
                frequency=frequency,
                initial_cash=initial_cash,
                param_names=param_names,
                param_values=param_values
                )
        # 在回测结果指标中加入 log 收益率和超额收益率等指标
        self.organize_backtest_results(benchmark_id)
        # 生成 dict 保存所有结果。
        results = {'returns':self.returns,
                'excess_returns':self.excess_returns,
                'log_returns':self.log_returns,
                'log_excess_returns':self.log_excess_returns,
                'dates':self.dates,
                'benchmark_returns':self.benchmark_returns,
                'evaluations':self.evaluations,
                'params_df':self.params_df,
                'backtest_ids':self.backtest_ids,
                'excess_max_drawdown':self.excess_max_drawdown,
                'excess_annual_return':self.excess_annual_return,
                'evaluations_df':self.evaluations_df}
        # 保存 pickle 文件
        pickle_file = open(file_name, 'wb')
        pickle.dump(results, pickle_file)
        pickle_file.close()

    # 读取保存的 pickle 文件，赋予类中的对象名对应的保存内容
    def read_backtest_data(self, file_name='results.pkl'):
        pickle_file = open(file_name, 'rb')
        results = pickle.load(pickle_file)
        self.returns = results['returns']
        self.excess_returns = results['excess_returns']
        self.log_returns = results['log_returns']
        self.log_excess_returns = results['log_excess_returns']
        self.dates = results['dates']
        self.benchmark_returns = results['benchmark_returns']
        self.evaluations = results['evaluations']
        self.params_df = results['params_df']
        self.backtest_ids = results['backtest_ids']
        self.excess_max_drawdown = results['excess_max_drawdown']
        self.excess_annual_return = results['excess_annual_return']
        self.evaluations_df = results['evaluations_df']

    # 回报率折线图
    def plot_returns(self):
        # 通过 figsize 参数可以指定绘图对象的宽度和高度，单位为英寸
        fig = plt.figure(figsize=(20,8))
        ax = fig.add_subplot(111)
        df = pd.DataFrame()
```

```
        # 作图
        for key in self.returns.keys( ):
            ax.plot(range(len(self.returns[key])), self.returns[key], label=key)
            df = pd.concat([df,pd.Series(self.returns[key])],axis = 1)
        #df.index = self.dates
        # 设定 benchmark 曲线并标记
        ax.plot(range(len(self.benchmark_returns)), self.benchmark_returns, label='benchmark', c='k', linestyle='--')
        ticks = [int(x) for x in np.linspace(0, len(self.dates)-1, 11)]
        plt.xticks(ticks, [self.dates[i] for i in ticks])
        # 设置图例样式
        ax.legend(loc = 2, fontsize = 10)
        # 设置 y 标签样式
        ax.set_ylabel('returns',fontsize=20)
        # 设置 x 标签样式
        ax.set_yticklabels([str(x*100)+'% 'for x in ax.get_yticks( )])
        # 设置图片标题样式
        ax.set_title("Strategy's performances with different parameters", fontsize=21)
        plt.xlim(0, len(self.returns[0]))
        #df = pd.concat([df,pd.DataFrame(self.benchmark_returns)],axis = 1)
        df.columns = ['group1','group2','group3','group4','group5','group6','group7','group8','group9','group10']

        return df,self.benchmark_returns

    # 超额收益率图
    def plot_excess_returns(self):
        # 通过 figsize 参数可以指定绘图对象的宽度和高度，单位为英寸
        fig = plt.figure(figsize=(20,8))
        ax = fig.add_subplot(111)
        # 作图
        for key in self.returns.keys( ):
            ax.plot(range(len(self.excess_returns[key])), self.excess_returns[key], label=key)
        # 设定 benchmark 曲线并标记
        ax.plot(range(len(self.benchmark_returns)), [0]*len(self.benchmark_returns), label='benchmark', c='k', linestyle='--')
        ticks = [int(x) for x in np.linspace(0, len(self.dates)-1, 11)]
        plt.xticks(ticks, [self.dates[i] for i in ticks])
        # 设置图例样式
        ax.legend(loc = 2, fontsize = 10)
        # 设置 y 标签样式
        ax.set_ylabel('excess returns',fontsize=20)
        # 设置 x 标签样式
        ax.set_yticklabels([str(x*100)+'% 'for x in ax.get_yticks( )])
        # 设置图片标题样式
        ax.set_title("Strategy's performances with different parameters", fontsize=21)
        plt.xlim(0, len(self.excess_returns[0]))

    # log 回报率图
    def plot_log_returns(self):
        # 通过 figsize 参数可以指定绘图对象的宽度和高度，单位为英寸
```

```python
fig = plt.figure(figsize=(20,8))
ax = fig.add_subplot(111)
# 作图
for key in self.returns.keys( ):
    ax.plot(range(len(self.log_returns[key])), self.log_returns[key], label=key)
    # 设定 benchmark 曲线并标记
    ax.plot(range(len(self.benchmark_returns)), [log(x+1) for x in self.benchmark_returns], label='benchmark', c='k',
linestyle='--')
    ticks = [int(x) for x in np.linspace(0, len(self.dates)-1, 11)]
    plt.xticks(ticks, [self.dates[i] for i in ticks])
    # 设置图例样式
    ax.legend(loc = 2, fontsize = 10)
    # 设置 y 标签样式
    ax.set_ylabel('log returns',fontsize=20)
    # 设置图片标题样式
    ax.set_title("Strategy's performances with different parameters", fontsize=21)
    plt.xlim(0, len(self.log_returns[0]))


# 超额收益率的 log 图
def plot_log_excess_returns(self):
    # 通过 figsize 参数可以指定绘图对象的宽度和高度，单位为英寸
    fig = plt.figure(figsize=(20,8))
    ax = fig.add_subplot(111)
    # 作图
    for key in self.returns.keys( ):
        ax.plot(range(len(self.log_excess_returns[key])), self.log_excess_returns[key], label=key)
    # 设定 benchmark 曲线并标记
    ax.plot(range(len(self.benchmark_returns)), [0]*len(self.benchmark_returns), label='benchmark', c='k', linestyle='--')
    ticks = [int(x) for x in np.linspace(0, len(self.dates)-1, 11)]
    plt.xticks(ticks, [self.dates[i] for i in ticks])
    # 设置图例样式
    ax.legend(loc = 2, fontsize = 10)
    # 设置 y 标签样式
    ax.set_ylabel('log excess returns',fontsize=20)
    # 设置图片标题样式
    ax.set_title("Strategy's performances with different parameters", fontsize=21)
    plt.xlim(0, len(self.log_excess_returns[0]))


# 回测的 4 个主要指标，包括总回报率、最大回撤夏普率和波动率
def get_eval4_bar(self, sort_by=[]):

    sorted_params = self.params_df
    for by in sort_by:
        sorted_params = sorted_params.sort(by)
    indices = sorted_params.index


    fig = plt.figure(figsize=(20,7))
```

```
# 定义位置
ax1 = fig.add_subplot(221)
# 设定横轴为对应分位，纵轴为对应指标
ax1.bar(range(len(indices)),
    [self.evaluations[x]['algorithm_return'] for x in indices], 0.6, label = 'Algorithm_return')
plt.xticks([x+0.3 for x in range(len(indices))], indices)
# 设置图例样式
ax1.legend(loc='best',fontsize=15)
# 设置 y 标签样式
ax1.set_ylabel('Algorithm_return', fontsize=15)
# 设置 y 标签样式
ax1.set_yticklabels([str(x*100)+'% 'for x in ax1.get_yticks( )])
# 设置图片标题样式
ax1.set_title("Strategy's of Algorithm_return performances of different quantile", fontsize=15)
# x 轴范围
plt.xlim(0, len(indices))

# 定义位置
ax2 = fig.add_subplot(224)
# 设定横轴为对应分位，纵轴为对应指标
ax2.bar(range(len(indices)),
    [self.evaluations[x]['max_drawdown'] for x in indices], 0.6, label = 'Max_drawdown')
plt.xticks([x+0.3 for x in range(len(indices))], indices)
# 设置图例样式
ax2.legend(loc='best',fontsize=15)
# 设置 y 标签样式
ax2.set_ylabel('Max_drawdown', fontsize=15)
# 设置 x 标签样式
ax2.set_yticklabels([str(x*100)+'% 'for x in ax2.get_yticks( )])
# 设置图片标题样式
ax2.set_title("Strategy's of Max_drawdown performances of different quantile", fontsize=15)
# x 轴范围
plt.xlim(0, len(indices))

# 定义位置
ax3 = fig.add_subplot(223)
# 设定横轴为对应分位，纵轴为对应指标
ax3.bar(range(len(indices)),
    [self.evaluations[x]['sharpe'] for x in indices], 0.6, label = 'Sharpe')
plt.xticks([x+0.3 for x in range(len(indices))], indices)
# 设置图例样式
ax3.legend(loc='best',fontsize=15)
# 设置 y 标签样式
ax3.set_ylabel('Sharpe', fontsize=15)
# 设置 x 标签样式
ax3.set_yticklabels([str(x*100)+'% 'for x in ax3.get_yticks( )])
# 设置图片标题样式
ax3.set_title("Strategy's of Sharpe performances of different quantile", fontsize=15)
# x 轴范围
plt.xlim(0, len(indices))
ax4 = fig.add_subplot(222)
```

```
# 定义位置
# 设定横轴为对应分位，纵轴为对应指标
ax4.bar(range(len(indices)),
        [self.evaluations[x]['algorithm_volatility'] for x in indices], 0.6, label = 'Algorithm_volatility')
plt.xticks([x+0.3 for x in range(len(indices))], indices)
# 设置图例样式
ax4.legend(loc='best',fontsize=15)
# 设置 y 标签样式
ax4.set_ylabel('Algorithm_volatility', fontsize=15)
# 设置 x 标签样式
ax4.set_yticklabels([str(x*100)+'% 'for x in ax4.get_yticks( )])
# 设置图片标题样式
ax4.set_title("Strategy's of Algorithm_volatility performances of different quantile", fontsize=15)
# x 轴范围
plt.xlim(0, len(indices))


#14 年化回报和最大回撤，正负双色表示
def get_eval(self, sort_by=[]):

    sorted_params = self.params_df
    for by in sort_by:
        sorted_params = sorted_params.sort(by)
    indices = sorted_params.index


    # 大小
    fig = plt.figure(figsize = (20, 8))
    # 图 1 位置
    ax = fig.add_subplot(111)
    # 生成图超额收益率的最大回撤
    ax.bar([x+0.3 for x in range(len(indices))],
           [-self.evaluations[x]['max_drawdown'] for x in indices], color = '#32CD32',
               width = 0.6, label = 'Max_drawdown', zorder=10)
    # 图年化超额收益
    ax.bar([x for x in range(len(indices))],
           [self.evaluations[x]['annual_algo_return'] for x in indices], color = 'r',
               width = 0.6, label = 'Annual_return')
    plt.xticks([x+0.3 for x in range(len(indices))], indices)
    # 设置图例样式
    ax.legend(loc='best',fontsize=15)
    # 基准线
    plt.plot([0, len(indices)], [0, 0], c='k',
             linestyle='--', label='zero')
    # 设置图例样式
    ax.legend(loc='best',fontsize=15)
    # 设置 y 标签样式
    ax.set_ylabel('Max_drawdown', fontsize=15)
    # 设置 x 标签样式
    ax.set_yticklabels([str(x*100)+'% 'for x in ax.get_yticks( )])
    # 设置图片标题样式
    ax.set_title("Strategy's performances of different quantile", fontsize=15)
    #  设定 x 轴长度
```

```python
    plt.xlim(0, len(indices))

#14 超额收益的年化回报和最大回撤
# 加入新的 benchmark 后超额收益和
def get_excess_eval(self, sort_by=[]):

    sorted_params = self.params_df
    for by in sort_by:
        sorted_params = sorted_params.sort(by)
    indices = sorted_params.index

    # 大小
    fig = plt.figure(figsize = (20, 8))
    # 图 1 位置
    ax = fig.add_subplot(111)
    # 生成图超额收益率的最大回撤
    ax.bar([x+0.3 for x in range(len(indices))],
        [-self.excess_max_drawdown[x] for x in indices], color = '#32CD32',
            width = 0.6, label = 'Excess_max_drawdown')
    # 图年化超额收益
    ax.bar([x for x in range(len(indices))],
        [self.excess_annual_return[x] for x in indices], color = 'r',
            width = 0.6, label = 'Excess_annual_return')
    plt.xticks([x+0.3 for x in range(len(indices))], indices)
    # 设置图例样式
    ax.legend(loc='best',fontsize=15)
    # 基准线
    plt.plot([0, len(indices)], [0, 0], c='k',
            linestyle='--', label='zero')
    # 设置图例样式
    ax.legend(loc='best',fontsize=15)
    # 设置 y 标签样式
    ax.set_ylabel('Max_drawdown', fontsize=15)
    # 设置 x 标签样式
    ax.set_yticklabels([str(x*100)+'% 'for x in ax.get_yticks( )])
    # 设置图片标题样式
    ax.set_title("Strategy's performances of different quantile", fontsize=15)
    #  设定 x 轴长度
    plt.xlim(0, len(indices))


# 获取指定周期的日期列表 'W、M、Q'
def get_period_date(period,start_date, end_date):
    # 设定转换周期 period_type, 转换为周是 'W'、月是 'M'、季度线是 'Q'、五分钟是 '5min'、12 天是 '12D'
    stock_data = get_price('000001.XSHE',start_date,end_date,'daily',fields=['close'])
    # 记录每个周期中最后一个交易日
    stock_data['date']=stock_data.index
    # 进行转换,周线的每个变量都等于那一周中最后一个交易日的变量值
    period_stock_data=stock_data.resample(period,how='last')
    date=period_stock_data.index
    pydate_array = date.to_pydatetime( )
```

```
    date_only_array = np.vectorize(lambda s: s.strftime('%Y-%m-%d'))(pydate_array)
    date_only_series = pd.Series(date_only_array)
    start_date = datetime.strptime(start_date, "%Y-%m-%d")
    start_date=start_date-timedelta(days=1)
    start_date = start_date.strftime("%Y-%m-%d")
    date_list=date_only_series.values.tolist( )
    date_list.insert(0,start_date)
    return date_list


# 去除上市距 beginDate 不足 1 年且退市在 endDate 之后的股票
def delect_stop(stocks,beginDate,endDate,n=365):
    stockList=[]
    beginDate = datetime.strptime(beginDate, "%Y-%m-%d")
    endDate = datetime.strptime(endDate, "%Y-%m-%d")
    for stock in stocks:
        start_date=get_security_info(stock).start_date
        end_date=get_security_info(stock).end_date
        if start_date<(beginDate-timedelta(days=n)).date( ) and end_date>endDate.date( ):
            stockList.append(stock)
    return stockList


# 获取股票池
def get_stock(stockPool,start_date,end_date):
    if stockPool==' 沪深 300':
        stockList=get_index_stocks('000300.XSHG',start_date)
    elif stockPool==' 中证 500':
        stockList=get_index_stocks('000905.XSHG',start_date)
    elif stockPool==' 中证 1000':
        stockList=get_index_stocks('000852.XSHG',start_date)
    elif stockPool==' 中证 800':
        stockList=get_index_stocks('000906.XSHG',start_date)
    elif stockPool=='CYBZ':
        stockList=get_index_stocks('399006.XSHE',start_date)
    elif stockPool=='ZXBZ':
        stockList=get_index_stocks('399005.XSHE',start_date)
    elif stockPool=='A':
        stockList=get_index_stocks('000002.XSHG',start_date)+get_index_stocks('399107.XSHE',start_date)
    # 剔除 ST 股
    st_data=get_extras('is_st',stockList, count = 1,end_date = start_date)
    stockList = [stock for stock in stockList if not st_data[stock][0]]
    # 剔除停牌、新股及退市股票
    stockList=delect_stop(stockList,start_date,end_date)
    return stockList

# 获取数据
def get_all_data(start_date,end_date,stockPool,period):
    warnings.filterwarnings("ignore")
    # 获取日期数据
    date_period = get_period_date(period,start_date,end_date)
```

```
# 获取申万一级行业数据
indu_code = get_industries(name = 'sw_l1')
indu_code = list(indu_code.index)


data = pd.DataFrame( )

for date in date_period[:−1]:
    # 获取股票列表
    stockList = get_stock(stockPool,date,end_date)                # 获取 date 日的成分股列表

    # 获取横截面收益率
    df_close = get_price(stockList,date,date_period[date_period.index(date)+1],'daily',['close'])
    df_pchg = df_close['close'].iloc[−1,:]/df_close['close'].iloc[0,:]−1

    # 获取权重数据，流通市值的平方根为权重
    q = query(valuation.code,valuation.circulating_market_cap).filter(valuation.code.in_(stockList))
    R_T = get_fundamentals(q, date)
    R_T.set_index('code',inplace=True, drop=False)
    R_T['Weight']=np.sqrt(R_T['circulating_market_cap'])          # 流通市值的平方根作为权重
    # 删除无用的 code 列和 circulating_market_cap 列
    del R_T['code']
    del R_T['circulating_market_cap']

    # 中证 800 指数收益率
    index_close=get_price('000906.XSHG', date, date_period[date_period.index(date)+1], 'daily', ['close'])
    index_pchg=index_close['close'].iloc[−1]/index_close['close'].iloc[0]−1
    R_T['pchg']=df_pchg − index_pchg                    # 每只股票在 date 日对中证 800 的超额收益率（Y）
    # 目前，R_T 包含索引列 code，权重列 Weight，对中证 800 的超额收益率 pchg

    # 获取行业暴露度、哑变量矩阵
    Linear_Regression = pd.DataFrame( )
    for i in indu_code:
        i_Constituent_Stocks = get_industry_stocks(i, date)
        i_Constituent_Stocks = list(set(i_Constituent_Stocks).intersection(set(stockList)))
        try:
            temp = pd.Series([1]*len(i_Constituent_Stocks),index = i_Constituent_Stocks)
            temp.name = i
        except:
            print(i)
        Linear_Regression = pd.concat([Linear_Regression,temp],axis = 1)
    Linear_Regression.fillna(0.0, inplace=True)

    Linear_Regression = pd.concat([Linear_Regression,R_T],axis = 1)
    Linear_Regression=Linear_Regression.dropna( )
    Linear_Regression['date'] = date
    Linear_Regression['code'] = Linear_Regression.index
    data = data.append(Linear_Regression)
    print date+' getted!!'
return data
# 此处为调取因子数据
```

```
# 读取 xlsx 文件
def get_sheetname(factor):
    data = xlrd.open_workbook('factor_data.xlsx')
    d_data=[]
    for i in range(5):
        d=[]
        sheet = data.sheet_by_index(i)
        for j in range(1,sheet.nrows):
            d.append(sheet.row_values(j)[0])
        d_data.append(d)
    for i in range(5):
        if factor in d_data[i]:
            return data.sheet_by_index(i).name




# 获取新的一个因子数据并进行缩尾和标准化，因子一定要求是 get_fundamentals 里的
def get_factor_data(start_date,end_date,stockPool,period,factor):
    date_period = get_period_date(period,start_date,end_date)

    # 获取 stockvaluaton 格式的因子名
    #sheet = get_sheetname(factor)
    #str_factor=sheet+'.'+factor
    #str_factor=eval(str_factor)

    str_factor = eval('valuation.%s' % factor)          # 增加一句话

    factor_data = pd.DataFrame( )
    for date in date_period[:-1]:
        # 获取股票列表
        stockList = get_stock(stockPool,date,end_date)      # 获取 date 日的成分股列表

        # 获取股票数据
        q = query(valuation.code,str_factor).filter(valuation.code.in_(stockList))
        temp = get_fundamentals(q, date)

        # 因子数据正态化
        #temp[factor] = stats.boxcox(temp[factor])[0]

        # 生成日期列
        temp['date'] = date

        # 缩尾处理，置信区间 95%
        temp[factor] = mstats.winsorize(temp[factor],limits = 0.025)

        # 数据标准化
        temp[factor] = preprocessing.scale(temp[factor])

        factor_data = factor_data.append(temp)
        print date+' getted!!'
```

```
        return factor_data
# 有效性检验 (t/IC)
def t_test(result,period,start_date,end_date,factor):
    # 获取申万一级行业数据
    indu_code = get_industries(name = 'sw_l1')
    indu_code = list(indu_code.index)

    # 生成空的 dict, 存储 t 检验、IC 检验结果
    WLS_params = {}
    WLS_t_test = {}
    IC = {}

    date_period = get_period_date(period,start_date,end_date)

    for date in date_period[:−2]:
        temp = result[result['date'] == date]
        X = temp.loc[:,indu_code+[factor]]
        Y = temp['pchg']
        # WLS 回归
        wls = sm.WLS(Y, X, weights=temp['Weight'])
        output = wls.fit( )
        WLS_params[date] = output.params[−1]
        WLS_t_test[date] = output.tvalues[−1]
        #IC 检验
        IC[date]=st.pearsonr(Y, temp[factor])[0]
        print date+' getted!!!'

    return WLS_params,WLS_t_test,IC

# 参数设定
start_date = '2010−01−01'
end_date = '2015−12−01'
stockPool='A'#' 中证 800'
period='M'
Group=10
factor = 'pb_ratio'


# 获取市值权重、行业哑变量数据
data = get_all_data(start_date,end_date,stockPool,period)

# 查看一下数据
data.head( )

# 这部分为获取因子数据，如果因子数据为外部数据则可以忽略此步，导入你自己的因子数据即可
factor_data = get_factor_data(start_date,end_date,stockPool,period,factor)
# 将因子数据与权重、行业数据合并。如果获取的因子数据用的是自己的因子数据，则保证 code 和 date 列可以
确定一行观测即可
result = pd.merge(data,factor_data,how = 'left',on = ['code','date'])
result = result.dropna( )
# 查看一下数据
result.head( )
```

```
#t 检验，IC 检验
WLS_params,WLS_t_test,IC = t_test(result,period,start_date,end_date,factor)
WLS_params = pd.Series(WLS_params)
WLS_t_test = pd.Series(WLS_t_test)
IC = pd.Series(IC)

#t 检验结果
n = [x for x in WLS_t_test.values if np.abs(x)>1.96]
print 't 值序列绝对值平均值——判断因子的显著性是否稳定 ',np.sum(np.abs(WLS_t_test.values))/len(WLS_t_test)
print 't 值序列绝对值大于 1.96 的占比——判断因子的显著性是否稳定 ',len(n)/float(len(WLS_t_test))
WLS_t_test.plot('bar',figsize=(20,8))
```

t值序列绝对值平均值——判断因子的显著性是否稳定 3.6896816155
t值序列绝对值大于1.96的占比——判断因子的显著性是否稳定 0.69014084507

\<matplotlib.axes._subplots.AxesSubplot at 0x7faee77c1150>

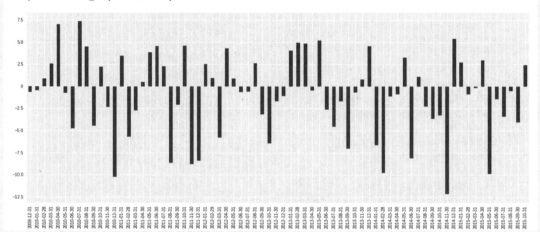

```
#IC 检验结果
print 'IC 值序列的均值大小 ',IC.mean( )
print 'IC 值序列的标准差 ',IC.std( )
print 'IR 比率（IC 值序列均值与标准差的比值）',IC.mean( )/IC.std( )
n_1 = [x for x in IC.values if x > 0]
print 'IC 值序列大于零的占比 ',len(n_1)/float(len(IC))

n_2 = [x for x in IC.values if np.abs(x) > 0.02]
print 'IC 值序列绝对值大于 0.02 的占比 ',len(n_2)/float(len(IC))
IC.plot('bar',figsize=(20,8))
```

IC 值序列的均值大小 -0.0119692782516
IC 值序列的标准差 0.116411985523
IR 比率（IC值序列均值与标准差的比值） -0.102818263925
IC 值序列大于零的占比 0.507042253521
IC 值序列绝对值大于0.02的占比 0.802816901408

收起输出 ↑

<matplotlib.axes._subplots.AxesSubplot at 0x7faed82b3c90>

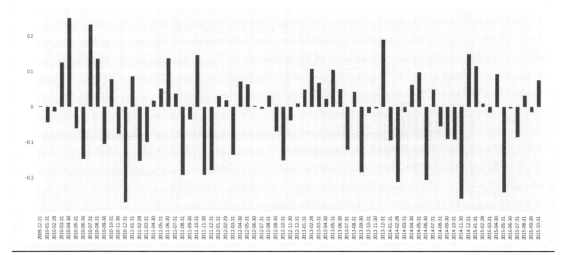

2. 实验结论

（1）回归法测试结果

t 值序列绝对值平均值：3.6896816155——判断因子的显著性是否稳定。

t 值序列绝对值大于 1.96 的占比：0.69014084507——判断因子的显著性是否稳定。

（2）IC 法测试结果

IC 值序列的均值大小：-0.0119692782516。

IC 值序列的标准差：0.116411985523。

IR 比率（*IC* 值序列均值与标准差的比值）：-0.102818263925。

IC 值序列大于零的占比：0.507042253521。

IC 值序列绝对值大于 0.02 的占比：0.802816901408。

通过 *t* 值的绝对值平均值可以看到 pb 是个显著因子，对收益有明显的预测性，但是通过 *IC* 值均值可以看到，预测的周期性非常显著，可以猜测分组预测的单调性不足。

（二）运用分层回溯法检测动量因子 momentum_30（测试时间：2017—2020 年）

```
import pandas as pd
import numpy as np
from six import BytesIO
import matplotlib.pyplot as plt
%matplotlib inline
df_factor = pd.read_csv(BytesIO(read_file('Research/factor database/factor.csv')),
            index_col=['date','stock'],usecols=['date','stock','momentum_30'])
df_factor = df_factor.unstack()
```

```
df_factor = df_factor.loc['2017-06-01':'2020-06-01',:]
df_factor.columns = df_factor.columns.droplevel(0)
stock_list = df_factor.columns
date_list = df_factor.index
# 以上的代码仅为读取个人因子库的数据，实际调用的话需要根据自己的因子数据编码
# 此模块的输出便是想要得到符合要求的因子数据格式，可以看出 index 为日期，columns 为股票代码，数据为
因子值
# 在实际引用中便是需要将因子数据转化成如下所示的目标格式
df_factor.head(2)
# 根据因子数据所涉及的股票创建总体股票池，这样做可以方便后续的频繁调用
stock_list = df_factor.columns
date_list = df_factor.index
print(stock_list[0:5])
print(date_list[0:5])
stock_list1 = stock_list.tolist( )
# 获取时间段内总股票池的收盘价
df_return = get_price(stock_list1, start_date='2017-06-01', end_date='2020-08-01', frequency='daily', fields='close',
            skip_paused=False, fq='pre', count=None)
df_return = df_return['close']
# 将收盘价转化成收益率
df_return = (df_return.shift(1)−df_return)/df_return
df_return.head(2)


class data_wash:
    # 去极值
    def three_sigma(factor):
        mean = factor.mean( )
        std = factor.std( )
        up = mean + 3*std
        down = mean − 3*std
        return np.clip(factor,down,up)
    #标准化
    def standardize(factor):
        mean = factor.mean( )
        std = factor.std( )
        factor = (factor − mean)/std
        return factor
# 一般我们会将股票进行分组，每 20% 一组，这样我们可以得到 5 个分组，那么我们就需要记录这些分组随后
产生的收益如何
# 正如你所看到的 5 个字典
group_1 = {}
group_2 = {}
group_3 = {}
group_4 = {}
group_5 = {}
#n 代表调仓周期，意思是你根据因子值来重新进行股票分组需要多久，调仓周期很重要，也是后续参数调整之
一，我们用 5 天来演示
n = 5
# 我们需要每天遍历数据，注意到 range( ) 函数中的 n 了吗，它决定着我们每隔多久进行重新分组
```

```python
for i in range(0,len(date_list),n):
    # 取出第 i 天的因子值
    df_test = df_factor.loc[date_list[i],:]
    # 对取出的横截面数据要进行数据清洗
    # 先去极值再标准化，顺序别反了
    df_test = data_wash.three_sigma(df_test)
    df_test = data_wash.standardize(df_test)
    # 升序排列
    df_test.sort_values(ascending=True,inplace=True)
    # 排序好的股票代码才是我们想要的东西
    stock_all = list(df_test.index)
    lens = len(stock_all)
    # 股票分组，这样我们根据因子大小将股票成功分成了 5 组
    stock_pool1 = stock_all[int(0*lens):int(0.2*lens)]
    stock_pool2 = stock_all[int(0.2*lens):int(0.4*lens)]
    stock_pool3 = stock_all[int(0.4*lens):int(0.6*lens)]
    stock_pool4 = stock_all[int(0.6*lens):int(0.8*lens)]
    stock_pool5 = stock_all[int(0.8*lens):int(1*lens)]
    # 记录每组每天单日收益均值
    # 调仓周日不是 n 吗，持有收益便是第 i+1 天到 i+n 天的收益
    for j in range(i+1,i+n):
        try: # 为什么要 try? 万一某只股票中途退市导致收益矩阵有缺失值，不能让我们的分析半途而废吧，所以我们要 continue
            # 提取 j 日的日期
            date = date_list[j]
            # 每个分组的每日平均收益就这么简单地计算出来了
            group_1[date] = df_return.loc[date,stock_pool1].mean()
            group_2[date] = df_return.loc[date,stock_pool2].mean()
            group_3[date] = df_return.loc[date,stock_pool3].mean()
            group_4[date] = df_return.loc[date,stock_pool4].mean()
            group_5[date] = df_return.loc[date,stock_pool5].mean()
        except:
            continue
# 我们用 df_result 这个矩阵来合并所有的数据
df_result = pd.concat([pd.Series(group_1),pd.Series(group_2),pd.Series(group_3),
                pd.Series(group_4),pd.Series(group_5)],axis=1)
df_result.columns = ['group1','group2','group3','group4','group5']
# 每日平均收益率不太直观，cumprod() 登场后可累积求积
# 我们得到的是每日的收益率，加上 1 变成了变动值，那么我们将这些变动值从起点开始累积相乘，便是这一段时间的总体收益率
df_result = (df_result+1).cumprod()
# 起点数据基本一致，为了更好地对比，我们将其调整为 1
df_result.iloc[0,:] = 1
# 大功告成，这便是我们想要的分层回测最终数据
df_result.head(5)
```

.dataframe tbody tr th:only-of-type { vertical-align: middle; } .dataframe tbody tr th { vertical-align: top; } .dataframe thead th { text-align: right; }

	group1	group2	group3	group4	group5
2017-06-02	1.000000	1.000000	1.000000	1.000000	1.000000
2017-06-05	0.968869	0.982014	0.985845	0.989692	0.995311
2017-06-06	0.962627	0.978135	0.981437	0.987803	0.991081
2017-06-07	0.939500	0.959846	0.964228	0.970837	0.976248
2017-06-09	0.934606	0.959433	0.962907	0.969785	0.976142

```
# 画出图形看看
# 画图格式并没有做过多设置，需要的话可以自行调整
df_result.plot(figsize=(16,8))
```

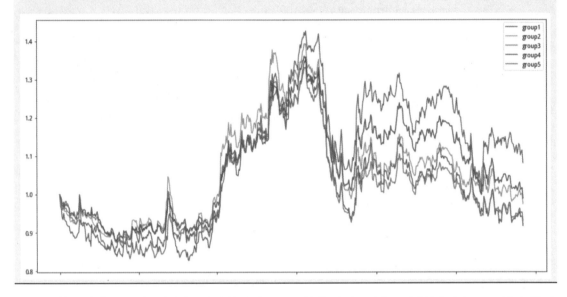

具体到本例，我们采取的因子是过去 30 日的收益率，属于动量因子之一，旨在检验股票的动量效应。从结果图可以看出，因子对收益率的影响先是负向而后是正向，为什么这么说呢？我们选取的测试时间段刚好跨越了一个牛熊周期，2018 年 12 月之前可以看作熊市，之后看作牛市，在熊市中也就是图像的前半段，可以看出各个股票分组之前的累积收益率其实并没有很明显的区分，但是代表着因子值最大的第 5 组股票多次出现在了最下方，也就意味着在这段时期内，过去 30 日收益越高的股票反而未来收益率越低，因此便是负向关系。而在 2018 年 12 月之后的行情中，第 5 分组明显上升到了收益最好的位置，最大的过去收益意味着最好的未来收益，正向关系显著。

总之，在熊市中，过去 30 日收益率因子的动量效应较弱，反转效应较强；而在牛市中，这种关系发生了变化，动量效应比较明显。当然，用仅仅一个动量因子映射到动量效应的解释未免有点牵强，那么这里我们就当作对单因子分析结果的一个示例。

四、具体任务

（一）实践任务

本次实践任务包含以下 3 个方面的内容。
（1）采用回归法进行单因子检测。
（2）采用 IC 法进行单因子检测。
（3）采用分层回溯法进行单因子检测。

（二）实践步骤

（1）选择因子，并进行因子分类。
（2）对不同类别的因子进行检测。
（3）对实践结构进行归纳总结。

（三）实践思考

（1）请思考：哪些因子适合中长期选股，哪些因子适合短期择时？
（2）因子检测的周期如何选择？

实践七 多因子选股策略的构建与实践

一、实践目的

- 理解多因子选股策略的原理。
- 能使用 Python 构建基于因子打分法的多因子选股策略。
- 能使用 Python 构建基于机器学习的多因子选股策略。

二、基本原理及操作演示

（一）多因子量化选股策略的基本原理

多因子量化选股策略是一种基于多因子模型的量化投资方法，它利用数学和统计技术，从大量的股票中筛选出符合特定因子要求的股票进行投资，以期获得超越市场平均水平的收益。多因子量化选股策略的核心思想是认为股票的收益和风险不仅取决于市场的整体波动，还受到其他一些特定的因素的影响，这些因素可以是宏观经济的变量，也可以是股票本身的特征。通过识别和利用这些因素，投资者可以构建更有效的投资组合，提高收益并降低风险。

多因子选股模型的理论基础主要有两个：资本资产定价模型（Captial Asset Pricing Model，CAPM）和套利定价理论（Abritrage Pricing Theory，APT）。CAPM 是最早的单因子模型，它假设股票的收益只与市场的系统性风险相关，而与其他任何因素无关。APT 则是最早的多因子模型，它假设股票的收益与市场和若干个独立的风险因子相关，而且不存在套利机会。多因子选股模型可以看作是对 CAPM 的扩展和 APT 的具体化。

最早和最广泛使用的多因子模型之一是尤金·法玛和肯尼斯·法兰奇于 1993 年提出的三因子模型。三因子模型在 CAPM 的基础上增加了两个因素：规模因子和价值因子。规模因子由市值衡量，价值因子由账面市值比衡量。此后，学者们还提出并测试了许多其他多因子模型，例如，马克·卡哈特于 1997 年提出的四因子模型（市场风险溢价、规模因子、价值因子和动量因子）、尤金·法玛和肯尼斯·法兰奇于 2015 年提出的五因子模型（市场风险溢价、规模因子、价值因子、盈利水平因子和投资水平风险）、张橹等于 2015 年提出的 Q 因子模型（市场因子、规模因子、投资因子和盈利能力因子）和安德里亚·弗拉齐尼等于 2018 年提出的 AQR 六因子模型 [市场因子、规模因子、价值因子、动量因子、低波动性因子和 QMJ（Quality-minus-Junk) 因子]。这些模型旨在捕捉股票收益的不同维度，并为股票收益率的横截面差异提供更全面的解释。

（二）多因子量化选股策略的步骤

多因子量化选股策略的实施步骤如下。

1. 因子的选取

因子的选取主要依赖于经济逻辑和市场经验，但选择更多和更有效的因子无疑是增强策略信息捕获能力、提高收益的关键因素之一。一般而言，根据因子的来源和性质，将其分为以下几类：市场因子是反映市场整体风险和收益的因子，如市场回报率、市场波动率等；风格因子是反映股票在某些风格维度上的差异的因子，如价值、动量、规模、成长等；行业因子是反映股票所属行业对其收益和风险的影响的因子，如行业分类、行业回报率等；财务因子是反映股票财务状况和盈利能力的因子，如市净率、市盈率、净资产收益率等；宏观经济因子是反映宏观经济环境对股票收益和风险的影响的因子，如利率、通货膨胀、经济增长等；其他因子是反映其他可能影响股票收益和风险的特征的因子，如事件驱动、情绪指标、替代数据等。

不同的量化投资策略可能使用不同的因子组合，也可能对同一因子有不同的定义和计算方法。量化投资策略应该根据不同行业和市场的特点，灵活地选择和调整适合的因子。

2. 因子的有效性检验

因子的有效性检验主要通过 IC、IR、回归分析或分组回测等方法来进行，目的是验证每个候选因子是否能够带来显著且稳定的超额收益。

3. 有效因子的加权

因子的加权主要通过打分法或者机器学习等方法来进行，目的是综合每个有效因子的信息，得到一个最终的判断指标。

打分法是指根据每个因子对股票进行打分或排序，然后将各个因子的得分或排名进行加权或平均，得到一个总得分或总排名。在使用打分法的过程中，我们可以对因子得分进行加权，常见的加权方法有等权重方法、IC 均值加权方法和 $ICIR$ 加权方法等。等权重方法对所有因子赋予相同的权重，简单直观，但忽略了因子之间的差异和相关性。IC 均值加权方法以各因子滚动一定期数的 IC 均值作为因子的权重，反映了因子与收益的相关性，但忽略了因子的波动性和相关性。$ICIR$ 加权方法以各因子滚动一定期数的 $ICIR$ 的均值作为因子的权重，反映了因子与收益的相关性和波动性，但忽略了因子之间的相关性。

机器学习对因子进行加权是指利用机器学习的方法，如回归、优化、分类等，根据数据特征和目标函数，自动地学习和确定因子的权重，以形成综合的因子得分，从而进行选股或构建组合的方法。使用机器学习对因子进行加权可以克服传统的人为设定或固定的因子权重的局限性，提高因子权重的灵活性和适应性，以期提高选股或组合的收益及风险调整后的表现。

常见的机器学习加权方法包括回归方法和分类方法。回归方法使用回归模型，如线性回归、岭回归、LASSO 回归等，以股票收益率或超额收益率为因变量、以因子值为自变量拟合回归方程，得到各因子的回归系数作为因子的权重。回归方法可以反映因子与收益的线性关系，但可能存在过拟合或欠拟合的问题。分类方法使用分类模型，如决策树、支持向量机、神经网络等，以股票是否属于某个预先设定的类别（如高收益组、低收益组等）为分类标签、以因子值为特征变量，训练分类器，得到各类别的分类概率作为因子得分。分类方法可以反映非线性和复杂的分类规则和边界，但可能存在样本不平衡和过拟合的问题。

4. 股票的选择

股票的选择主要通过阈值法或排名法等方法来进行，目的是根据最终的判断指标，从大量的股票中筛选出一部分股票进行投资。阈值法是指设定一个阈值，只选择那些判断指标大于或小于该阈值的股票。排名法是指按照判断指标对股票进行排序，只选择那些排名靠前或靠后的股票。

（三）基于等权重因子打分法的多因子选股策略的实现

在本小节中，我们将介绍如何使用 Python 实现等权重因子打分法的多因子选股并在量化回测平台中对该策略进行回测。

1. 基于等权重因子打分法的多因子选股

在等权重因子打分法的多因子选股中，我们选择了 factor_bbi、factor_dma、factor_ddi、factor_trix 和 factor_priceosc 5 个因子，在对因子数据进行预处理之后，基于 2021-12-31 的因子值并采用等权重因子打分法计算因子得分，并选出因子得分最高的 10 只股票。

在以下代码中，我们导入需要的 Python 库并定义参数，比如因子名称 factors 和策略的起始日期（start_date）和结束日期（end_date）。

```
# 导入相关库并定义参数
import pandas as pd
import numpy as np

# 过滤 FutureWarning
import warnings
warnings.filterwarnings('ignore')

# 定义参数
factors = ['factor_bbi','factor_dma', 'factor_ddi',
        'factor_trix', 'factor_priceosc']
start_date = '2021-01-04'
end_date = '2021-12-31'
```

在以下代码中，我们基于上述代码定义的因子和日期获取因子数据（factors）、股票收盘价（price）、市值因子（factor_market_cap）、行业因子（indus）和股票代码（factor_symbol）。之所以要获取市值因子和行业因子，是为了在数据预处理过程中可进行市值中性化和行业中性化。

```
# 获取数据
df = pd.read_csv('../Data/20200101-20220731 因子数据 .csv',
        index_col=['factor_date'],
        parse_dates=True, encoding='gbk')
```

```
df = df.loc[start_date : end_date]

# 选择因子数据、股票收盘价与市值
df1 = df[factors+['close', 'factor_market_cap',
            'indus', 'factor_symbol']]
data = df1.copy( )
```

数据预处理的目的主要是避免数据错误、异常、缺失、量纲不一致等现象对测试的影响，通过数据预处理得到的数据能使建模结果更稳定和更可靠，行业中性化和市值中性化主要是为了减少 A 股市值效应和行业效应对因子有效性的影响。在以下代码中，我们定义了数据预处理的相关函数，比如去极值函数、标准化函数和市值中性化函数。

```
# 定义数据预处理相关函数

# 定义去极值函数
def winsorize(df, factor, n=3):
    '''
    df 为 DataFrame 数据
    factor 为需要去极值的列名称
    n 为判断极值上下边界的常数
    '''
    # 提取该列的数据
    ls_raw = np.array(df[factor].values)
    # 排序
    ls_raw.sort(axis=0)
    # 获取中位数
    D_M = np.median(ls_raw)

    # 计算离差值
    ls_deviation = abs(ls_raw − D_M)
    # 排序
    ls_deviation.sort(axis=0)
    # 获取离差中位数
    D_MAD = np.median(ls_deviation)

    # 将大于中位数 n 倍离差中位数的值赋为 NaN
    df.loc[df[factor] >= D_M + n * D_MAD] = None
    # 将小于中位数 n 倍离差中位数的值赋为 NaN
    df.loc[df[factor] <= D_M − n * D_MAD] = None
    return df

# 定义标准化函数
def standardize(df, factor):
    '''
    df 为 DataFrame 数据
    factor 为因子名称，string 格式
    '''
    # 标准化
    df[factor] = (df[factor] − df[factor].mean( )) / df[factor].std( )
    return df
```

```
# 定义市值中性化函数
from sklearn import linear_model
def neutralize(df, factor, market_cap):
    '''
    df 为 DataFrame 数据
    factor 为因子名称，string 格式
    market_cap 为市值变量名称，string 格式
    '''
    y = df[[factor]]
    x = df[[market_cap]]
    neutra_reg = linear_model.LinearRegression( )
    neutra_reg.fit(x, y)
    y_hat = neutra_reg.predict(x)

    df[factor] = y − y_hat
    return df
```

在以下代码中，我们对数据进行了去极值、标准化和中性化。

```
# 数据预处理
# 去极值
for i in factors:
    data = winsorize(data, i, 5).copy( )
data = data.dropna( )
# 校准化
for i in factors:
    data = standardize(data, i).copy( )
# 中性化
for i in factors:
    data = neutralize(data, i, 'factor_market_cap').copy( )
# 去除缺失值
data = data.dropna( )
```

在打分法中，除了要确定各因子的权重，还需要确定各因子的方向，也就是权重的符号。若因子的方向是正的，则说明因子值越大越好，如 ROE 和 ROA 等因子；若因子的方向是负的，则因子值越小越好，如波动率因子等。此外，若因子的方向是中性的，如周转率因子等，可以参照 IC 均值的符号确定因子的方向。在以下代码中，我们对因子采取等权重，并基于因子的 IC 均值确定权重的符号。

```
# 采取等权重，权重的符号取决于 IC 均值的符号
weights = []
weight = 1 / len(factors)
# 获取因子在 2021 年的因子检测有效值
factor_ic = [−0.024, −0.042, −0.005, −0.021, 0.005]
for i in factor_ic:
    weights.append(np.sign(i)*weight)
```

在以下代码中，我首先获取用于预测的因子数据，之后使用因子打分法计算因子得分，并输出因子得分前 10 的股票。

```
# 获取用于预测的因子数据
data_pre = df1.loc[end_date]
# 计算因子得分
data_pre['factor_score'] = weights[0] * data_pre[factors[0]]
for i,j in zip(weights[1:], factors[1:]):
    data_pre['factor_score'] = data_pre['factor_score'] + i * data_pre[j]
# 选择并输出因子得分排名前十的股票
secs = list(data_pre.factor_symbol
        [np.argsort(-data_pre['factor_score'])][:10])
secs
```

out（输出结果）:

```
['600276.SH',
 '600570.SH',
 '603392.SH',
 '600011.SH',
 '600010.SH',
 '600161.SH',
 '600362.SH',
 '601878.SH',
 '600606.SH',
 '600893.SH']
```

2. 基于等权重打分法的多因子选股策略的回测

为了在量化回测平台实现等权重打分法的多因子选股的回测，在以下代码中，我们将等权重打分法的多因子选股方法整合成 get_stock_ids 的函数。在 get_stock_ids 函数中，start_date 和 end_date 分别表示样本数据的起始日期和截止日期，日期格式模板为 2021-01-04；stock_num 指的是要选择的样本数，要求输入正整数，取值范围是 $1 \leqslant$ stock_num $\leqslant 300$；factors 指的是要选择的因子，格式要求是列表。

```
# 定义等权重打分法的多因子选股函数
def get_stock_ids(start_date, end_date, stock_num, factors):
    # 读取因子和股价数据
    df = pd.read_csv('../Data/20200101-20220731 因子数据 .csv',
            index_col=['factor_date'],
            parse_dates=True, encoding='gbk')
    df = df.loc[start_date:end_date]

    # 选择因子数据、股票收盘价与市值
    df1 = df[factors+['close', 'factor_market_cap', 'indus', 'factor_symbol']]
    data = df1.copy()

    # 去极值
    data = winsorize(data, i, 5).copy()
```

```
for i in factors:
data = data.dropna( )
# 校准化
for i in factors:
    data = standardize(data, i).copy( )
# 中性化
for i in factors:
    data = neutralize(data, i, 'factor_market_cap').copy( )
# 去除缺失值
data = data.dropna( )

# 获取用于预测的数据，并进行数据预处理
data_pre = df1.loc[end_date]

# 计算因子得分
weights = np.array([1 / len(factors)]*len(factors))
data_pre['factor_score'] = weights[0] * data_pre[factors[0]]
for i,j in zip(weights[1:], factors[1:]):
    data_pre['factor_score'] = data_pre['factor_score'] + i * data_pre[j]

# 获取因子得分靠前的股票
secs = list(data_pre.factor_symbol[np.argsort(−data_pre['factor_score'])][:stock_num])

# 将股票代码转换为平台可识别代码
secs_t = [trans_stk_normal(i) for i in secs]

return secs_t
```

在以下代码中，我们调用等权重打分法的多因子选股函数，并输出因子得分前 10 的股票代码。

```
# 调用选股函数获取因子得分靠前的股票代码
factors = ['factor_bbi','factor_dma', 'factor_ddi',
        'factor_trix', 'factor_priceosc']
secs = get_stock_ids('2021−01−04','2021−12−31',10, factors)
secs
```

out（输出结果）：
['600276.SH',
 '600570.SH',
 '603392.SH',
 '600011.SH',
 '600010.SH',
 '600161.SH',
 '600362.SH',
 '601878.SH',
 '600606.SH',
 '600893.SH']

在以下代码中，我们在量化回测平台实现了基于等权重打分法的多因子选股策略的回

测。股票调仓周期为 10 日，回测金额为 1000 万，回测周期为 2022 年 1 月 1 日—2022 年 3 月 31 日，回测结果见以下代码的输出结果。

```python
# 基于等权重打分法的多因子选股策略的回测
# 导入相关库
from rqalpha.apis import *
from rqalpha import run_func
import datetime
import pandas as pd
import numpy as np

# 过滤 FutureWarning
import warnings
warnings.filterwarnings('ignore')


# 总体回测前，context 对象将会在你的算法策略的任何方法之间做传递。
def init(context):
    set_params( )
    set_variables( )

# 设置策略参数
def set_params( ):
    g.N = 10 # 持仓股票数
    g.tc = 10 # 设置调仓频率
    g.start_date = '2021-01-04'              # 设置模型训练的起始时间
    g.end_date = '2021-12-31'                # 设置模型训练的结束时间
    g.factors = ['factor_pe', 'factor_ma',
            'factor_bbi', 'factor_weighted_roe']    # 用户选出来的因子

# 设置中间变量
def set_variables( ):
    g.t = 0                                  # 记录回测天数
    g.if_trade = False                       # 当天是否交易

#before_trading 此函数会在每天策略交易开始前被调用，当天只会被调用一次
def before_trading(context):
    if g.t == 0:
        g.if_trade = True
        context.stock = get_stock_ids(g.start_date, g.end_date, g.N, g.factors)

    elif g.t > 0 and g.t % g.tc == 0:
        g.if_trade = True
        dt = Environment.get_instance( ).calendar_dt
        g.end_date = datetime.datetime.strftime(dt, "%Y-%m-%d")
        context.stock = get_stock_ids(g.start_date, g.end_date, g.N, g.factors)
    else:
        pass
    g.t = g.t + 1
# 定义等权重打分法的多因子选股函数
def get_stock_ids(start_date, end_date, stock_num, factors):
    # 读取因子和股价数据
```

```
    df = pd.read_csv('../Data/20200101−20220731 因子数据 .csv',
                index_col=['factor_date'],
                parse_dates=True, encoding='gbk')
    df = df.loc[start_date:end_date]

    # 选择因子数据、股票收盘价与市值
    df1 = df[factors + ['close', 'factor_market_cap', 'indus', 'factor_symbol']]
    data = df1.copy( )

    # 去极值
    for i in factors:
        data = winsorize(data, i, 5).copy( )
    data = data.dropna( )
    # 校准化
    for i in factors:
        data = standardize(data, i).copy( )
    # 中性化
    for i in factors:
        data = neutralize(data, i, 'factor_market_cap').copy( )
    # 去除缺失值
    data = data.dropna( )

    # 获取用于预测的数据，并进行数据预处理
    data_pre = df1.loc[end_date]
    # 计算因子得分
    weights = np.array([1 / len(factors)] * len(factors))
    data_pre['factor_score'] = weights[0] * data_pre[factors[0]]
    for i, j in zip(weights[1:], factors[1:]):
        data_pre['factor_score'] = data_pre['factor_score'] + i * data_pre[j]

    # 获取因子得分靠前的股票
    secs = list(data_pre.factor_symbol[np.argsort(−data_pre['factor_score'])][:stock_num])

    # 将股票代码转换为平台可识别代码
    secs_t = [trans_stk_normal(i) for i in secs]

    return secs_t
# 定义去极值函数
def winsorize(df, factor, n=3):
    '''
    df 为 DataFrame 数据
    factor 为需要去极值的列名称
    n 为判断极值上下边界的常数
    '''
    # 提取该列的数据
    ls_raw = np.array(df[factor].values)
    # 排序
    ls_raw.sort(axis=0)
    # 获取中位数
    D_M = np.median(ls_raw)
```

```
    # 计算离差值
    ls_deviation = abs(ls_raw − D_M)
    # 排序
    ls_deviation.sort(axis=0)
    # 获取离差中位数
    D_MAD = np.median(ls_deviation)

    # 将大于中位数 n 倍离差中位数的值赋为 NaN
    df.loc[df[factor] >= D_M + n * D_MAD] = None
    # 将小于中位数 n 倍离差中位数的值赋为 NaN
    df.loc[df[factor] <= D_M − n * D_MAD] = None
    return df

# 定义标准化函数
def standardize(df, factor):
    df[factor] = (df[factor] − df[factor].mean( )) / df[factor].std( )
    return df

# 定义市值中性化函数
from sklearn import linear_model
def neutralize(df, factor, market_cap):
    y = df[[factor]]
    x = df[[market_cap]]
    neutra_reg = linear_model.LinearRegression( )
    neutra_reg.fit(x, y)
    y_hat = neutra_reg.predict(x)

    df[factor] = y − y_hat
    return df

# 对日期数据进行转换，以便拼接时的类型一致
def f(x):
    a = str(x)
    return a[:10]

# 对股票代码进行转换
def trans_stk_normal(stk_str: str):
    if stk_str.startswith("6"):
        stk_str = stk_str[:6] + ".XSHG"
    else:
        stk_str = stk_str[:6] + ".XSHE"
    return stk_str
'''
=============================================================
每天交易时
=============================================================
'''
# 你选择的证券的交易逻辑
def handle_bar(context, bar_dict):
    # 开始编写你的主要算法逻辑
    if g.if_trade == True:
```

```
        # 如果现有持仓股票不在需购买的股票池，清空
        list_position = context.portfolio.positions.keys( )
        for stock in list_position:
            if stock not in context.stock:
                order_target_percent(stock, 0)
        # 购买不在现有持仓但在当前股票池中的股票
        for stock in context.stock:
            if stock not in list_position:
                order_target_percent(stock, 0.9/g.N)
    g.if_trade = False

config = {
    "base": {
        "start_date": "2022-01-01",
        "end_date": "2022-03-31",
        "frequency": "1d",
        "accounts": {
            "stock": 10000000
        },
        "volume_limit": False
    },

    "mod": {
        "sys_analyser": {
            "benchmark": "000001.XSHG",
            "enabled": True,
            "plot": True,
        },
        "sys_simulation": {
            "enabled": True,
            "volume_limit": False,
            "inactive_limit": False
        }
    }
}
run_func(init=init, before_trading=before_trading, handle_bar=handle_bar, config=config)
```

out（输出结果）：

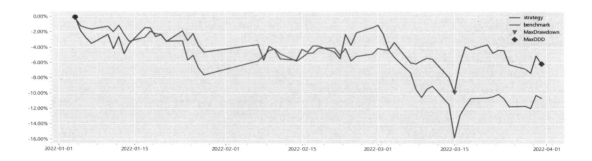

（四）基于随机森林的多因子选股策略的实现

随机森林（Random Forest）是以决策树为基学习器而构建扩展的 Bagging 结构，是机器学习中最流行的 Bagging 算法。Bagging 算法的性能好坏很大程度上取决于各个基学习器的差异是否足够大。随机森林从以下两个方面提升基学习器的差异程度：一是与 Bagging 算法相同的样本自助抽样（Bootstrap Sample）生成训练子集；二是在决策树的每一个节点特征划分中均引入随机特征选择。假定决策树的当前结点有 d 个特征，先从该结点的 d 个特征集合中随机选择 k 个特征的子集，然后再从这个子集的 k 个特征中选择一个最后特征划分该结点。在随机森林中，这里的参数 k 至关重要，它控制了随机性的引入程度。一般情况下，推荐 $k = \log_2 d$。

在随机森林中，特征的随机选择非常关键，可极大地减弱随机森林基学习器的相关性，提升子树的多样性，进而提升模型的性能。究其原因则是，若数据集中有一些特征对目标有很强的分类能力，那么这些特征就会被很多基学习器选中，进而生成与学习器高度相关的随机森林模型，使得随机森林模型的预测能力下降。

在本小节中，我们将介绍如何使用 Python 实现随机森林的多因子选股并在量化回测平台中对该策略进行回测。

1. 基于随机森林的多因子选股

在随机森林的多因子选股中，我们同样选择了 factor_bbi、factor_dma、factor_ddi、factor_trix 和 factor_priceosc 5 个因子，在对因子数据进行预处理之后，我们使用 2021 年的数据对随机森林模型进行参数优化和估计，并基于 2021-12-31 的因子值利用优化后的随机森林模型筛选出未来实例上涨概率最高的 10 只股票。

在以下代码中，我们导入需要的 Python 库并定义参数，比如因子名称 factors 和策略的起始日期（start_date）和结束日期（end_date）。

```
# 导入相关库并定义参数
import pandas as pd
import numpy as np
import datetime as dt
from sklearn.model_selection import RandomizedSearchCV
from sklearn.ensemble import RandomForestClassifier
from sklearn.metrics import roc_auc_score, roc_curve

# 过滤 FutureWarning
import warnings
warnings.filterwarnings('ignore')

# 定义参数
factors = ['factor_bbi','factor_dma', 'factor_ddi',
        'factor_trix', 'factor_priceosc']
start_date = '2021-01-04'
end_date = '2021-12-31'
```

在以下代码中，我们基于上述定义的因子和日期获取因子数据（factors）、股票收盘价（price）、市值因子（factor_market_cap）、行业因子（indus）和股票代码（factor_symbol）。之所以要获取市值因子和行业因子，是为了在数据预处理过程中可进行市值中性化和行业中性化。

```
# 获取数据
df = pd.read_csv('../Data/20200101-20220731 因子数据 .csv',
          index_col=['factor_date'],
          parse_dates=True, encoding='gbk')
df = df.loc[start_date : end_date]

# 选择因子数据、股票收盘价与市值
df1 = df[factors+['close', 'factor_market_cap',
          'indus', 'factor_symbol']]
data = df1.copy( )
```

这部分的数据预处理主要包括收益率的计算、去极值、数据标准化和市值中性化。在以下代码中我们定义了数据预处理的相关函数，比如去极值函数、标准化函数、市值中性化函数和日期转化函数。

```
# 定义相关数据预处理函数

# 定义去极值函数
def winsorize(df, factor, n=3):

    # 提取该列的数据
    ls_raw = np.array(df[factor].values)
    # 排序
    ls_raw.sort(axis = 0)
    # 获取中位数
    D_M = np.median(ls_raw)

    # 计算离差值
    ls_deviation = abs(ls_raw - D_M)
    # 排序
    ls_deviation.sort(axis = 0)
    # 获取离差中位数
    D_MAD = np.median(ls_deviation)

    # 将大于中位数 n 倍离差中位数的值赋为 NaN
    df.loc[df[factor] >= D_M + n * D_MAD] = None
    # df.loc[df[factor] >= D_M + n * D_MAD] = D_M + n * D_MAD
    # 将小于中位数 n 倍离差中位数的值赋为 NaN
    df.loc[df[factor] <= D_M - n * D_MAD] = None
    # df.loc[df[factor] <= D_M - n * D_MAD] = D_M - n * D_MAD
    return df

# 定义标准化函数
def standardize(df, factor):
    # 标准化
    df[factor] = (df[factor] - df[factor].mean( ))/df[factor].std( )
    return df
```

```
# 定义市值中性化函数
from sklearn import linear_model
def neutralize(df, factor, market_cap):
    y = df[[factor]]
    x = df[[market_cap]]
    neutra_reg = linear_model.LinearRegression( )
    neutra_reg.fit(x, y)
    y_hat = neutra_reg.predict(x)

    df[factor] = y − y_hat
    return df

# 对日期数据进行转换，以便拼接时的类型一致
def f(x):
    a = str(x)
    return a[:10]
```

在以下代码中，我们计算了股票的 10 日收益率，并将其与 10 日前的因子数据一一对应。

```
# 计算股价的 10 日收益率
term = 10
price = df1['close']
ret = np.log(price / price.shift(term))

# 对日期数据进行转换，以便拼接时的类型一致
date = f(price.index[term])
ret_10 = ret.loc[date:]

# 删除后 10 行的因子数据
df_factor = df1.iloc[0:ret_10.shape[0], :]

# 将因子和股价数据合并
df_factor.index = ret_10.index
df_factor['ret'] = ret_10

data = df_factor.copy( )
```

在以下代码中，我们对数据进行了去极值、标准化和中性化。

```
# 数据预处理
# 去极值
for i in data.columns[0:5]:
    data = winsorize(data, i, 5).copy( )
data = data.dropna( )
# 校准化
for i in data.columns[0:5]:
    data = standardize(data, i).copy( )
# 中性化
for i in data.columns[0:5]:
    data = neutralize(data, i, 'factor_market_cap').copy( )

# 去缺失值
data = data.dropna( )
```

在以下代码中，我们定义了 X 和 y，在标签 y 的设定中，我们将 10 日收益率大于 3% 设为 1，其他为 0。此后，我们运用 train_test_split 将 30% 的数据划分为测试集。

```python
import sklearn.model_selection as ms
# 定义 X 与 y 并划分训练集和测试集
X = data[['factor_bbi','factor_dma', 'factor_ddi',
        'factor_trix', 'factor_priceosc']]
Y = data['ret']

# 10 日收益率大于 3% 为 1，其他为 0
y = pd.Series([1 if i>0.03 else 0 for i in Y.values], index=Y.index)

# 将数据集划分为训练集和测试集
X_train, X_test, y_train, y_test = ms.train_test_split(X, y,
                                    test_size=0.3,
                                    random_state=100)
```

在以下代码中，我们使用 RandomizedSearchCV( ) 寻找 n_estimators、criterion 和 bootstrap 等参数的最优值。在 RandomizedSearchCV( ) 中，我们选择 5 折交叉验证（cv=5），评估指标选择 AUC 值（scoring='roc_auc'），并输出随机森林的最优模型。

```python
# 随机森林的参数寻优

# 设定需寻优的参数及其取值范围
param_grid = {
    'n_estimators': list(range(10, 300, 10)),
    'criterion': ['gini', 'entropy'],
    'bootstrap': [True, False],
    'max_depth': list(range(5, 15)),
    'min_samples_leaf': list(range(1, 15)),
    'min_samples_split': [2, 3, 4, 5, 6, 7],
}
# 基于随机网格搜索的参数寻优
random_forest = RandomForestClassifier(random_state=100)
random_forest_cv = RandomizedSearchCV(random_forest,
                    param_distributions=param_grid,
                    scoring='roc_auc',
                    cv=5,
                    verbose=False,
                    n_jobs=−1,
                    random_state=100)
random_forest_cv.fit(X_train, y_train)

# 输出最优随机森林模型
print(" 最优模型: ", random_forest_cv.best_estimator_)
```

网格搜索法

out（输出结果）：

最优模型：RandomForestClassifier(bootstrap=False, max_depth=11, min_samples_split=3, n_estimators=60, random_state=100)

在以下代码中，我们基于最优模型对训练集进行训练，并在测试集中评估模型的 AUC 值为 0.6113。

```
# 基于最优参数估计随机森林模型
b_clf = random_forest_cv.best_estimator_
b_clf.fit(X_train, y_train)

# 预测测试集的概率
y_prob = b_clf.predict_proba(X_test)

# 输出模型在测试集的 AUC 值
roc_auc_score(y_test, y_prob[:, 1])
```

out（输出结果）：

0.611286378330476

此外，在以下代码中，我们进一步画出随机森林模型测试集的 ROC 曲线图。

```
# 画出 ROC 曲线
import matplotlib.pyplot as plt
# 设定中文显示字体及字体大小
plt.rcParams['font.sans-serif'] = ['Microsoft Yahei']

# 计算真正例率和假正例率
fpr_test, tpr_test, threshold = roc_curve(y_test, y_prob[:, 1])

# 画出训练集和测试集的 ROC 曲线
plt.figure()
fig2, ax2 = plt.subplots(figsize=(6, 4), dpi=1000)

plt.plot(fpr_test, tpr_test, color='grey',lw=2,
        label=' 测试集 ROC 曲线 (AUC = %0.4f)' % roc_auc_score(y_test, y_prob[:, 1]) )
plt.plot([0, 1], [0, 1], color='black', lw=2, linestyle='--')
plt.xlim([0.0, 1.0])
plt.ylim([0.0, 1.02])
plt.xlabel('False Positive Rate（假正例率）')
plt.ylabel('True Positive Rate（真正例率）')
plt.title(' 随机森林模型测试集 ROC 曲线图 ')
plt.legend(loc="lower right")
plt.show()
```

out（输出结果）：

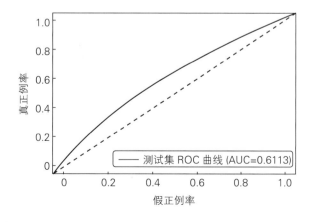

在以下代码中，我们首先获取用于预测的因子数据，之后基于随机森林模型预测未来
10 日上涨概率最大的前 10 只股票代码。

```
# 基于 2021 年 12 月 31 日的因子数据，预测未来 10 日上涨概率最高的股票

# 提取 2021 年 12 月 31 日的数据
data_pre = data.loc['2021-12-31']

# 选择随机森林模型需要的特征
data_pre2 = data_pre[['factor_bbi','factor_dma',
            'factor_ddi', 'factor_trix', 'factor_priceosc']]

# 选择涨的概率最大的 10 只股票并输出股票代码
secs = list(data_pre.factor_symbol
        [np.argsort(-b_clf.predict_proba(data_pre2)[:,1])][:10])
secs
```

out（输出结果）：
['601398.SH',
 '002812.SZ',
 '688169.SH',
 '002371.SZ',
 '002460.SZ',
 '601857.SH',
 '000568.SZ',
 '300782.SZ',
 '600036.SH',
 '603195.SH']

2. 基于随机森林的多因子选股策略的回测

为了在量化回测平台实现基于随机森林的多因子选股策略的回测，在以下代码中，我
们将等权重打分法的多因子选股方法整合成 get_stock_ids 的函数。在 get_stock_ids 函数
中，start_date 和 end_date 分别表示样本数据的起始日期和截止日期，日期格式模板为
2021-01-04；hold_days 表示计算股票收益率是选择的天数，若 hold_days 等于 10，则计算
10 日收益率；up 表示股票设置 y 标签等于 1 的收益率；stock_num 指的是要选择的样本数，
要求输入正整数，取值范围是 1 ≤ stock_num ≤ 300；factors 指的是要选择的因子，格式
要求是列表。

```
# 基于随机森林的多因子选股函数
def get_stock_ids(start_date, end_date, hold_days, up, stock_num, factors):
    # 读取因子和股价数据
    df = pd.read_csv('../Data/20200101-20220731 因子数据 .csv',
                    index_col=['factor_date'],
                    parse_dates=True, encoding='gbk')
    df = df.loc[start_date:end_date]

    # 选择因子数据、股票收盘价与市值
    df1 = df[factors+['close', 'factor_market_cap', 'indus', 'factor_symbol']]

    # 计算股价的 hold_days 日收益率
    price = df1['close']
    ret = np.log(price / price.shift(hold_days))

    # 删除股票收益率缺失值
    date = f(price.index[hold_days])
    ret_10 = ret.loc[date:]
    # 删除后 hold_days 行的因子数据
    df_factor = df1.iloc[0:ret_10.shape[0], :]
    # 将因子和股价数据合并
    df_factor.index = ret_10.index
    df_factor['ret'] = ret_10

    data = df_factor.copy( )

    # 去极值
    for i in factors:
        data = winsorize(data, i, 5).copy( )
    data = data.dropna( )
    # 校准化
    for i in factors:
        data = standardize(data, i).copy( )
    # 中性化
    for i in factors:
        data = neutralize(data, i, 'factor_market_cap').copy( )
    # 去除缺失值
    data = data.dropna( )

    # 定义 X 与 y
    X = data[factors]
    Y = data['ret']
    # hold_days 日收益率大于 up 为 1，其他为 0
    y = pd.Series([1 if i > up else 0 for i in Y.values], index=Y.index)

    # 设定需寻优的参数及其取值范围
    param_grid = {
        'n_estimators': list(range(10, 300, 10)),
        'criterion': ['gini', 'entropy'],
```

```
    'bootstrap': [True, False],
    'max_depth': list(range(5, 15)),
    'min_samples_leaf': list(range(1, 15)),
    'min_samples_split': [2, 3, 4, 5, 6, 7],
    }
# 基于随机网格搜索的参数寻优
random_forest = RandomForestClassifier(random_state=100)
random_forest_cv = RandomizedSearchCV(random_forest,
                param_distributions=param_grid,
                scoring='roc_auc',
                cv=5,
                verbose=False,
                n_jobs=−1,
                random_state=100)
random_forest_cv.fit(X, y)

# 基于最优参数估计的随机森林模型
b_clf = random_forest_cv.best_estimator_
b_clf.fit(X, y)

# 获取用于预测的数据，并进行数据预处理
data_pre = data.loc[end_date]
data_pre2 = data_pre[factors]

# 预测排名靠前的股票
secs = list(data_pre.factor_symbol
        [np.argsort(−b_clf.predict_proba(data_pre2)[:,1])]
        [:stock_num])
return secs
```

在以下代码中，我们调用基于随机森林的多因子选股函数，并输出因子 10 日上涨概率大于前 10 的股票代码。

```
# 调用选股函数获取上涨概率靠前的股票代码
factors = ['factor_bbi', 'factor_dma', 'factor_ddi',
        'factor_trix', 'factor_priceosc']
sec = get_stock_ids('2021−01−04','2021−12−31',10, 0.03, 10, factors)
sec
```

out（输出结果）:
```
['601398.SH',
 '002812.SZ',
 '688169.SH',
 '002371.SZ',
 '002460.SZ',
 '601857.SH',
 '000568.SZ',
 '300782.SZ',
 '600036.SH',
 '603195.SH']
```

在以下代码中，我们在量化回测平台实现了基于随机森林的多因子选股策略的回测。
股票调仓周期为 10 日，回测金额为 1000 万，回测周期为 2022 年 1 月 1 日—2022 年 3 月
31 日，回测结果见该代码的输出结果。

```
# 基于随机森林的多因子选股策略的回测

# 导入相关库
from rqalpha.apis import *
from rqalpha import run_func
import datetime
import pandas as pd
import numpy as np
from sklearn.model_selection import RandomizedSearchCV
from sklearn.ensemble import RandomForestClassifier

# 过滤 FutureWarning
import warnings
warnings.filterwarnings('ignore')

# 总体回测前，context 对象将会在你的算法策略的任何方法之间做传递。
def init(context):
    set_params( )
    set_variables( )
    #context.stock=[]

# 设置策略参数
def set_params( ):
    g.N = 10                              # 持仓股票数
    g.hold_days = 10                      # 设置股票收益率的计算间隔
    g.tc = 30                             # 设置调仓频率
    g.r = 0.03                            # 设置有标签等于 1 的条件
    g.start_date = '2021-01-04'           # 设置模型训练的起始时间
    g.end_date = '2021-12-31'             # 设置模型训练的结束时间
    g.factors = ['factor_pe', 'factor_ma',
            'factor_bbi', 'factor_weighted_roe']   # 用户选出来的因子

# 设置中间变量
def set_variables( ):
    g.t = 0                               # 记录回测天数
    g.if_trade = False                    # 当天是否交易

# # before_trading                        # 此函数会在每天策略交易开始前被调用，当天只会被调用一次
def before_trading(context):
    if g.t == 0:
        g.if_trade = True
        context.stock = get_stock_ids(g.start_date, g.end_date, g.hold_days, g.r, g.N, g.factors)

    elif g.t > 0 and g.t % g.tc == 0:
        g.if_trade = True
        dt = Environment.get_instance( ).calendar_dt
        g.end_date = datetime.datetime.strftime(dt, "%Y-%m-%d")
        context.stock = get_stock_ids(g.start_date, g.end_date, g.hold_days, g.r, g.N, g.factors)
    else:
        pass
    g.t = g.t + 1
```

```python
# logistic 选股代码
def get_stock_ids(start_date, end_date, hold_days, up, stock_num, factors):
    # 读取因子和股价数据
    df = pd.read_csv('../Data/20200101−20220731 因子数据 .csv',
                index_col=['factor_date'],
                parse_dates=True, encoding='gbk')
    df = df.loc[start_date:end_date]
    # 选择因子数据、股票收盘价与市值
    df1 = df[factors + ['close', 'factor_market_cap', 'indus', 'factor_symbol']]

    # 计算股价的 hold_days 日收益率
    price = df1['close']
    ret = np.log(price / price.shift(hold_days))

    # 删除股票收益率缺失值
    date = f(price.index[hold_days])
    ret_10 = ret.loc[date:]
    # 删除后 hold_days 行的因子数据
    df_factor = df1.iloc[0:ret_10.shape[0], :]
    # 将因子和股价数据合并
    df_factor.index = ret_10.index
    df_factor['ret'] = ret_10

    data = df_factor.copy( )

    # 去极值
    for i in factors:
        data = winsorize(data, i, 5).copy( )
    data = data.dropna( )
    # 校准化
    for i in factors:
        data = standardize(data, i).copy( )
    # 中性化
    for i in factors:
        data = neutralize(data, i, 'factor_market_cap').copy( )
    # 去除缺失值
    data = data.dropna( )
    # 定义 X 与 y
    X = data[factors]
    Y = data['ret']
    # hold_days 日收益率大于 up 为 1，其他为 0
    y = pd.Series([1 if i > up else 0 for i in Y.values], index=Y.index)

    # 设定需寻优的参数及其取值范围
    param_grid = {
        'n_estimators': list(range(10, 300, 10)),
        'criterion': ['gini', 'entropy'],
        'bootstrap': [True, False],
        'max_depth': list(range(5, 15)),
        'min_samples_leaf': list(range(1, 15)),
        'min_samples_split': [2, 3, 4, 5, 6, 7],
```

```
    }
    # 基于随机网格搜索的参数寻优
    random_forest = RandomForestClassifier(random_state=100)
    random_forest_cv = RandomizedSearchCV(random_forest,
                        param_distributions=param_grid,
                        scoring='roc_auc',
                        cv=5,
                        verbose=False,
                        n_jobs=-1,
                        random_state=100)
    random_forest_cv.fit(X, y)

    # 基于最优参数估计的随机森林模型
    b_clf = random_forest_cv.best_estimator_
    b_clf.fit(X, y)

    # 获取用于预测的数据，并进行数据预处理
    data_pre = data.loc[end_date]
    data_pre2 = data_pre[factors]

    # 预测排名靠前的股票
    secs = list(data_pre.factor_symbol[np.argsort(-b_clf.predict_proba(data_pre2)[:, 1])][:stock_num])
    # 将股票代码转换为平台可识别代码
    secs_t = [trans_stk_normal(i) for i in secs]

    return secs_t
# 定义去极值函数
def winsorize(df, factor, n=3):
    '''
    df 为 DataFrame 数据
    factor 为需要去极值的列名称
    n 为判断极值上下边界的常数
    '''
    # 提取该列的数据
    ls_raw = np.array(df[factor].values)
    # 排序
    ls_raw.sort(axis=0)
    # 获取中位数
    D_M = np.median(ls_raw)

    # 计算离差值
    ls_deviation = abs(ls_raw - D_M)
    # 排序
    ls_deviation.sort(axis=0)
    # 获取离差中位数
    D_MAD = np.median(ls_deviation)

    # 将大于中位数 n 倍离差中位数的值赋为 NaN
    df.loc[df[factor] >= D_M + n * D_MAD] = None
    # df.loc[df[factor] >= D_M + n * D_MAD] = D_M + n * D_MAD
    # 将小于中位数 n 倍离差中位数的值赋为 NaN
```

```
        df.loc[df[factor] <= D_M − n * D_MAD] = None
        # df.loc[df[factor] <= D_M − n * D_MAD] = D_M − n * D_MAD
        return df


# 定义标准化函数
def standardize(df, factor):
    '''
    df 为 DataFrame 数据
    factor 为因子名称，string 格式
    '''
    # 标准化
    df[factor] = (df[factor] − df[factor].mean( )) / df[factor].std( )
    return df


# 定义市值中性化函数
from sklearn import linear_model
def neutralize(df, factor, market_cap):
    '''
    df 为 DataFrame 数据
    factor 为因子名称，string 格式
    market_cap 为市值变量名称，string 格式
    '''
    y = df[[factor]]
    x = df[[market_cap]]
    neutra_reg = linear_model.LinearRegression( )
    neutra_reg.fit(x, y)
    y_hat = neutra_reg.predict(x)

    df[factor] = y − y_hat
    return df


# 对日期数据进行转换，以便拼接时的类型一致
def f(x):
    a = str(x)
    return a[:10]


# 对股票代码进行转换
def trans_stk_normal(stk_str: str):
    if stk_str.startswith("6"):
        stk_str = stk_str[:6] + ".XSHG"
    '''
    df 为 DataFrame 数据
    factor 为因子名称，string 格式
    '''
    # 标准化
    df[factor] = (df[factor] − df[factor].mean( )) / df[factor].std( )
    return df


# 定义市值中性化函数
from sklearn import linear_model
```

```
def neutralize(df, factor, market_cap):
    '''
    df 为 DataFrame 数据
    factor 为因子名称，string 格式
    market_cap 为市值变量名称，string 格式
    '''
    y = df[[factor]]
    x = df[[market_cap]]
    neutra_reg = linear_model.LinearRegression()
    neutra_reg.fit(x, y)
    y_hat = neutra_reg.predict(x)

    df[factor] = y - y_hat
    return df

# 对日期数据进行转换，以便拼接时的类型一致
def f(x):
    a = str(x)
    return a[:10]

# 对股票代码进行转换
def trans_stk_normal(stk_str: str):
    if stk_str.startswith("6"):
        stk_str = stk_str[:6] + ".XSHG"
    else:
        stk_str = stk_str[:6] + ".XSHE"
    return stk_str


'''
======================================================================
每天交易时
======================================================================
'''
# 你选择的证券交易逻辑
def handle_bar(context, bar_dict):
    # 开始编写你的主要的算法逻辑
    if g.if_trade == True:
        # 如果现有持仓股票不在需购买股票池，清空
        list_position = context.portfolio.positions.keys()
        for stock in list_position:
            if stock not in context.stock:
                order_target_percent(stock, 0)
        # 购买不在现有持仓但在当前股票池中的股票
        for stock in context.stock:
            if stock not in list_position:
                order_target_percent(stock, 0.9/g.N)
    g.if_trade = False

# 设置回测参数
config = {
    "base": {
```

```
        "start_date": "2022-01-01",
        "end_date": "2022-03-31",
        "frequency": "1d",
        "accounts": {
            "stock": 10000000
        },
        "volume_limit": False
    },

    "mod": {
        "sys_analyser": {
            "benchmark": "000001.XSHG",
            "enabled": True,
            "plot": True,
        },
        "sys_simulation": {
            "enabled": True,
            "volume_limit": False,
            "inactive_limit": False
        }
    }
}

# 运行回程函数
run_func(init=init, before_trading=before_trading, handle_bar=handle_bar, config=config)
```

out（输出结果）:

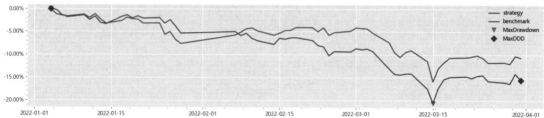

三、具体任务

（一）实践任务

本次实践任务包含以下 4 个方面的内容。

（1）在 Jupyter 文档实现基于等权重因子打分法的选股。

（2）在量化回测平台实现基于等权重因子打分法的选股策略回测。

（3）在 Jupyter 文档实现基于随机森林的多因子选股。

（4）在量化回测平台实现基于随机森林的多因子选股策略回测。

（二）实践步骤

1. 基于等权重因子打分法的多因子选股策略的实现

（1）在 Jupyter 文档实现基于等权重因子打分法的选股

①导入相关库。

②获取数据。

③数据预处理。

④设置因子权重。

⑤计算因子得分。

⑥选择因子得分前 10 的股票。

（2）在量化回测平台实现基于等权重因子打分法的选股策略回测

①导入相关库。

②设置总体回测参数：init( )。

③运行交易前运行函数：before_trading( )。

④定义数据预处理函数：winsorize( )、standardize( ) 和 neutralize( ) 等。

⑤定义等权重打分法的多因子选股函数：get_stock_ids( )。

⑥设置股票交易函数：handle_bar( )。

⑦设置回测参数：config{}。

⑧运行回测函数：run_func( )。

（3）在 Jupyter 文档实现基于随机森林的多因子选股

①导入相关库。

②获取数据。

③数据预处理。

④划分训练集和测试集。

⑤随机森林参数优化。

⑥基于最优参数估计随机森林模型。

⑦选择上涨概率最高的前 10 只股票。

（4）在量化回测平台实现基于随机森林的多因子选股策略回测

①导入相关库。

②设置总体回测参数：init( )。

③运行交易前运行函数：before_trading( )。

④定义数据预处理函数：winsorize( )、standardize( ) 和 neutralize( ) 等。

⑤定义等权重打分法的多因子选股函数：get_stock_ids( )。

⑥设置股票交易函数：handle_bar( )。

⑦设置回测参数：config{}。

⑧运行回测函数：run_func( )。

（三）实践思考

（1）在本章的数据预处理中，仅仅进行了市值中性化，该如何进行行业中性化呢？

（2）在随机森林实现多因子选股中，我们直接使用 train_test_split 划分训练集和测试集，且在后续的参数寻优中直接使用 5 折网格搜索法，这样的做法有什么问题，该如何纠正？

量化分析师的
学习路径推荐

一、实践目的

- 掌握风格轮动相关概念。
- 对市场上风格轮动进行研究和判断。
- 学会进行有效的风格投资。

二、轮动基本概念

1. 风格轮动基本概念

市场上的投资者是有偏好的，有时偏好价值股，有时偏好成长股，有时偏好大盘股，有时偏好小盘股，这种不同的交易行为形成了市场风格。风格轮动是指股票市场中具有对立分类属性的股票池的走势相对强弱随市场状况变化而变化的现象。

投资风格是针对股票市场而言的，是指投资于某类具有共同收益特征或共同价格行为的股票，即某类投资风格很受欢迎，并且在某一个时间段内具有持续性和连续性。例如，价值投资和成长型投资两种风格，或者大盘股和小盘股两种风格，总是轮流受到市场追捧。由于投资风格的存在，从而产生一种叫作风格动量的效应，即在过去较短时期内收益率较高的股票，在未来的中短期收益也较高；相反，在过去较短时期内收益率较低的股票，在未来的中短期也将会持续其不好的表现。

投资风格的形成主要来源于对股票市场异象的研究成果。在长期的市场研究中，研究人员发现存在大量市场异象，主要包括公司属性效应、趋势效应等。市场有效性程度不是一成不变的，会随时间不断变化。也就是说，追逐这些市场失效现象能获取超额投资收益。所以，风格投资从本质上来说是通过执行各种投资决策，从某些特定分割的、异质的市场或从某类错误定价的股票中获得超额收益。

A 股自 2009 年以来开始出现明显的风格特征，在 72% 的时间内至少是结构性行情，即便是普跌的时间，也有板块或者风格能够相对抗跌。总体来看，A 股一共经历了 5 轮典型的风格轮换，每次风格持续的时间 2~2.5 年。而从这 5 次风格转换的结果来看，从风格转换开始到下一个风格崛起为 2 年多时间，风格差最高可以达到 155%，最少也有 36%（见表 8-1）。如果踩对了风格，收益率可以非常高，如果踩错风格，不仅业绩表现差，更加会对投资者信心产生影响。

表 8-1　近年我国 5 轮风格轮动的时间和成因

时间阶段	主要风格	持续时间 / 月	形成原因	切换原因
2009.1—2011.2	小盘成长 / 价值	26	对 4 万亿元刺激后经济复苏的预期	2010 年四季度开始逐渐收紧，2011 年 2 月加息，2011 年 3 月新增社会融资负增长，经济预期急转直下
2011.3—2013.1	大盘价值	23	2011 年货币紧缩，外部环境是欧债危机，盈利增速持续下滑	2013 年 2 开始，经济数据大幅改善，新产业趋势崛起
2013.2—2016.9	小盘成长 / 价值	44	2013 年经济复苏，新产业趋势崛起；2014 年下半年开启了并购上行周期，中小企业盈利前景良好	2016 年 9 开始，并购政策大幅收紧，供给侧结构性改革加速实施，中小企业盈利前景趋弱
2016.10—2018.10	大盘价值	25	2016 年 9 月经济加速复苏，利率加速上行，投资者采取 PEG（市盈率相对盈利增长比率）选股思路，结果发现大盘价值很多都是 PEG 小于 1；2018 年经济加速下行，大盘价值抗跌	流动性大幅改善，10 年期国债利率击穿 3.5%，从大盘价值变为大盘成长
2018.11—2021.1	大盘成长	27	2018 年 10 月流动性进入宽松周期，10 年期国债利率保持在 3.5% 以下。疫情前后，货币政策加码宽松，部分大盘价值板块估值不断升高，转换成了大盘成长股票，新能源、医药等领域出现长期空间确定的板块，投资者不断加仓	待定

资料来源：招商证券（http://www.cmschina.com）。

价值法将股票分为价值型、成长型和混合型，价值型股票的特征是低市盈率和低市净率，成长型股票拥有高于均值的预期销售收入和预期净利润，混合型股票介于价值型和成长型之间。市值法是指根据上市公司市值大小对其进行分类，如 A 股大盘蓝筹、中小市值蓝筹、小盘股等。

综合价值法和市值法两个分类方法，构建风格分类矩阵如表 8-2 所示。

表 8-2　风格分类矩阵

规模	价值型	混合型	成长型
大盘	大盘价值型	大盘混合型	大盘成长型
中盘	中盘价值型	中盘混合型	中盘成长型
小盘	小盘价值型	小盘混合型	小盘成长型

不同类型行业和公司的属性时刻都在变化，对应指数的成分一般是半年一调整，根据巨潮指数最新的成分股，大盘成长型股票主要分布在酒、食品、半导体、消费电子、新能源、医药、旅游等行业，组成成分类似"核心资产"的概念；而大盘价值型股票主要集中在金融、地产、建筑、电力等低估值板块。小盘成长型股票的典型代表集中在计算机、医药、新能源、化工机械等领域，而小盘价值型股票集中在区域银行、地产、化工、环保、钢铁、煤炭、电源设备等领域。

2. 行业轮动基本概念

行业轮动是利用市场趋势获利的一种主动交易策略。其本质是利用不同投资品种强势时间的错位，对行业品种进行切换以达到投资收益最大化的目的。通俗点讲就是根据不同行业的区间表现差异性进行轮动配置，力求能够抓住区间内表现较好的行业、剔除表现不佳的行业，在判断市场不佳的时候，权益类仓位降低，提升债券或货币的比例。

与风格轮动类似，行业轮动是另外一种市场短期趋势的表现形式。在一个完整的经济周期中，有些是先行行业，有些是跟随行业。例如，对某个地方基础设施的投资，钢铁、水泥、机械属于先导行业；投资完成后会带来房地产、消费、文化行业的发展，这就属于跟随行业。研究在一个经济周期中的行业轮动顺序，从而在轮动开始前进行配置，在轮动结束后进行调整，则可以获取超额收益。

目前，对我国行业轮动现象的理论解释有很多，主要是以实体经济和行为金融为主。从长期和综合的角度来看，应该以实体经济为基础，这样才是有源之水、有本之木。股市里的行业轮动应该以实体经济的行业轮动为基础，是实体经济的一个映射。当然，这个映射并不仅仅反映现在的情况，更主要的是反映将来的情况，同时，这个将来的情况也只是投资者主观预期的情况，未必就是将来的实际情况。

1. 从需求的角度——不同行业的需求收入弹性是不同的

在经济的组成部分中，它们对收入的弹性是不同的。如果把 GDP（Gross Domestic Product，国内生产总值）简单理解为收入，把不同的行业理解为不同商品的供给者，而不同商品对于人们来说，其必需程度是不一样的，也就是不同行业在 GDP 不同增长率下的必要性是不一样的。当人们收入很低的时候，一些奢侈品就可以不买，但日用品不会减少太多；而收入提高的时候，日用品的需求不会增加太多，而对奢侈品的需求就会提高。这个经济学里的需求收入弹性原理反映在 GDP 与行业景气的关系上，就是那些生产必须品的行业，比如全球行业分类系统（Global Industry Classification Standard，GICS）体系里的食品饮料、医药、公共事业，不太受经济周期波动的影响，而有色金属、材料则比较易受经济周期波动的影响。另外一个明显的区别就是 GICS 体系里，把消费品区别为可选消费品和必需消费品，这样区别是很有道理的。可选消费品是指汽车等奢侈品，这些比较容易受经济周期的影响，而必需消费品相对来说则不容易受影响。所以，在探寻股市里行业轮动规律的时候，测度与评价实体经济里不同行业的需求收入弹性，就是一个重要环节。

2. 从供给的角度——不同行业的成本构成是不同的

从短期供给曲线的角度来讲，成本可以按照固定与流动来划分，也就是在短期内，有些成本是不变的，有些是根据产出改变的（在长期，全部是可变的）。而不同行业的成本结构是不同的。有些行业的固定成本比例较高，比如，钢铁、交通运输、煤炭等，这些行业在销售收入增加后，所带来的边际利润就会比较大。这个道理类似于一列火车，在仅有 1 个人乘坐的时候（假定修建铁路、购买列车和支付列车人员工资均列入固定成本，也就是这些成本是固定的，与多少个人乘坐没有关系，不列入边际成本），所带来的边际利润就是这一个人购买的票价，而 100 个人乘坐所带来的边际利润就是 100 个人的票价，所以边际利润只与乘坐的人数有关系。行业利润与 GDP 的关系，这个例子也可以说明：1 个人坐火车可以类比为 GDP 增长率很低，这个时候那些固定成本比较高的行业，比如钢铁、煤炭、航空业等，就会面临很大问题，出现利润下降或者亏损的情况。而那些固定成本比较低的行业，就可以比较灵活地减少流动成本，如减少原料采购等，从而避免利润下滑太快。在经济周期复苏阶段，随着需求的增加，那些固定成本比较高的行业，就会有比较高的边际利润，所以，这些行业适合在复苏阶段发展。

3. 从行为金融的角度——投资者行为的趋同性

从行为金融学理论来看，板块现象是一种市场投机行为，其形成与中国股市投资者行为特征密切相关。尤其是在转轨经济和新兴市场中，投资者容易受政策预期的影响，并且决策行为趋同，这样就强化了股价冲击的传导机制，使得股市呈现出齐涨同跌的现象。目前认为我国股市板块联动现象主要分为4种基本类型：基本面变化引致型、概念驱动型、庄家操纵型和无风起浪型。噪声投资者的非理性行为被认为是构成板块联动现象的最主要原因，在我国股市中投资者普遍认同的一个概念就是"补涨"，没涨的股票要无条件补涨，没跌的股票应当无条件补跌，于是形成了股市各大板块"齐涨共跌"的局面。

行业的成长周期可以分为初创期、成长期、成熟期和衰退期，一般行业会按照这个周期运行。初创期属于行业刚刚起步的阶段，风险高、收益小。成长期内风险高、收益高。处于成熟期的企业风险低、收益高。处于衰退期的企业风险低、收益低。在一段时间内，不同的行业会处于不同的行业周期，从时间维度上看会呈现行业轮动现象。

国家政策对我国资本市场有重大的影响。我国每年的财政政策和货币政策都是市场关注的热点，货币政策和财政政策会释放出影响市场的信息，如利率。当政策释放出下调利率的信号，就为资金需求量大、项目周期长的行业缓解了压力，如房地产行业，这时对于这类行业利好，相应的股价就会上涨。

资本市场对于消息的反应是迅速的。根据有效市场理论，在半强型有效市场下，一切已公开的信息都会反映在股价当中。以疫情为例，消息一出迅速拉动医疗行业股价水平，带动行业增长。

三、基础策略介绍及案例呈现

（一）风格轮动策略

1. 风格轮动策略介绍

实施风格轮动策略，在不同的风格类别之间进行切换，需要对各类风格的收益特性有较好的把握，同时对未来风格的走势有较准确的判断。风格评估和预测的方法可分为相对价值法和场景预测法两类。

相对价值法的核心是均值回归理论，被低估的股票价格最终将被市场发现而向均值回归，被高估的股票价格也将下跌至均值水平。能获得低估或高估收益的投资者，必然是对某类股票、企业有着长期的追踪研究并具备价值发现能力的投资者。当市场出现价格偏差时，能在第一时间发现并调整组合，及时判断出市场未来的走势。

场景预测法的核心是同一风格股票的收益率间存在某种相似属性和因素敏感性，因此当外部环境发生变化时，受某类因素正面影响的风格类型将取得超额收益；反之则会获得低于市场的收益。场景预测法可分为两个步骤。

（1）对影响股票收益的各个因素建立因素模型。

（2）设想未来可能出现的不同场景，对未来风险状况进行预测。

在风格轮动策略的研究中，最基础最根本的是风格的定义，而在实际操作中明确轮动所用的标的十分关键。传统的风格研究中，拿我们之前介绍的大小盘风格为例，以往可能选用沪深 300 与中证 500 指数的相对收益作为标准，但事实上这样的方式一方面对大小盘的代表并不准确，另一方面也很难直接应用于股票投资。

随着多因子理论的兴起，更多人开始从因子的角度来定义风格，比如以规模因子的表现来定义大小盘风格。诚然，这样的方法在对某些因子的定义上较为合理，但是在某些因子上这样的方法并不能准确地定义风格。以成长风格为例，投资高成长风格的本质是投资未来具有持续高增速的公司，因子筛选和因子加权应该是以风格的准确刻画为导向。而在多因子体系中，无论是筛选因子还是给因子赋予权重，均是以最大化收益为目标导向的，因为多因子体系本质上是目标最大化下的预期收益解释程度，而并不在意当前投资的是否真正是想要投资的风格。

风格投资者往往较为关心的是所购买的股票在当前或者未来是不是他所需求的风格类型，而不是其所投资的股票下期能够获得多少收益。在市场中不能因为在某一段时间一种风格对下一期的收益预测效果降低了，就说该风格不存在了，而是在这段时间内该风格的收益表现不佳。因此，在对风格定义的时候，我们应当追求的是最大化风格指标解释程度，而不是最大化收益的解释程度。

此外，不同的风格类型，需求的目标也可能是不同的，比如价值投资，追求的是寻找当前估值较低的公司的投资风格，而成长投资，追求的是未来能够获得高增速的公司的投资风格。故我们对风格的定义方法做了区分，将定义方法区分为状态类与预期类。状态类指的是该风格投资依赖于股票当前所处的状态，比如规模、价值、反转、动量等。预期类指的是该风格投资依赖于股票未来可能所处状态，比如成长、盈利、红利、防御等（见表 8-3）。

表 8-3　风格分类与投资逻辑

风格分类	风格指标	风格投资逻辑
状态类	规模	根据公司市值的大小盘投资
	价值	选择当前处于低估值的价值投资风格
	反转	关注公司短期收益率波动的投资风格
	动量	关注公司长期收益率延续性的投资风格
预期类	成长	选择未来可能延续高成长公司的投资风格
	盈利	关注公司未来盈利能力的投资风格
	红利	关注个股未来持有收益的投资风格
	防御	关注个股未来持有的低风险的投资风格

2. 风格轮动案例呈现

从实证研究来看，影响风格的相对收益的主要变量分为 3 类：宏观经济指标、基本面指标和其他指标。

证券市场是经济的晴雨表，反过来，经济状况也会影响证券市场的表现。常用的经济指标包括工业产值、利率、消费物价指数（Consumer Price Index，CPI）、工业品出厂价格指数（Producer Price Index，PPI）、广义货币供应量（Broad Measure of Money Supply，简称 M2）等。在国外的研究中，还采取了部分替代性的指标，如收益率曲线利差、收益率差、预期 GDP 增长率等等。

估值指标主要是与基本面相关的指标，常用如市盈率、市净率等，当然还可以包括其他指标，如净资产收益率、红利率等。

另外，风险参数主要是评估不同风格指数内涵的风险指标，一般说来用波动率来衡量。除了波动率外，还可以引入趋势指标，如动量指标，来更好地刻画风格轮动的时间效应。此外，超额收益 Alpha 也可能是风格轮动的因素。

（1）报告案例一。

以中泰证券研究报告为例，其将 A 股非金融市值规模前 50% 的个股视作大盘股，后 50% 的个股作为小盘股，采用整体法计算两个股票集合的 ROE（见图 8-1）。

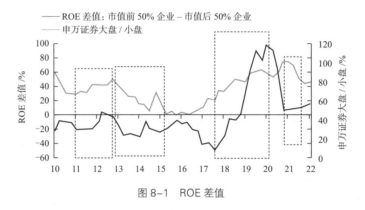

图 8-1　ROE 差值

从图 8-1 中可以发现，黑色部分是大盘股和小盘股的 ROE 差值走势情况，灰色部分是市场风格的一个呈现情况。市场风格跟随相对盈利优势有同向运动的趋势。可见 2010 年以来大小盘股的相对业绩优势基本主导了市场的风格。

将盈利与利率联系起来是因为 A 股的盈利周期与利率周期存在较强的正相关性。从逻辑上来说，上市公司盈利周期与宏观经济周期基本一致，而利率作为央行调节经济增长的核心政策目标之一，具有"逆周期"属性，由此导致企业盈利上行阶段（经济复苏）利率抬升，盈利下行阶段（经济衰退）利率下降。

图 8-2　利率与市场风格

如图 8-2 所示，利率上行期间市场风格均偏向大盘 / 价值；利率下行阶段，利率受经济驱动的影响小，而受宏观审慎政策及流动性的影响大，市场风格均偏向小盘 / 成长。

（2）案例二。

为了探究 A 股市场是否普遍存在风格轮动现象，长江证券选取沪深 300 指数作为大盘股，中证 500 指数作为小盘股，研究时间为 2007 年 3 月 1 日至 2017 年 5 月 9 日。统计了沪深 300 和中证 500 不同年份的涨跌幅。实验结果发现，大小盘轮动的特征相对还比较明显。2011、2012、2014、2016、2017 这 5 年偏沪深 300，其他 6 年偏中证 500。偏小盘年份小盘相对大盘的超额收益明显要高出很多。如果在每月月初能选中当月比较强的指数，策略会更好。年化收益高达 33%，若能在此基础上叠加因子或选股，效果将会更为明显。由此可见，风格轮动确实存在，具有操作的可能性。

市场上的风格轮动主要分为两种类型，基本面大小轮动和技术面大小盘轮动。基本面大小轮动的优点是基本面数据比较符合逻辑，但存在数据类型少，频率过低，且数据公布存在较大的滞后性，数据从实体经济传导到股市也存在较大质疑的缺点。技术面大小盘轮动的优点是数据类型多、更新快、频率高，应用起来会更为灵活。

（二）行业轮动策略

1. 行业轮动策略介绍

一般的行业轮动研究主要着眼于行业的基本面研究，即如何在不同的经济周期下对行业景气股票进行选择，属于长期的宏观基本面行业轮动研究，侧重于股票行业宏观基本面分析；而风格轮动的研究集中于成长股和价值股的研究，也属于长期的轮动研究，主要集中于公司财务指标的分析。

本章中所指的行业及风格轮动分析主要站在量化的角度，从股价趋势的角度把握同一市场环境条件下不同行业及不同股票之间波动的不同步性，从而找到基于市场中性的行业轮动 Alpha 策略。

我国股市行业股票轮动的结构性特征十分明显。行业轮动策略是指在一轮上涨过程中，通过对行业股票轮动规律的研究和实践，实现总体收益率比投资单一行业或股票高的策略。如图 8-3 所示是 2018 年沪深 300 指数与部分行业指数走势对比图（归一化处理后），以 2018 年 1 月 2 日为基准，可以看到上证指数和各行业指数均呈震荡下跌走势，没有明显的行业轮动上涨机会。

图 8-3　2018 年沪深 300 指数及部分行业指数走势图

但是即使在股市单边下跌的 2018 年，我们依然看到了行业轮动给我们带来的行业股票轮动套利机会。以工业和信息两大板块为例。如图 8-4 所示是工业 / 信息指数波动的比值。

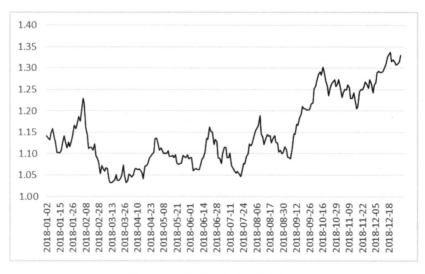

图 8-4　工业 / 信息行业指数波动图

我们把 2018 年的工业指数和信息指数的相对比值作为考察对象，可以发现，工业 / 信息指数在 3 月触底 1.04 后，开始了一波震荡上行，指数比在 1.3 左右。根据以上分析，设计一套行业轮动指数套利策略。

（1）当工业 / 信息行业股票指数跌到 1.05 左右，卖空信息类股票，买入工业类股票。

（2）当指数回归到 1.25 附近，平仓。

（3）当指数上涨到 1.3 左右，卖空工业类股票，买入信息类股票。

（4）当指数回归到 1.05 附近时，平仓。

行业轮动策略最终还要落实到具体股票的买卖操作策略上来。由于股票的波动性要显著于指数的波动性，因此，当我们从股票池中选择具体的股票进行操作时，波动性会更大些。

图 8-5 所示为行业轮动套利策略基本原理。

图 8-5　行业轮动套利策略基本原理

其中，黑色的是正弦波，深灰色的是余弦波，浅灰色的是两者相加的合成波。股票市场中，利用行业股票的负相关性来进行高抛低吸，能够获取比单一持有某个行业股票获得更高的收益率。

根据经济增长和通货膨胀可以将经济分为 4 个周期：衰退期、复苏期、过热期、滞涨期。

根据美林"投资时钟"理论来分析 4 个不同时期的经济增长情况，并总结出适合投资的资产类别，如表 8-4 所示。

表 8-4　各经济周期内资产投资选择

周期	经济增长	通货膨胀	最优资产类别	最优股票板块
衰退期	下降	下降	债券	防御成长
复苏期	上升	下降	股票	周期成长
过热期	上升	上升	商品	周期价值
滞涨期	下降	上升	现金	防御价值

当经济增速加快时，与国家经济联系紧密的行业，如钢铁、煤炭、电力等基建利润也会随之增长。

当经济增速放缓时，非周期性的行业，如医药、基础消费品、基础建设等行业呈现较强的防御性。

当通货膨胀处于较低水平时，市场利率水平也处于较低水平。按照股票估值理论，此时的折现率处于低水平，价格相对而言较高。此时，金融行业的股价会呈现明显的上涨。

当通货膨胀处于较高水平时，市场利率较高，此时现金为王，原材料价格走高。与此相关的原材料行业就会表现较好，如天然气、石油等。

2. 行业轮动案例呈现

自上而下的投资分析方法认为，宏观经济决定了资产的收益率，因此对于一个坚持自上而下分析的投资者来说，一般先关注宏观经济运行指标的变动，然后进行资产配置，或者调整投资组合的风格，并且指导股票资产中的行业组合进行积极管理。

作为自上而下投资策略的重要组成部分，行业配置是投资管理中一个重要的环节，国外许多实证研究表明，在全球资产配置中，行业配置对组合收益的贡献的重要性甚至超过了国家配置，而且认为行业配置的重要性在未来相当长的一段时间内也将保持。行业轮动策略的有效性原因是，资产价格受到内在价值的影响，而内在价值则随着宏观经济因素变化而波动。周期性行业在不同经济周期中表现差异较大是由于其在经济产业链上的位置所决定的现金流量不均衡。

研究表明，行业/板块轮动在机构投资者的交易中获利最大的盈利模式是基于行业层面进行周期性和防御性的轮动配置，这也是机构投资者最普遍采用的策略。

以华西证券行业轮动研究报告为例，其认为量价数据能够比较好地反映行业市场，因此他们首先从行业层面的量价数据入手，根据量价因子的本质含义对其进行归类，将量价因子分为动量、交易波动、换手率、多空对比、量价背离、量幅同向六大类，构建了候选因子池，然后通过我们之前进行单因子检测的类似步骤对量价因子进行单因子检验，以选择有效的量价因子来构建量价因子行业轮动策略，最后进行量价因子行业轮动策略的回测。

华西证券在报告中首先对六大类量价因子进行了单因子检验，我们以二阶动量为例进行展示。

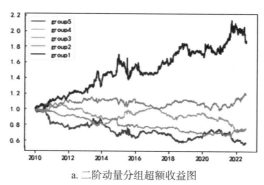

a. 二阶动量分组超额收益图

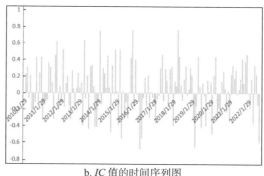

b. IC 值的时间序列图

图 8-6　量价因子单因子检验结果

图 8-6 是二阶动量的因子分组超额收益图及 *IC* 值的时间序列图，可以看到二阶动量因子的分层效果明显，单调性较好。根据相同的方法，对其他因子也进行了检测，然后基于六大类因子中有效的量价因子构建量价行业轮动策略。

最后华西证券根据 11 个量价因子构建量价行业轮动策略，每月末选取中信一级行业（剔除综合和综合金融）中复合因子最高的 5 个行业，行业间等权加权，在 2010—2022 年 10 月进行回测。报告显示，量价行业轮动组合的累计收益为 580.00%，相对于全部行业等权组合的累计超额收益为 484.16%。行业组合的月均换手率为 141.46%，每期更换的行业数量平均约为 3.5 个。

四、实践操作

轮动投资策略主要是通过对特定代理变量的观测适时投资强势投资品种，从而获取超额收益。轮动投资策略有主动轮动和被动轮动之分，对于行业轮动来说，主动轮动通过代理变量的预示作用选择未来表现强势的行业进行投资，被动轮动则在轮动趋势确立后进行相关行业的投资，代理变量主要用来刻画轮动趋势并加以确认。按照交易标的可以分为以下几类。

（1）通过行业指数动量确定交易信号，并买入该行业指数。这类策略不能实盘操作。

（2）通过行业指数动量确定交易信号，并买入代表该行业的 ETF（Exchange Traded Fund，交易型开放式指数基金）。

（3）通过行业指数动量确定交易信号，并买入该行业的龙头股。

（4）通过行业指数动量确定交易信号，并买入该行业的优质股。

本章以最后一种类型行业轮动策略为例。策略的盈利逻辑是强者越强，弱者越弱，因此需要选择强势行业，然后在强势行业里面选择优质股票。强势行业的确定依据是动量得分，而动量得分又是行业不同周期的收益率加权来确定的。

先计算出每个行业的 2 个月收益率、4 个月收益率、半年收益率，然后根据其相应权重，计算出各个行业的动量得分，于是可以找出强势行业，接着我们选择前三的强势行业里面的优质股票进行投资，每个强势行业选择 10 只股票，因此组合共 30 只股票。

```
m1 = M.instruments.v2(
    start_date='2016-01-01',
    end_date='2018-03-22',
    market='CN_STOCK_A',
    instrument_list='',
    max_count=0
)

# 回测引擎：每日数据处理函数，每天执行一次
def m3_handle_data_bigquant_run(context, data):
    # 按月调仓
    if context.trading_day_index % 20 != 0:
        return
```

```
    date = data.current_dt.strftime('%Y-%m-%d')                # 日期
    # 整理出当天要买入的股票
    buy_industry = context.daily_buy_industry[date]
    stock_to_buy = []
    for ind in buy_industry:
        ind = int(ind[2:8])                                    # 转化为行业代码的数字格式
        stock_to_buy.append(context.daily_buy_stock[date][ind])
    stock_to_buy = sum(stock_to_buy, [])

    # 通过 positions 对象，使用列表生成式的方法获取目前持仓的股票列表
    stock_hold_now = [equity.symbol for equity in context.portfolio.positions]
    # 继续持有的股票：调仓时，如果买入的股票已经存在于目前的持仓里，那么应继续持有
    no_need_to_sell = [i for i in stock_hold_now if i in stock_to_buy]
    # 需要卖出的股票
    stock_to_sell = [i for i in stock_hold_now if i not in no_need_to_sell]
    # 卖出
    for stock in stock_to_sell:
        # 如果该股票停牌，则没法成交。因此需要用 can_trade 方法检查一下该股票的状态
        # 如果返回真值，则可以正常下单，否则会出错
        # 因为 stock 是字符串格式，我们用 symbol 方法将其转化成平台可以接受的形式：Equity 格式
        if data.can_trade(context.symbol(stock)):
            # order_target_percent 是平台的一个下单接口，表明下单使得该股票的权重为 0
            # 即卖出全部股票，可参考回测文档
            context.order_target_percent(context.symbol(stock), 0)

    # 如果当天没有买入的股票，就返回
    if len(stock_to_buy) == 0:
        return

    # 等权重买入
    weight = 1 / len(stock_to_buy)

    # 买入
    for stock in stock_to_buy:
        if data.can_trade(context.symbol(stock)):
            # 下单使得某只股票的持仓权重达到 weight，因为 weight 大于 0，因此是等权重买入
            context.order_target_percent(context.symbol(stock), weight)
# 回测引擎：准备数据，只执行一次
def m3_prepare_bigquant_run(context):
    start_date = context.start_date
    end_date = context.end_date
    # 获取目前的行业列表
    industry = list(set(D.history_data(D.instruments( ), end_date, end_date, ['industry_sw_level1']).industry_sw_level1))
    # 获取行业指数的行情数据
    industry = ['SW'+str(j)+'.SHA' for j in industry]
    data = D.history_data(industry, start_date, end_date, ['close','name'])

    # 计算此处每日动量较高的行业
    ret_data = data.groupby('instrument').apply(calcu_ret)
    ret_data.reset_index(inplace=True, drop=True)
    ret_data['date'] = ret_data['date'].map(lambda x:x.strftime('%Y-%m-%d'))
```

```
    context.daily_buy_industry = pd.Series({dt:seek_head_industry(ret_data.set_index('date').ix[dt]) for dt in list(set(ret_
data.date))})})

        # 每个交易日、每个行业的优质股
        # 优质股的确定依据是：净资产收益率 (Trailing Twelve Months，TTM)、营业收入同比增长率、归属母公司股
东的净利润同比增长率
        features_data = D.features(D.instruments(start_date, end_date), start_date, end_date, ['fs_roe_ttm_0', 'fs_operating_
revenue_yoy_0', 'fs_net_profit_yoy_0', 'industry_sw_level1_0'])
        # 整理出每个行业的优质股票
        context.daily_buy_stock = features_data.groupby(['date', 'industry_sw_level1_0']).apply(seek_head_stock)

    # 计算不同周期的动量
    def calcu_ret(df):
        df = df.sort_values('date')
        for i in [42, 84, 126]: # 分别代表 2 月、4 月、半年的动量
            df['ret_%s'%i] = df['close']/df['close'].shift(i)−1
        return df

    # 计算出得分
    def seek_head_industry(df):
        for j in ['ret_42','ret_84','ret_126']:
            df['%s'%j] = df['%s'%j].rank(ascending=True)
        df['score'] = 0.4*df['ret_42']+0.3*df['ret_84']+0.3*df['ret_126']        # 得分的权重分别为 0.4、0.3、0.3
        result = df.sort_values('score', ascending=False)
        return list(result.instrument)[:3]                                        # 前 3 个行业

    # 选出特定行业优质股票
    def seek_head_stock(df):
        result = df.sort_values(['fs_roe_ttm_0', 'fs_net_profit_yoy_0', 'fs_operating_revenue_yoy_0'], ascending=False)
        return list(result.instrument[:10])                                       # 每个行业选 10 只股票
    # 回测引擎：初始化函数，只执行一次
    def m3_initialize_bigquant_run(context):
        # 手续费设置
        context.set_commission(PerOrder(buy_cost=0.0003, sell_cost=0.0013, min_cost=5))

    # 回测引擎：每个单位时间开始前调用一次，即每日开盘前调用一次。
    def m3_before_trading_start_bigquant_run(context, data):
        pass

    m3 = M.trade.v3(
        instruments=m1.data,
        start_date='',
        end_date='',
        handle_data=m3_handle_data_bigquant_run,
        prepare=m3_prepare_bigquant_run,
        initialize=m3_initialize_bigquant_run,
        before_trading_start=m3_before_trading_start_bigquant_run,
        volume_limit=0.025,
        order_price_field_buy='open',
        order_price_field_sell='open',
        capital_base=1000000,
```

```
    benchmark='000300.SHA',
    auto_cancel_non_tradable_orders=True,
    data_frequency='daily',
    price_type=' 后复权 ',
    plot_charts=True,
    backtest_only=False,
    amount_integer=False
)
```

五、具体任务

（一）实践任务

本次实践任务包含以下两个方面的内容。

（1）选择一段时期，构建大小盘风格轮动策略。

（2）选择一段时期，构建行业轮动策略。

（二）实践步骤

（1）选择一段时期，选择大盘股与小盘股投资组合。

（2）进行大小盘有效性检验。

（3）筛选有效因子，构建大小盘策略。

（4）进行回测，检验策略有效性。

（三）实践思考

大小盘风格轮动策略构建的金融逻辑是什么？

第三篇

其他数字金融技术的运用

实践九 支持向量机与企业财务危机预测

一、实践目的

- 掌握支持向量机（Support Vector Machine，SVM）的基本原理。
- 了解间隔最大化、软间隔最大化和核函数。
- 能使用 Python 构建基于支持向量机的企业财务危机预测模型。
- 能使用 RandomizedSearchCV 优化支持向量机及其核函数的参数。

二、基本原理及操作演示

支持向量机的基本模型是定义在特征空间的间隔最大线性分类器，最初主要用于二分类问题，后来逐渐扩展到多分类和回归问题。由于在解决小样本、非线性和高维的回归和分类问题中有着优异的学习能力与泛化性能，支持向量机在金融领域也有着较为广泛的应用，比如金融时序的预测、企业财务危机的预测和优质股票的选择等。在本章中，我们将介绍分类支持向量机的原理，并将分类支持向量机运用于企业财务危机的预测。

根据支持向量机模型的繁简程度不同，支持向量机可以分为线性可分支持向量机、软间隔线性支持向量机和非线性支持向量机（李航，2019）。当训练数据集线性可分时，线性可分支持向量机通过硬间隔（Hard Margin）最大化，学习一个线性分类器，故线性可分支持向量机又称为硬间隔支持向量机，如图 9-1(a) 所示；当训练集近似线性可分时，线性支持向量机通过软间隔（Soft Margin）最大化，同样学习一个线性分类器，故称为软间隔支持向量机，如图 9-1(b) 所示；当数据线性不可分时，非线性支持向量机可通过核方法（Kernel Trick）和软间隔最大化，学习非线性支持向量机，如图 9-1(c) 所示。

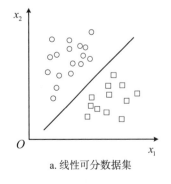
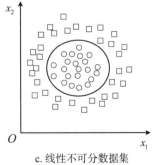

a.线性可分数据集   b.近似线性可分数据集   c.线性不可分数据集

图 9-1　不同类型的训练数据集

（一）线性可分支持向量机与间隔最大化

假定存在一个二分类的训练数据集 $D = \{(x_1, y_1), (x_2, y_2), \cdots, (x_N, y_N)\}$，$y_i \in \{-1, +1\}$，则定义在数据集的特征空间的超平面可以定义为

$$w^{\mathrm{T}}x + b = 0 \tag{9-1}$$

其中，$w = (w_1, w_2, \cdots, w_N)$ 是超平面的法向量，决定了超平面的方向；b 是位移项，通常是一个实数，决定了超平面到原点的距离。

若训练数据集存在分隔超平面，则训练数据集必然是线性可分的。对于线性可分的数据集，我们可以找到无数个分隔超平面，将不同类别的样本划分开，如图 9-2 所示。然而，在这些分隔超平面中，哪一个是最优的分隔超平面呢？从直观上看，在两类样本正中间的超平面是最优的，即图 9-2 中的黑色实线，因为该分隔超平面对训练样本的局部扰动的容忍性最好（周志华，2016），且有着最好的泛化能力。

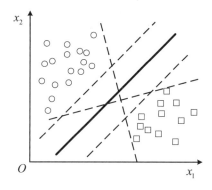

图 9-2　线性可分数据集存在无数的分隔超平面

对于线性可分的数据集，在众多分隔超平面中，支持向量机对最优分隔超平面的判定标准是离分隔超平面最近的样本点与分隔超平面的几何间隔是否是最大的。在图 9-3 中，我们描述了仅有两维特征的二分类问题的支持向量机的主要组成部分。离分隔超平面最近的样本点是支持向量（Support Vector），支持向量在图 9-3 中以黑色实心图形标记。w 决定超平面的方向，在 w 所指方向的圆形样本位于超平面的上方，而正方形样本则位于超平面

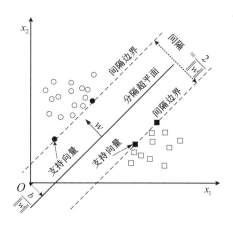

图 9-3　支持向量机与间隔

的下方。与分隔超平面平行，且穿过其上方与下方的支持向量的超平面是间隔边界。分隔超平面位于间隔边界的正中央。间隔（Margin）指的是分隔超平面上方与下方的间隔边界之间的距离。间隔由且仅由支持向量界定，其他的样本点，特别是离得更远的样本点对界定支持向量机的最优分隔超平面并没有影响，故支持向量机对训练样本中的异常值并不敏感。若想实现间隔最大化，只需最大化支持向量和分隔超平面的几何距离。

从上述文字描述可知，支持向量机的最优分隔超平面就是最大间隔超平面（Maximum-Margin Hyperplane）。最大间隔超平面需要满足两个约束条件。

第一，能够将样本类别正确分类，或者说样本点到超平面的函数间隔大于零，故第一个约束条件可以表示为

$$y_i(w^{\mathrm{T}}x_i + b) > 0, \quad i = 1, 2, \cdots, N \tag{9-2}$$

第二，间隔最大化，或者说离超平面最近的样本点（支持向量）与分隔超平面的几何间隔最大，即

$$\max_{w, b}\left(\min_{x_i} \frac{y_i(w^{\mathrm{T}}x_i + b)}{\|w\|}\right) \tag{9-3}$$

在式（9-3）中，间隔最大化包含两层含义：一是通过最小化样本点到分隔超平面的几何间距确定支持向量到分隔超平面的几何距离；二是选择合适的 w 和 b 使得支持向量到分隔超平面的几何间距最大。

进一步地，我们需要对式（9-3）进行进一步简化，限定 $min_{x_i} y_i * (w^{\mathrm{T}} * x_i + b) = 1$，即样本点到分隔超平面的最小函数间隔为 1。添加该限制条件之后，式（9-3）及其约束条件式（9-2）可以进一步简化为

$$\max_{w, b} \frac{1}{\|w\|} \tag{9-4}$$

$$s.t. \quad y_i(w^{\mathrm{T}}x_i + b) \geqslant 1, \quad i = 1, 2, \cdots, N$$

为了最大化间隔，仅需最大化 $\|w\|^{-1}$，这等价于最小化 $\frac{1}{2}\|w\|^2$，故式（9-4）可以改写为

$$\min_{w, b} \frac{1}{2}\|w\|^2 \tag{9-5}$$

$$s.t. \quad y_i(w^{\mathrm{T}}x_i + b) \geqslant 1, \quad i = 1, 2, \cdots, N$$

这就是线性可分支持向量机间隔最大化问题的基本型。

我们需要最优化式（9-5）以获得最大间隔超平面所对应的 w 和 b。针对式（9-5）这样有约束条件的最优化问题，我们可以应用拉格朗日乘子法构造拉格朗日函数（Lagrange function)，再通过拉格朗日对偶性（Lagrange duality）得到原始问题 [式（9-5）] 的最优解（周志华，2016）。

（二）软间隔支持向量机

当训练数据集不是完全线性可分，而是如图 9-4 所示的近似线性可分时，我们需要引

入软间隔线性支持向量机。所谓软间隔，指的是允许 SVM 在少量样本上犯错，即允许少量样本不满足式（9-5）的约束条件 $y_i(w^{\mathrm{T}}x_i+b) \geqslant 1$。即允许某些样本点位于间隔边界之内，如图 9-4 中的黑色实心样本点所示。

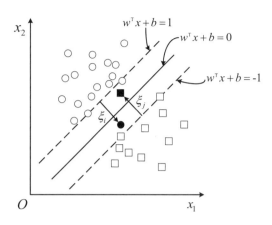

图 9-4 软约束线性支持向量机

在软间隔支持向量机中，我们通过引入松弛变量（slack variable）$\xi_i \geqslant 0$，将式（9-5）的约束条件转化为

$$y_i(w^{\mathrm{T}}x_i+b) \geqslant 1-\xi_i, \quad i=1,2,\cdots,N \tag{9-6}$$
$$\xi_i \geqslant 0$$

对于任意的样本点 (x_i, y_i)，若其能使得约束条件式（9-6）的等式成立，则该样本点就是支持向量。如果样本点 (x_i, y_i) 的松弛变量 ξ_i 的值小于 1，此时样本点虽然在间隔边界之内，但仍然是被正确分类的。若样本点的松弛变量 ξ_i 的值大于 1，样本点会被错误分类。

虽然在软间隔支持向量机中，我们允许一些样本点被错误分类，但我们希望被错误分类的样本点越少越好。故我们在式（9-5）的最小化问题中引入了正则化参数 C 和松弛变量 ξ_i，可将式（9-5）改写为

$$\min_{w,\,b} \frac{1}{2}\|w\|^2 + C\sum_{i=1}^{N}\xi_i \tag{9-7}$$
$$s.t. \quad y_i(w^{\mathrm{T}}x_i+b) \geqslant 1-\xi_i, \quad i=1,2,\cdots,N$$
$$\xi_i \geqslant 0$$

这就是常见的软间隔支持向量机。在式（9-7）中，C 是一个大于 0 的正则化参数。C 可以被理解为错误样本的惩罚程度，C 取值越小，我们对错误样本的惩罚程度越轻，可以容忍的错误样本就越多，支持向量机的间隔就越大；C 取值越大，我们对错误样本的惩罚程度越重，可以容忍的错误样本就越小，支持向量机的间隔就越小；若 C 为无穷大时，ξ_i 必然无穷小，此时软间隔支持向量机又变成了硬间隔支持向量机。

（三）非线性支持向量机

在现实任务中，当线性数据集是非线性可分的，如图 9-5(a) 所示。在这种情况下，我们需要使用非线性支持向量机。非线性支持向量机的核方法可以通过一个特定的映射

$\phi:x \rightarrow \phi(x)$，将训练样本特征向量映射成更高维的特征向量 $\phi(x)$，而在更高维的特征空间，训练样本是线性可分的。例如在图 9-5(a) 中的二维数据是线性不可分的，通过映射 ϕ 将训练样本的初始特征 $x = (x_1, x_2)$ 映射为三维特征 $\phi(x) = (x_1^2, x_2^2, \sqrt{2}\,x_1 x_2)$，从图 9-5(b) 可以发现映射之后训练数据是线性可分的。

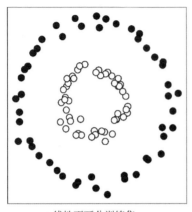

| a. 线性不可分训练集 | b. 映射后线性可分的训练集 |

图 9-5　支持向量机核方法演示

假定 $\phi(x)$ 是初始特征向量 x 映射之后的高维特征向量，且训练数据在该高维特征空间是线性可分的。那么，与式（9-5）类似，高维特征空间的线性可分支持向量机的间隔最大化问题为

$$\min_{w,b} \frac{1}{2} \|w\|^2 \tag{9-8}$$

$$s.t. \quad y_i(w^{\mathrm{T}} \phi(x_i) + b) \geqslant 1, \quad i = 1, 2, \cdots, N$$

在非线性支持向量机中，核函数的选择至关重要，但并非所有函数都可作为核函数。研究发现，只要一个对称函数所对应的核矩阵半正定即可作为核函数（Schölkopf、Smola、Bach，2002；周志华，2016）。

常见的核函数有线性核（Linear Kernel）、多项式核（Polynomial Kernel）、高斯径向基函数核（Radial Basis Function Kernel，简称 RBF 核或高斯核）和 sigmoid 核等，详见表 9-1。

表 9-1　常见的核函数

名称	表达式	参数含义
线性核	$x_i^{\mathrm{T}} x_j$	—
多项式核	$(\gamma x_i^{\mathrm{T}} x_j + r)^d$	r 是常数 (coef 0)，$d \geqslant 1$ 是多项式次数 (degree)，γ(gamma) 是一个缩放参数。
RBF 核	$exp(-\gamma \| x_i - x_j \|)$	γ(gamma) 定义了支持向量的影响范围
sigmoid 核	$tanh(\gamma x_i^{\mathrm{T}} x_j + r)$	r 是常数 (coef 0)，γ(gamma) 是一个缩放参数

线性核是最基本的核函数，无须设定参数，运行高效且不易过拟合，但无法解决非线性可分的问题。在数据集很大，且特征很多，或是特征远大于数据集时，线性核便往往能够取得很不错的效果。

多项式核是线性核的一种更广义的表示，可解决非线性可分的问题，但是多项式核的参数较多。特别是当多项式的阶数比较高的时候，核矩阵的元素值将趋于无穷大或者无穷小，计算复杂度会大到无法计算，效率和准确度都较低。

RBF 核是支持向量机中最常用的核函数之一。RBF 核可以将特征映射到无限维，决策边界更为多样。无论是大样本还是小样本，RBF 核都有比较好的性能。RBF 核可解决非线性可分问题，仅有一个参数 γ，相对于多项式核函数参数要少。当缺乏训练样本的先验知识时，不知道使用什么核函数的时候，可以优先使用高斯核函数。

在使用 RBF 核时要注意的是，γ 的取值会影响支持向量机每个支持向量的高斯作用范围，从而影响模型的泛化性能。如果 γ 取值太大，支持向量的高斯作用范围就较小，仅会影响其附近的样本，对未知样本的分类效果很差，会有过拟合问题。若 γ 取值太小，支持向量的高斯作用范围就较大，影响的样本较多，模型无法在训练集上得到较高的准确率，会有欠拟合问题。

sigmoid 核起源于神经网络，使用 sigmoid 内核的 SVM 模型相当于一个使用两层感知机的神经网络模型。在选用核函数的时候，如果我们对训练样本有一定的先验知识，就利用先验知识来选择符合数据分布的核函数；如果不知道的话，通常使用交叉验证的方法，来试用不同的核函数的效果。

三、综合案例分析：支持向量机在企业财务危机预测中的应用

企业财务风险并不是突然产生的，而是存在一个过程，这个过程集合了许多不利因素，所以我们有机会预先感知企业的财务风险，并在财务风险质变之前提前预警并挽回损失。在过去很长一段时间，国内外学者都使用传统的统计模型来预警财务危机，如单变量预警模型、多变量预警模型和 logitics 模型等。近些年来，将机器学习结合运用在财务危机领域的人工智能模型开始逐渐发展并应用起来，其中支持向量机在财务危机预警领域发挥了巨大的作用。

企业财务危机数据集共包含 1481 个样本，18 个特征。在表 9-2 中，Fin_crisis 是企业是否陷入财务危机的标签特征，另外 17 个特征是企业特征。

表 9-2　企业财务危机数据集

序号	特征	含义	取值
1	ID	样本序号	数值
2	Cost_profit	成本费用利润率	数值
3	Inventory_ratio	存货周转率	数值
4	Bail_ratio	担保总额占净资产比例	数值
5	Money_ratio	货币资金／短期债务	数值
6	Cashflow_ratio	经营活动产生的现金流量净额／净债务	数值
7	Asset_turnover	总资产周转率	数值
8	Debt_ratio	资产负债率	数值
9	Profit_ratio	净利润／营业总收入	数值
10	Receiv_ratio	应收账款／营业总收入	数值

续 表

序号	特征	含义	取值
11	W_ca_ratio	营运资金周转率	数值
12	Pro_sa_ratio	销售毛利率	数值
13	Related	向关联方提供资金发生额	数值
14	Roe	净资产收益率	数值
15	Stock_ratio	前十大股东持股比例合计	数值
16	Quick_ratio	速动比率	数值
17	Ebit	息税前利润 EBIT[①]	数值
18	Fin_crisis	标签特征；客户是否处于财务危机	1—是，0—否

注：① EBIT，即 Earning Before Interest and Tax。

（一）数据的读取与整理

我们将数据读取为 DataFrame，并使用 info 方法观察数据的整体情况。通过以下代码的输出结果可以发现，数据集共包含 14 个特征，10000 个样本数据，且每个特征均没有缺失值。

```
# 画图设置
import matplotlib.pyplot as plt

# 导入 seaborn
import seaborn as sns
sns.set_style('ticks')
%config InlineBackend.figure_format = 'svg'      # 矢量图设置

# 设定中文显示字体及字体大小
plt.rcParams['font.family'] = ['sans-serif']
plt.rcParams['font.sans-serif'] = ['Microsoft Yahei']

font_size = 14
plt.rcParams['axes.labelsize'] = font_size
plt.rcParams['axes.titlesize'] = font_size + 2
plt.rcParams['xtick.labelsize'] = font_size - 2
plt.rcParams['ytick.labelsize'] = font_size - 2
plt.rcParams['legend.fontsize'] = font_size - 2

# 显示负号
plt.rcParams['axes.unicode_minus']=False
# 设置小数点的显示格式且取后 2 位
pd.set_option("display.float_format", "{:.2f}".format)
# 设置 print 的小数点显示位数
np.set_printoptions(precision=2, suppress=True)

# 过滤 Future Warning
import warnings
warnings.filterwarnings('ignore')

# 导入 pandas&numpy
import pandas as pd
import numpy as np
```

```
# 读取数据
df = pd.read_excel('financial_distress_prediction.xlsx')
df.info( )
```

out（输出结果）：

<class 'pandas.core.frame.DataFrame'>

RangeIndex: 1481 entries, 0 to 1480

Data columns (total 18 columns):

#	Column	Non-Null Count	Dtype
0	ID	1481 non-null	int64
1	Cost_profit	1481 non-null	float64
2	Inventory_ratio	1481 non-null	float64
3	Bail_ratio	1481 non-null	float64
4	Money_ratio	1481 non-null	float64
5	Cashflow_ratio	1481 non-null	float64
6	Asset_turnover	1481 non-null	float64
7	Debt_ratio	1481 non-null	float64
8	Profit_ratio	1481 non-null	float64
9	Receiv_ratio	1481 non-null	float64
10	W_ca_ratio	1481 non-null	float64
11	Pro_sa_ratio	1481 non-null	float64
12	Related	1481 non-null	float64
13	Roe	1481 non-null	float64
14	Stock_ratio	1481 non-null	float64
15	Quick_ratio	1481 non-null	float64
16	Ebit	1481 non-null	float64
17	Fin_crisis	1481 non-null	int64

dtypes: float64(16), int64(2)

memory usage: 208.4 KB

　　进一步地，我们使用 nunique 方法获取每个特征的值的频数，详见以下代码。

```
# 获取每个特征的值的频数
df.nunique( )
```

out（输出结果）：

ID	1481
Cost_profit	1438
Inventory_ratio	1429
Bail_ratio	914

Money_ratio	1270
Cashflow_ratio	1361
Asset_turnover	1364
Debt_ratio	1443
Profit_ratio	1437
Receiv_ratio	1440
W_ca_ratio	1439
Pro_sa_ratio	1440
Related	135
Roe	1436
Stock_ratio	1293
Quick_ratio	1364
Ebit	1444
Fin_crisis	2

dtype: int64

由于每个客户都有一个特定的 ID，故 ID 对企业财务危机是没有影响的，可优先删除该特征，详见以下代码。观察各个特征的取值频数可以发现，除了标签特征 Fin_crisis 是类别特征，其他所有特征都是连续特征。

```
# 删除特征 id
df.drop(["id"], axis = 1, inplace=True)
```

在以下代码中，我们对数据进行了描述性统计。值得注意的是：①标签特征 Fin_crisis 的均值仅为 0.08，这意味着标签特征存在着严重的类别不平衡问题；②经营活动产生的现金流量净额 / 净债务（Cashflow_ratio）、向关联方提供资金发生额（Related）和息税前利润（Ebit）这 3 个特征的均值和标准差与其他变量区别很大，这意味着数据集存在一定的量纲问题，需在后续的分析中进行处理。

```
# 数据的描述性统计
df.describe(percentiles=[0.5]).T
```

out（输出结果）：

	count	mean	std	min	50%	max
Cost_profit	1481.00	0.05	0.17	−1.70	0.04	1.44
Inventory_ratio	1481.00	0.08	0.23	0	0.06	8.09
Bail_ratio	1481.00	0.29	0.68	−2.05	0.09	12.10
Money_ratio	1481.00	0.30	0.26	0.00	0.24	4.34
Cashflow_ratio	1481.00	5.37	103.88	−25.09	0.23	3158.87
Asset_turnover	1481.00	0.76	0.39	0	0.70	3.28
Debt_ratio	1481.00	0.54	0.19	0.15	0.53	2.39
Profit_ratio	1481.00	−0.02	1.01	−26.53	0.03	1.69
Receiv_ratio	1481.00	0.14	0.14	0	0.10	1.07

	count	mean	std	min	50%	max
W_ca_ratio	1481.00	−0.03	1.41	−21.98	−0.01	39.44
Pro_sa_ratio	1481.00	0.18	0.12	−1.51	0.17	0.71
Related	1481.00	8105456.85	116688152.20	−880718900.00	0	3161907300.00
Roe	1481.00	−0.01	0.97	−31.06	0.05	8.72
Stock_ratio	1481.00	0.54	0.16	0.13	0.53	1.00
Quick_ratio	1481.00	0.71	0.47	0.02	0.59	4.73
Ebit	1481.00	381954750.57	993163359.71	−4125208048.86	159113266.89	17574364348.57
Fin_crisis	1481.00	0.08	0.26	0	0	1.00

（二）划分数据集

在进行探索性数据分析前，我们需要将先划分训练集和测试集，这样的处理方法可保护我们的模型不受数据窥视偏差的影响，且确保我们能以未曾见过的测试数据评估模型。在以下代码中，我们首先设定 X 与 y，之后使用 Scikit-learn 的 train_test_split( ) 函数将数据划分为训练集和测试集，其中测试集的占比为 30%。此外，考虑到 y 存在严重的类别不平衡问题，我们在 train_test_split( ) 中引入了参数 stratify=y，以保证训练集和测试集中标签特征 Fin_crisis 的类别比例是一致的。

```
# 设定 X 与 y
X = df.iloc[:, 0:−1]
y = df['Fin_crisis']

# 划分训练集和测试集
from sklearn.model_selection import train_test_split
X_train,X_test,y_train,y_test = train_test_split(X,y,test_size=0.3,
                stratify=y,random_state=100)
```

（三）数据的探索性分析

1. 标签特征分析

Exited 是数据集的标签特征，取值为 1 或 0。1 代表陷入财务危机的企业，0 则代表正常运营的企业。我们使用饼图分析危机企业和正常企业的占比，从以下代码的输出结果可以发现，危机企业的占比为 7.53%，正常企业的占比为 92.47%，正常企业的样本数量远远超过了危机企业的样本数量，故我们的数据集是不平衡数据集。因此，在判定模型性能时，准确性已经不是衡量模型性能的最佳指标了，需要使用 AUC 值来衡量模型性能。

```
# 标签特征统计分析
labels = ' 流失客户 ', ' 留存客户 '
sizes = [train_df.Exited[train_df['Exited']==1].count( ),
        train_df.Exited[train_df['Exited']==0].count( )]
explode = (0, 0.01)
fig1, ax1 = plt.subplots(figsize=(8, 4), dpi=100)
ax1.pie(sizes, explode=explode, labels=labels, autopct='%1.2f%%',
        shadow=False, startangle=90)
# ax1.axis('equal')
plt.title(" 流失与留存的客户占比分析 ", size = 14)
plt.show( )
```

out（输出结果）：

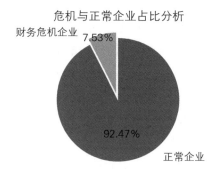

2. 连续特征

（1）连续特征的相关性分析。

从以下代码的输出结果可以发现：Cost_profit、Profit_ratio、Pro_sa_ratio 的相关性均超过 0.5 ；Quick_ratio 与 Money_ratio、Debt_ratio 的相关性也超过了 0.5。故为了避免多重共线性问题，我们在代码中将 Cost_profit 和 Quick_ratio 从数据集中删除。

```
# 连续特征的相关性分析
continuous = train_df.columns[0:−1]

fig, ax = plt.subplots(figsize=(8, 7))
sns.heatmap(train_df[continuous].corr( ),
        annot=True,
        annot_kws={'fontsize': 10},
        fmt='.2f',
        cmap='gist_yarg',
        cbar=False,
        ax=ax)

ax.tick_params(axis='x', rotation=45)
ax.tick_params(axis='y', rotation=360)

fig.suptitle(" 连续特征的相关性分析 ", fontsize=16, x=0.50, y=0.98)
plt.tight_layout( )
```

out（输出结果）：

连续特征的相关性分析

```
# 删除 Cost_profit 和 Quick_ratio
train_df = train_df.drop(['Cost_profit', 'Quick_ratio'], axis=1)
```

（2）连续特征的正态性检验与曼—惠特尼 U 检验。

在特征选择中，一种常见的方法是先将样本数据按照标签特征的类别进行分类，比如：样本数据分为财务危机企业与正常企业两类，再检验各个特征在两类数据中的分布是否一致。若特征的分布一致，我们认为该特征对标签是没有影响；若特征的分布不一致，我们则认为该特征对标签是有影响的。故我们首先使用 SciPy 的 shapiro 函数检验各个特征的正态性，若特征符合正态分布，就选择用 T 检验，否则使用曼—惠特尼 U 检验判断各个特征在两类数据中的分布是否一致。

在以下代码中，我们使用 shapiro 函数检验各个特征的正态性。shapiro 函数执行的是 Shapiro-Wilk 正态性检验，其原假设为数据是来自正态分布的。从以下代码的输出结果来看，所有特征的 p 值均为 0，都不会接受原假设，故我们认为样本数据不符合正态分布。

```
# 连续特征的正态性检验
from scipy import stats
np.random.seed(12345678)
normality_test = pd.DataFrame(index=train_df.columns,
                    columns=['t 值 ', 'p 值 '])
t=[]
p=[]
for i in train_df.columns:
    shapiro_test = stats.shapiro(df[i])
    t.append(shapiro_test[0])
    p.append(shapiro_test[1])

# 输出正态检验结果
normality_test['t 值 '] = t
normality_test['p 值 '] = p
normality_test
```

out（输出结果）：

	t 值	p 值
Inventory_ratio	0.11	0
Bail_ratio	0.42	0
Money_ratio	0.69	0
Cashflow_ratio	0.03	0
Asset_turnover	0.89	0
Debt_ratio	0.93	0
Profit_ratio	0.07	0
Receiv_ratio	0.83	0
W_ca_ratio	0.11	0
Pro_sa_ratio	0.90	0
Related	0.10	0
Roe	0.12	0
Stock_ratio	1.00	0
Ebit	0.50	0
Fin_crisis	0.29	0

　　由于特征不符合正态分布，我们需要使用曼—惠特尼 U 检验来判断各个特征在危机企业和正常企业样本数据中的分布是否一致。曼—惠特尼 U 检验的零假设是样本的分布形状相同，即该特征不能显著区分企业财务风险。从以下代码的输出结果来看，Inventory_ratio、Bail_ratio 和 Related 这 3 个特征的 p 值大于 0.1，这表明这 3 个特征并不能显著区分企业是否有财务危机。故我们将 Inventory_ratio、Bail_ratio 和 Related 这 3 个特征从数据集中删除。

```
# 连续特征的曼—惠特尼 U 检验
# 将样本划分为危机企业与正常企业
data_crisis = train_df[train_df.Fin_crisis==1]
data_nocrisis = train_df[train_df.Fin_crisis==0]

# 曼—惠特尼 U 检验
from scipy.stats import mannwhitneyu
manu_t=[]
manu_p=[]
for i in train_df.columns[:-1]:
    manu_test = mannwhitneyu(data_crisis[i], data_nocrisis[i])
    manu_t.append(manu_test[0])
    manu_p.append(manu_test[1])

manuw_test = pd.DataFrame(index=train_df.columns[:-1], columns=['manu_t', 'manu_p'])
manuw_test['manu_t'] = manu_t
manuw_test['manu_p'] = np.around(manu_p, 4)
manuw_test
```

out（输出结果）：

	manu_t	manu_p
Inventory_ratio	38031.50	0.79
Bail_ratio	38253.00	0.72
Money_ratio	24794.50	0
Cashflow_ratio	28432.00	0
Asset_turnover	27142.50	0
Debt_ratio	59551.00	0
Profit_ratio	10330.00	0
Receiv_ratio	32089.00	0.04
W_ca_ratio	29761.00	0
Pro_sa_ratio	18839.00	0
Related	38641.50	0.33
Roe	9720.00	0
Stock_ratio	24119.00	0
Ebit	12031.00	0

```
# 删除 Inventory_ratio、Bail_ratio 和 Related 3 个特征
train_df = train_df.drop(['Inventory_ratio', 'Bail_ratio',
            'Related'], axis=1)
```

（四）企业财务危机数据的预处理

数据预处理可帮助我们将原始数据转换为适合于构建和训练机器学习模型的数据集。本小节的数据预处理过程主要包含特征标准化和类别不平衡问题处理。

1. 特征标准化

连续特征标准化可以减少规模、特征、分布差异等对模型的影响。在以下代码中，我们将使用 Scikit-Learn 的 StandardScaler( ) 对连续特征进行 z-score 标准化。

```
# 特征的标准化
from sklearn.preprocessing import StandardScaler
sdscaler = StandardScaler( )
scl_columns = train_df.columns[0:-1]
train_df[scl_columns] = sdscaler.fit_transform(train_df[scl_columns])
```

2. 类别不平衡问题处理

在以下代码中，我们可以看到样本的类别比例接近 12∶1，存在明显的类别不平衡问题。故可以使用 imblearn 库中的 SMOTE（Synthetic Minority Oversampling Technique）过采样算法解决样本的类别不均衡问题。从代码的输出结果可以发现，当 SMOTE 过采样后，样本的类比比例为 1∶1。

```
# 设置 X_train 和 y_train
y_train = train_df['Fin_crisis']
X_train = train_df.drop('Fin_crisis', 1)
y_train.value_counts( )
```

out（输出结果）：

0   958

1   78

Name: Fin_crisis, dtype: int64

```
# 基于 SMOTE 解决类别不平衡问题
from imblearn.over_sampling import SMOTE
over = SMOTE(sampling_strategy='auto', random_state=100)
X_train, y_train = over.fit_resample(X_train, y_train)
y_train.value_counts( )
```

out（输出结果）：

0   958

1   958

Name: Fin_crisis, dtype: int64

3. 主成分分析

主成分分析

主成分分析（Principal Component Analysis，PCA）主要用于线性降维，在以下代码中，我们使用主成分分析的方法进行降维。在 PCA 的参数设定中，仅设定 n_components 为最大似然估计（Maximum Likelihood Estimation，MLE），由模型自动选取主成分。从输出结果来看，模型最终选择了 10 个主成分，方差累计贡献率达到 98%。

```
# 主成分分析
from sklearn.decomposition import PCA
# 建立 PCA 模型
pca =PCA(n_components='mle')
# 拟合模型并获取模型的主成分
X_train_pca = pca.fit_transform(X_train)
```

```
# 主成分分析方差贡献汇总表
pca_result = pd.DataFrame({
    " 方差值 ": pca.explained_variance_,
    " 方差贡献率 ": pca_var_ratio,
    " 方差累计贡献率 ": np.cumsum(pca_var_ratio)})
pca_result
```

out（输出结果）：

	方差值	方差贡献率	方差累计贡献率
0	4.10	0.30	0.30
1	2.63	0.19	0.50
2	1.66	0.12	0.62
3	1.22	0.09	0.71
4	0.83	0.06	0.77
5	0.64	0.05	0.82
6	0.63	0.05	0.86
7	0.54	0.04	0.90
8	0.53	0.04	0.94
9	0.52	0.04	0.98

4. 测试集的数据预处理

在训练集中建构与优化的模型，需要在测试集中评估模型的性能，这就要求我们采用与训练集一样的方法对测试集的数据进行预处理。在以下代码中，我们首先删除了 Cost_profit、Quick_ratio、Inventory_ratio、Bail_ratio 和 Related 5 个特征；之后，我们对测试集的数据进行了标准化处理；最后，我们使用在训练集训练的主成分模型对测试集进行主成分分析。之所以使用训练集训练的主成分模型，是因为这样可以保证测试集和训练集的主成分的数目和构成是一致的。

```
# 测试数据的预处理

# 删除特征
test_df = test_df.drop(['Cost_profit', 'Quick_ratio','Inventory_ratio',
                'Bail_ratio', 'Related'], axis=1)

# 特征的标准化
sdscaler = StandardScaler( )
scl_columns = test_df.columns[0:-1]
test_df[scl_columns] = sdscaler.fit_transform(test_df[scl_columns])
# 设置 X_test 和 y_test
y_test = test_df['Fin_crisis']
X_test = test_df.drop('Fin_crisis', 1)

# 主成分分析
X_test_pca = pca.fit_transform(X_test)
```

（五）构建分类支持向量机模型预测企业财务危机

我们利用支持向量机对数据进行估计。在实际操作中，我们调用 Scikit-Learn 的 svm.

SVC( ) 分类支持向量机的建模。[1] svm.SVC ( ) 如下所示，主要参数说明如表 9-3 所示。

sklearn.svm.SVC(*, C=1.0, kernel='rbf', degree=3, gamma='scale', coef0=0.0, shrinking=True, probability=False, tol=0.001, cache_size=200, class_weight=None, verbose=False, max_iter=-1, decision_function_shape='ovr', break_ties=False, random_state=None)[2]

表 9-3　DecisionTree Classifier 的主要参数说明

主要参数名称	参数说明
C	正则化参数，浮点型数据。C 的取值必须^严格大于 0，默认值为 1.0，正则化项是 L2 范数。正则化参数越小，对于错误分类的样本的惩罚就越小
kernel	核函数，可选范围是 {'linear', 'poly', 'rbf', 'sigmoid', 'precomputed'}，默认取值是 'rbf'
degree	多项式核函数（'poly'）的阶数，非负整数型，默认值是 3
gamma	'rbf', 'poly' 和 'sigmoid' 的核系数，可选范围是 {'scale', 'auto'} 或者 float，默认值是 'scale'。若 gamma 等于 scale，gamma 取值为 1 / (n_features * X.var( ))；若 gamma 等于 auto，gamma 取值为 1 / n_features；若 gamma 等于 float，需自定义非负浮点数
coef0	核函数中的独立项，仅对 'poly' 和 'sigmod' 核函数有用。浮点数，默认值为 0
shrinking	是否使用缩小的启发式方法，默认是 True。如果模型迭代次数大，则 shrinking 可以缩短训练时间。但如果以松散的方式解决优化问题（如设置较大的停止公差），不使用 shrinking 的模型可能要快得多
cache_size	模型训练所需要的内存，以 MB 为单位。浮点型数据，默认值为 200
class_weight	每个类样本的权重，可选取值可以是字典（dict）或者 'balanced'，默认取值是 None。若选择 'balanced'，样本权重为 n_samples / (n_classes * np.bincount(y))；若选择 None，表示每个样本的权重是一致的
max_iter	模型的最大迭代次数，整数型数据，默认值是 −1，表示无迭代次数限制
decision_function_shape	决策函数类型，可选范围是 {'ovo', 'ovr'}，默认是 'ovr'。'ovr' 常用于二分类问题，'ovo' 常用于多分类问题
random_state	随机种子，整数型数据，默认值是 None

1. 支持向量机的参数优化与估计

在以下代码中，我们使用 RandomizedSearchCV( ) 寻找支持向量机核函数及相关参数的最优值。在 RandomizedSearchCV( ) 我们选择 5 折交叉验证（cv=5），并输出支持向量机模型的最优参数和最优化模型。

```
# 导入相关的机器学习库
from sklearn.svm import SVC
from sklearn.model_selection import RandomizedSearchCV
from sklearn.metrics import roc_auc_score, roc_curve
from sklearn.metrics import accuracy_score, f1_scor

# 支持向量机的参数设置
params = [
    {'kernel': ['linear'], 'C': [0.1, 1, 10, 100]},
```

① 支持向量机既可用于回归问题，也可以用于分类问题。在 Scikit-Learn 中，svm.SVC 可用于分类问题，svm.SVR 可用于回归问题。

② 参见 https://scikit-learn.org/stable/modules/generated/sklearn.svm.SVC.html#sklearn.svm.SVC。

```
        {'kernel': ['poly'], 'C': [0.1, 1, 10, 100],
        'degree': [1, 2, 3], 'gamma':[1, 0.1, 0.01, 0.001],
        'coef0': np.arange(−10, 10)},
        {'kernel': ['rbf'], 'C': [0.1, 1, 10, 100],
        'gamma':[1, 0.1, 0.01, 0.001], 'coef0': np.arange(−10, 10)}
        ]
# 基于随机网格搜索的参数寻优
svm_clf = SVC(class_weight='balanced', cache_size=3000, random_state=100)
svm_cv = RandomizedSearchCV(svm_clf, params, refit=True,
                cv=5, random_state=100)
svm_cv.fit(X_train_pca, y_train)

print("SVM 模型的最优参数: ", svm_cv.best_params_)
print(" 最优 SVM 模型: ", svm_cv.best_estimator_)
```

out（输出结果）：

SVM 模型的最优参数：{'kernel': 'rbf', 'gamma': 1, 'coef0': 2, 'C': 100}。

最优 SVM模型：SVC(C=100, cache_size=3000, class_weight='balanced', coef0=2, gamma=1, random_state=100)。

2. 参数优化后的支持向量机模型的估计

根据以上代码的输出结果，我们在以下代码中对参数优化后的模型进行训练与估计，并得到模型在训练集中的 AUC 值为 0.9628。由此可见，支持向量机模型在训练集的拟合效果极好。

```
# 优化后 SVM 模型的训练与估计
tree_best_clf = SVC(C=100, coef0=2, gamma=1,
            cache_size=3000, class_weight='balanced',
            probability=True, random_state=100)
tree_best_clf.fit(X_train, y_train)

# 输出 SVM 模型在训练集的 AUC 值
roc_auc_score(y_train, tree_best_clf.predict_proba(X_train)[:, 1])
```

out（输出结果）：0.9997733622151228。

（六）支持向量机财务预警模型对测试集性能的评估

模型性能评估主要是对模型泛化能力进行评估，需要用测试集来测试模型对新样本的判别能力。从以下代码中可以发现，在训练集中，支持向量机模型的准确率（Accuracy）、F_1 值（f1_score）和 AUC 值都在 0.99 以上，表现极好。在测试集中，支持向量机的准确率、F_1 值和 AUC 值分别为 0.9056、0.8962 和 0.8695，虽然低于其在训练集中的表现，但支持向量机在测试集的表现仍然是相当不错的。

分类问题的评估指标

```
# 模型在训练集与测试集表现的比较分析

# 定义模型评估整合函数
def perform(clf, x, y):
    y_pred = clf.predict(x)
    y_prob = clf.predict_proba(x)
    ac_score = accuracy_score(y, y_pred)
    f_score = f1_score(y, y_pred, average='weighted')
    auc_value = roc_auc_score(y, y_prob[:, 1])
    return ac_score, f_score, auc_value

# 评估模型在训练集和测试集上的性能
model_p = pd.DataFrame(index = ['Accuracy','f1_score', 'AUC 值 '])
model_p[" 训练集 "] = perform(svm_best_clf, X_train_pca, y_train)
model_p[" 测试集 "] = perform(svm_best_clf, X_test_pca, y_test)

# 输出训练集和测试集的性能
pd.set_option("display.float_format", "{:.4f}".format)
model_p
```

out（输出结果）：

	训练集	测试集
Accuracy	0.9990	0.9056
f1_score	0.9990	0.8962
AUC 值	0.9998	0.8695

在以下代码中，我们画出了模型在训练集和测试集的 ROC 曲线图。

```
# 支持向量机在训练集和测试集中的 ROC 曲线

# 分别计算训练集和测试集的 FPR 和 TPR
ytrain_prob = svm_best_clf.predict_proba(X_train_pca)
ytest_prob = svm_best_clf.predict_proba(X_test_pca)
fpr_train, tpr_train, threshold = roc_curve(y_train, ytrain_prob[:,1])
fpr_test, tpr_test, threshold = roc_curve(y_test, ytest_prob[:,1])

# 画出训练集和测试集的 ROC 曲线
plt.figure( )
fig2, ax2 = plt.subplots(figsize=(6, 4), dpi=1000)
plt.plot(fpr_train, tpr_train, color='black',lw=2,
    label=' 训练集 ROC 曲线 (AUC = %0.4f)' % model_p.iloc[2, 0])
plt.plot(fpr_test, tpr_test, color='grey',lw=2,
    label=' 测试集 ROC 曲线 (AUC = %0.4f)' % model_p.iloc[2, 1] )
plt.plot([0, 1], [0, 1], color='black', lw=2, linestyle='--')
plt.xlim([0.0, 1.0])
plt.ylim([0.0, 1.02])
plt.xlabel('False Positive Rate（假正例率）')
plt.ylabel('True Positive Rate（真正例率）')
plt.title(' 支持向量机测试集与训练集 ROC 曲线对比图 ')
plt.legend(loc="lower right")
plt.show( )
```

out（输出结果）：

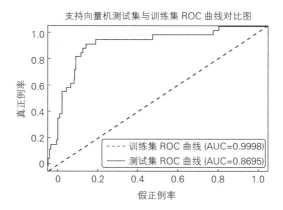

支持向量机测试集与训练集 ROC 曲线对比图

四、具体任务

（一）实践任务

本次实践任务包含以下 4 个方面的内容。

（1）读取企业财务危机数据集：financial_distress_prediction.xlsx。

（2）对读取的数据进行探索性分析和数据预处理，包括缺失值处理、标准化处理、相关性分析、曼—惠特尼 U 检验和主成分分析等。

（3）运用支持向量机构建企业财务危机预测模型。

（4）运用 RandomizedSearchCV 优化支持向量机的参数，并在测试集中检验模型的性能。

（二）实践步骤

本次实践任务的具体步骤如下。

（1）使用 pandas 库的 read_excel 读取数据 "financial_distress_prediction.xlsx"。

（2）使用 pandas 库和 preprocessing 库等的 isnull、StandardScaler、corr 和 mannwhitneyu 等函数对数据进行探索性分析和预处理。

（3）使用 sklearn 库中的数据和 SVC 函数训练财务危机预测模型。

（4）运用 RandomizedSearchCV 优化保险反欺诈模型的参数，并计算模型在测试集中的 AUC 值。

（三）实践思考

（1）若在企业财务危机的预测模型中不使用主成分分析，其性能是否能更好？

（2）考虑到特征对财务危机可能存在的非线性影响，该如何选择核函数以提升模型性能呢？

实践十　逻辑回归与保险欺诈检测

一、实践目的

- 掌握逻辑回归的原理。
- 能使用 Python 构建基于逻辑回归的保险欺诈检测模型。
- 能使用 GridsearchCV 优化逻辑回归的参数。

二、基本原理及操作演示

分类问题是金融数据挖掘的一个重要组成部分，许多经济和金融问题都涉及分类问题，如上市公司财务困境的预警分析、银行贷款风险预测、银行客户流失预测和信用卡欺诈识别等。在分类问题中，逻辑回归是最常用的机器学习算法之一。在本章中，我们将讨论逻辑回归算法的原理并将逻辑回归算法运用于保险客户的欺诈检测。

（一）逻辑回归的基本形式

逻辑回归是广义的线性回归，可用于解决二分类与多分类问题。假定存在一个二分类的训练数据集 $D = \{(x_1, y_1), (x_2, y_2), \cdots, (x_N, y_N)\}$，其中 x_i 包含 d 个特征，即 $x_i = (x_{i1}; x_{i2}; \cdots; x_{id})$，$y_i \in \{0,1\}$。多元线性回归的输出结果 $z = w^\mathrm{T} x + b$ 是连续值，无法拟合离散的样本标签 y，但可以考虑用它来拟合同样是连续值的条件概率 $p(y = 1|x)$。尽管如此，对于 $w \neq 0$，z 的取值范围为 $(-\infty, +\infty)$，不符合概率的取值范围 $[0,1]$。因此，我们可以考虑利用对数几率函数（Logistic Function）对进行转化，计算公式为

$$p(y = 1 \mid x) = \sigma(z) = \frac{1}{1 + e^{-z}} \tag{10-1}$$

$$z = w^\mathrm{T} x + b$$

对数几率模型是一种 sigmoid 函数，可将值的取值范围转化为 $[0, 1]$，如图 10-1 所示。

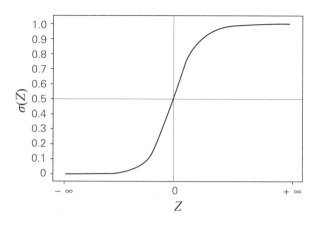

图 10-1 对数几率函数示意

在对数几率模型中，我们有 $\sigma(-\infty)=0$、$\sigma(+\infty)=1$ 和 $\sigma(0)=0.5$。当 $z>0$ 时，$\sigma(z)>0.5$；当 $z<0$ 时，$\sigma(z)<0.5$。故 $\sigma(z)$ 可以被理解为条件概率，z 值越大，条件概率越高。

基于公式 10-1，我们可以得到

$$p\,(y=0\mid x)=1-p\,(y=1\mid x)=\frac{e^{-z}}{1+e^{-z}}\qquad（10\text{-}2）$$

进一步地，我们可以得到

$$\ln\frac{P\,(y=1\mid x)}{P\,(y=0\mid x)}=z=w^{\mathrm{T}}x+b\qquad（10\text{-}3）$$

在公式 10-3 中，比值 $\dfrac{P\,(y=1\mid x)}{P\,(y=0\mid x)}$ 表示样本 x 作为正例的可能性比上其为反例的可能性，称为几率（Odds）。几率的对数则是对数几率（Log Odds）。故式（10-3）实际上是用线性回归模型的预测结果去逼近真实标记的对数几率，而这样的模型也被称作对数几率回归或者逻辑回归（Logistic Regression，亦称 Logit Regression）。

（二）逻辑回归的损失函数及最优解

在确定逻辑回归模型的基本形式之后，我们需要估计式（10-3）中的模型参数 w 和 b。在统计学中，逻辑回归使用最大似然估计来估计 w 和 b。即找到一组最优参数 w 和 b，使得在这组参数下，样本结果出现的概率最大。给定数据集 $D=\{(x_i,y_i)\}_1^N$ 与 $y_i\in\{0,1\}$，我们令 $\beta=(w;b)$，$\hat{x}_i=(x_i;1)=(x_{i1};x_{i2};\cdots;x_{id};1)$，则 $z=w^{\mathrm{T}}x+b=\beta^{\mathrm{T}}\hat{x}$。再令 $p\,(\hat{x}_i)=P\,(y_i=1\mid\hat{x}_i)$，$1-p\,(\hat{x}_i)=P\,(y_i=0\mid\hat{x}_i)$。

由此，我们可以得到模型的似然函数为

$$L(\beta)=\prod_{i=1}^{N}\,[p(\hat{x}_i)]^{y_i}\,[1-p(\hat{x}_i)]^{1-y_i}\qquad（10\text{-}4）$$

进一步对最大似然估计取对数并添加负号可转化为最小化问题

$$\beta^{*}=arg\,\max_{\beta}L(\beta)\Longrightarrow\qquad（10\text{-}5）$$

$$\beta^{*}=arg\,\min_{\beta}-\ln L(\beta)-\ln L(\beta)=\sum_{i=1}^{N}-[y_i\,\ln p(\hat{x}_i)+(1-y_i)\,\ln(1-p(\hat{x}_i))]\qquad（10\text{-}6）$$

故逻辑模型的参数最优化问题可以转化为

$$arg\ \min_\beta \sum_{i=1}^N -[y_i \ln p(\hat{x}_i) + (1-y_i) \ln(1-p(\hat{x}_i))] \tag{10-7}$$

式（10-7）是关于的高阶可导连续凸函数，根据凸优化理论，经典的数值优化算法如梯度下降法（Gradient Descent Method）和牛顿法（Newton's Method）等都可求得其最优解（周志华，2016）。

以梯度下降法为例，由于 $p(x) = p(y = 1|x) = \dfrac{1}{1+e^{-z}}$ 是 z 的函数，而 $z = \beta^T x$ 是 β 的函数，故 $-\ln L(\beta)$ 对 β_j 的一阶导为

$$
\begin{aligned}
\frac{-\ln L(\beta)}{\partial \beta_j} &= \sum_i - \left[y_i \frac{\ln p(\hat{x}_i)}{\partial \beta_j} + (1-y_i) \frac{\ln(1-p(\hat{x}_i))}{\partial \beta_j} \right] \\
&= \sum_i - \left[y_i \frac{\partial \ln p(\hat{x}_i)}{\partial z} \cdot \frac{\partial z}{\partial \beta_j} + (1-y_i) \frac{\partial \ln(1-p(\hat{x}_i))}{\partial z} \cdot \frac{\partial z}{\partial \beta_j} \right] \\
&= \sum_i - [y_i (1-p(\hat{x}_i))\hat{x}_{ij} - (1-y_i)p(\hat{x}_i)\hat{x}_{ij}] \\
&= \sum_i - (y_i - p(\hat{x}_i))\hat{x}_{ij} \tag{10-8}①
\end{aligned}
$$

由此，假定梯度下降法的步长为 α，我们可以得到 β_j 在第 $t+1$ 轮迭代的参数更新公式为

$$\beta_j^{t+1} = \beta_j^t - \alpha \sum_i - (y_i - p(\hat{x}_i))\hat{x}_{ij} \tag{10-9}$$

（三）逻辑回归的正则化

与多元线性回归一样，我们同样可以在逻辑回归的原有损失函数的基础上添加关于模型系数的正则化项。逻辑回归的损失函数可以改写为

$$-\ln L(\beta) = \sum_{i=1}^N -[y_i \ln p(\hat{x}_i) + (1-y_i) \ln(1-p(\hat{x}_i))] + \lambda \|\beta\|_p^q \tag{10-10}$$

其中，$\|\beta\|_p^q$ 是正则化项，表示 β 的 Lp 范式的 q 次方，$\lambda > 0$ 是正则化参数。若 p 和 q 均为 2，则正则化项是 L2 范数，与岭回归的正则化项一致，仍然可以使用梯度下降法和牛顿法获得其最优解；若 p 和 q 均为 1，则正则化项是 L1 范数，与 LASSO 的正则化项一致，此时损失函数不是连续可导的，无法使用梯度下降法和牛顿法，但可采用近端梯度下降法（Proximal Gradient Descent）获得其最优解。

逻辑回归结果的
解释

---

① $\dfrac{\partial \ln p(\hat{x}_i)}{\partial z} = \dfrac{1}{p(\hat{x}_i)} \dfrac{\partial p(\hat{x}_i)}{\partial z} = \dfrac{1}{p(\hat{x}_i)} p(\hat{x}_i)(1-p(\hat{x}_i))$；$\dfrac{\partial \ln(1-p(\hat{x}_i))}{\partial z} = \dfrac{1}{1-p(\hat{x}_i)} p(\hat{x}_i)(1-p(\hat{x}_i)) = -p(\hat{x}_i)$；$\dfrac{\partial z}{\partial \beta_j} = \hat{x}_{ij}$。

三、综合案例分析：逻辑回归在保险欺诈预测中的应用

保险欺诈是保险业自诞生以来从未彻底治愈的一个顽疾，严重威胁了保险公司的健康发展。据国际保险监督官协会的测算，全球每年约有 20% ～ 30% 的保险赔款涉嫌保险欺诈。因此，利用机器学习模型对保险欺诈进行识别成为金融数据挖掘在保险行业中的关键应用场景。在本小节中，我们将介绍如何使用逻辑回归建立保险反欺诈预测模型，并评估该模型的性能。

保险反欺诈预测数据集来源于阿里云天池教学赛——金融数据分析赛题 2：保险反欺诈预测。[①] 数据集包含训练集和测试集两个文件，其中训练集中包含 700 个样本，38 个特征。在表 10-1 中，fraud 是客户索赔是否欺诈的标签特征，另外 37 个特征是客户与事故相关的特征。

表 10-1　保险反欺诈数据集

特征	含义	取值
policy_id	保险编号	数值
age	年龄	数值
customer_months	成为客户的时长，以月为单位	数值
policy_bind_date	保险绑定日期	日期
policy_state	上保险所在地区	字符串
policy_csl	组合单一限制（Combined Single Limit）	字符串
policy_deductable	保险扣除额	数值
policy_annual_premium	每年的保费	数值
umbrella_limit	保险责任上限	数值
insured_zip	被保人邮编	字符串
insured_sex	被保人性别：FEMALE 或者 MALE	字符串
insured_education_level	被保人学历	字符串
insured_occupation	被保人职业	字符串
insured_hobbies	被保人的兴趣爱好	字符串
insured_relationship	被保人关系	字符串
capital-gains	资本收益	数值
capital-loss	资本损失	数值
incident_date	出险日期	日期
incident_type	出险类型	字符串
collision_type	碰撞类型	字符串
incident_severity	事故严重程度	字符串
authorities_contacted	联系了当地的哪个机构	字符串
incident_state	出事所在的省份，已脱敏	字符串
incident_city	出事所在的城市，已脱敏	字符串
incident_hour_of_the_day	出事所在的小时（一天 24 小时的哪个时间）	数值
number_of_vehicles_involved	涉及的车辆数	数值

---

① 保险反欺诈数据集来源：https://tianchi.aliyun.com/competition/entrance/531994/information。

续　表

特征	含义	取值
property_damage	是否有财产损失	字符串
bodily_injuries	身体伤害	字符串
witnesses	目击证人	数值
police_report_available	是否有警察记录的报告	字符串
total_claim_amount	整体索赔金额	数值
injury_claim	伤害索赔金额	数值
property_claim	财产索赔金额	数值
vehicle_claim	汽车索赔金额	数值
auto_make	汽车品牌，比如 Audi、BMW、Toyota、Volkswagen	字符串
auto_model	汽车型号，比如 A3、X5、Camry、Passat 等	字符串
auto_year	汽车购买的年份	日期
fraud	是否欺诈，1 或者 0	数值

（一）数据的读取与整理

我们将数据读取为 DataFrame，并使用 info 方法观察数据的整体情况。通过以下代码的输出结果可以发现，数据集中的一些数据是以"?"表示的，需要在后续的数据预处理中处理。

```
# 导入 pandas&numpy
import pandas as pd
import numpy as np
# 设置小数点取后位
pd.options.display.precision=2
pd.set_option( 'display.float_format', lambda x : '%.2f' %x)


# 过滤 FutureWarning
import warnings
warnings.filterwarnings('ignore')
```

```
# 读取保险反欺诈数据集
df = pd.read_csv('Ch07_insurance_fraud_train.csv')
df.head(10)
```

out（输出结果）:

	policy_id	customer_months	...	witnesses	police_report_available	auto_model	auto_year	fraud
0	122576	189	...	3	?	Maxima	2000	0
1	937713	234	...	1	YES	Civic	1996	0
2	680237	23	...	1	NO	Wrangler	2002	0
3	513080	210	...	2	YES	Legacy	2003	1
4	192875	81	...	1	YES	F150	2004	0
5	690246	305	...	2	NO	93	1996	1
6	750108	308	...	0	NO	Highlander	2013	0
7	237180	103	...	2	YES	Legacy	2012	0

	policy_id	customer_months	...	witnesses	police_report_available	auto_model	auto_year	fraud
8	300549	46	...	3	?	RAM	2004	1
9	532414	280	...	3	YES	92x	2007	0

进一步地，在以下代码中，我们使用 df.info( ) 函数观察数据集的整体情况。从代码输出结果可以发现，数据集共有 700 个样本，38 个特征，其中标签特征是 "fraud"。由于在原始数据集中以 "？" 代替空集，故输出结果显示没有缺失值。

```
# 查看数据集信息
df.info( )
```

out（输出结果）：

<class 'pandas.core.frame.DataFrame'>

RangeIndex: 700 entries, 0 to 699

Data columns (total 38 columns):

#	Column	Non-Null Count	Dtype
---	------	--------------	-----
0	policy_id	700 non-null	int64
1	age	700 non-null	int64
2	customer_months	700 non-null	int64
3	policy_bind_date	700 non-null	object
4	policy_state	700 non-null	object
5	policy_csl	700 non-null	object
		......	
33	vehicle_claim	700 non-null	int64
34	auto_make	700 non-null	object
35	auto_model	700 non-null	object
36	auto_year	700 non-null	int64
37	fraud	700 non-null	int64

dtypes: float64(1), int64(18), object(19)

memory usage: 207.9+ KB

注：因为篇幅过长，呈现结果中省略部分特征。

（二）探索性数据分析

数据的探索性分析可以帮助我们以可视化的方法识别影响保险客户欺诈的因素，并为后续的机器学习模型的构建提供帮助。

```
# 导入探索性数据分析的画图设置与相关库的导入

# 导入相关库
import matplotlib.pyplot as plt
import datetime
from sklearn.model_selection import train_test_split

# 导入 seaborn
import seaborn as sns
sns.set_style('ticks')
%config InlineBackend.figure_format = 'svg'  # 矢量图设置

# 设定中文显示字体及字体大小
plt.rcParams['font.family'] = ['sans−serif']
plt.rcParams['font.sans−serif'] = ['Microsoft Yahei']

font_size = 14
plt.rcParams['axes.labelsize'] = font_size
plt.rcParams['axes.titlesize'] = font_size + 2
plt.rcParams['xtick.labelsize'] = font_size − 2
plt.rcParams['ytick.labelsize'] = font_size − 2
plt.rcParams['legend.fontsize'] = font_size − 2

# 显示负号
plt.rcParams['axes.unicode_minus']=False
```

1. 划分数据集

在进行探索性数据分析前，我们需要先划分训练集和测试集，这样的处理方法可保护我们的模型不受数据窥视偏差的影响，且确保我们能以未曾见过的测试数据评估模型。在以下代码中，我们使用 Scikit-Learn 的 train_test_split( ) 函数将数据划分为训练集和测试集，其中测试集的占比为 30%。此外，考虑到 y 存在严重的类别不平衡问题，我们在 train_test_split( ) 中引入了参数 stratify=df['fraud']，以保证训练集和测试集中标签特征 fraud 的类别比例是一致的。

```
# 划分训练集和测试集
train_df, test_df = train_test_split(df, test_size=0.3,
                    stratify=df['fraud'],
                    random_state=100)
# 重设训练集和测试集的 index
train_df.reset_index(drop=True, inplace=True)
test_df.reset_index(drop=True, inplace=True)
```

2. 问号与缺失值处理

在处理数据之前，我们需要对数据集中的 "?" 进行处理。在以下代码中，我们使用 replace 方法将 "?" 替换为 np.nan，并使用 train_df.isna( ).sum( ) 查看各特征值的缺失值数目总和。从代码的输出结果来看，collision_type、property_damage 和 police_report_available 的缺失值数目分别为 87、168 和 173。

```
# 以 np.nan 替换 " ? "
Train_df.replace('?', np.nan, inplace = True)
# 查看各特征缺失值的数目总和
train_df.isna( ).sum( )
```

out（输出结果）：

policy_id	0
……	
collision_type	87
incident_severity	0
……	
number_of_vehicles_involved	0
property_damage	168
bodily_injuries	0
witnesses	0
police_report_available	173
total_claim_amount	0
……	
fraud	0

dtype: int64

注：因为篇幅过长，呈现结果中省略了部分特征。

在表 11-1 中观察这 3 个特征的定义，并在以下代码中查看这 3 个特征的频数统计可以发现，这 3 个特征都是类别变量。

```
# 查看类别变量的缺失值的频数统计
nan_category = ['collision_type', 'property_damage',
            'police_report_available']
for i in nan_category:
    print(train_df[i].value_counts( ))
```

out（输出结果）：

Rear Collision	153
Front Collision	127
Side Collision	123

Name: collision_type, dtype: int64

YES	166
NO	156

Name: property_damage, dtype: int64

NO	164
YES	153

Name: police_report_available, dtype: int64

因为 3 个特征的缺失值占比接近 1/3，若直接使用各个特征的众数（mode）填充缺失值，将会完全改变特征的特性，故我们将这 3 个变量的缺失值作为单独的类别处理，并在以下代码中，以字符串"unknown"填充缺失值。

```
# 将缺失值作为单独一类处理，填充值为 'unknown'
for i in nan_category:
    train_df[i] = train_df[i].fillna('unknown')
# 查看各特征缺失值的数量
train_df.isna( ).sum( )
```

out（输出结果）：

policy_id	0
age	0
customer_months	0
policy_bind_date	0
policy_state	0
......	
vehicle_claim	0
auto_make	0
auto_model	0
auto_year	0
fraud	0

dtype: int64

注：因为篇幅过长，呈现结果中省略了部分特征。

3. 标签特征分析

fraud 是数据集的标签特征，取值为 1 或 0，1 代表保险欺诈客户，0 则代表正常客户。我们使用饼图分析欺诈客户和正常客户的占比，从以下代码的输出结果可以发现，欺诈客户的占比为 25.92%，正常客户的占比为 74.08%，正常客户的样本数量远远超过了欺诈客户的样本数量，故我们的数据集是不平衡数据集。因此，在判定模型性能时，准确性已经不是衡量模型性能的最佳指标了，需要使用 AUC 值衡量模型性能。

```
# 标签特征的统计分析
labels = ' 欺诈客户 ', ' 正常客户 '
sizes = [train_df.fraud[train_df['fraud']==1].count( ),
        train_df.fraud[train_df['fraud']==0].count( )]
explode = (0, 0.01)
fig1, ax1 = plt.subplots(figsize=(6, 3), dpi=1000)
ax1.pie(sizes, explode=explode, labels=labels, autopct='%1.2f%%',
        colors=['lightgrey', 'grey'], shadow=False, startangle=90)
# ax1.axis('equal')
plt.title(" 欺诈与正常的客户占比分析 ")
plt.show( )
```

out（输出结果）：

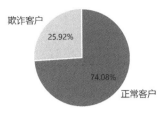

欺诈与正常的客户占比分析

4. 类别特征

在对数据集进行特征分析之前，我们基于表 10-1 各特征的定义和以下代码中的各特征的取值频数，将特征分为类别特征、连续特征和日期特征。

```
# 查看各特征取值的频数
train_df.nunique( )
```

out（输出结果）：

policy_id	490
age	43
customer_months	281
policy_bind_date	478
policy_state	3
policy_csl	3
policy_deductable	3
policy_annual_premium	489
umbrella_limit	11
insured_zip	489
insured_sex	2
insured_education_level	7
insured_occupation	14
insured_hobbies	20
insured_relationship	6
capital-gains	247
capital-loss	250
incident_date	109
incident_type	4
collision_type	4
incident_severity	4
authorities_contacted	5
incident_state	7

incident_city	7
incident_hour_of_the_day	24
number_of_vehicles_involved	4
property_damage	3
bodily_injuries	3
witnesses	4
police_report_available	3
total_claim_amount	486
injury_claim	467
property_claim	465
vehicle_claim	489
auto_make	14
auto_model	39
auto_year	21
fraud	2

dtype: int64

```
# 划分类别特征、连续特征和日期特征
categorical = ['policy_id', 'policy_state', 'policy_csl',
         'insured_zip', 'insured_sex',
         'insured_education_level', 'insured_occupation',
         'insured_hobbies', 'insured_relationship',
         'incident_type', 'collision_type',
         'incident_severity', 'authorities_contacted',
         'incident_state', 'incident_city', 'property_damage',
         'bodily_injuries','witnesses',
         'police_report_available', 'auto_make',
         'auto_model', 'auto_year']

continuous = ['age', 'customer_months', 'policy_deductible',
         'policy_annual_premium', 'umbrella_limit',
         'capital-gains', 'capital-loss',
         'incident_hour_of_the_day', 'injury_claim',
         'number_of_vehicles_involved', 'total_claim_amount',
         'property_claim', 'vehicle_claim']

datetime_list = ['policy_bind_date','incident_date']
```

在类别特征分析中，我们使用 SciPy 的 chi2_contingency 判定欺诈客户和正常客户某个类别特征的分布的一致性，其原假设为分布是一致的。从代码的输出结果来看，incident_city 等 13 个特征的 p 值大于 0.1，故我们接受原假设。因此，我们需要在特征数据集中删除 incident_city 等 13 个特征，将 p 值小于 0.1 的类别特征保留下来并定义为 cat_remain。

```
# 欺诈客户和正常客户的某个类别特征的分布是否一致的检验
from scipy.stats import chi2_contingency
chi2_array, p_array = [], []
for column in categorical:
    # 生成类别特征与 Exited 的列联表
    crosstab = pd.crosstab(train_df[column], train_df['fraud'])
    # 检验流失客户与留存客户的类别特征的独立性
    chi2, p, dof, expected = chi2_contingency(crosstab)
    chi2_array.append(chi2)
    p_array.append(p)

df_chi = pd.DataFrame({
    ' 类别特征 ': categorical,
    'Chi-square': chi2_array,
    'p-value': p_array
})
df_chi.sort_values(by='p-value',ascending=False)
```

out（输出结果）:

	类别特征	Chi-square	p-value
14	incident_city	2.52	0.87
5	insured_education_level	2.57	0.86
8	insured_relationship	2.28	0.81
6	insured_occupation	9.36	0.75
19	auto_make	9.87	0.70
16	bodily_injuries	0.93	0.63
4	insured_sex	0.25	0.62
0	policy_id	490.00	0.48
3	insured_zip	490.00	0.47
18	police_report_available	1.55	0.46
21	auto_year	24.52	0.22
2	policy_csl	3.09	0.21
20	auto_model	44.75	0.21
13	incident_state	11.34	0.08
17	witnesses	6.89	0.08
1	policy_state	5.47	0.07
15	property_damage	6.58	0.04
12	authorities_contacted	15.88	0
9	incident_type	20.90	0
10	collision_type	24.95	0
7	insured_hobbies	73.00	0
11	incident_severity	113.00	0

```
# 剔除 p 值大于 0.1 的类别特征，将剩余特征保留
cat_remain = ['policy_state', 'witnesses', 'incident_type',
        'incident_state', 'property_damage',
        'authorities_contacted','incident_severity',
        'collision_type', 'insured_hobbies']
```

在以下代码中，我们分析类别特征取值与客户欺诈率之间的关系。从代码的输出结果可以发现，留存下来的类别特征的取值不同，其客户欺诈率也存在着明显的差异。

```python
# 类别特征客户欺诈率分类统计图
fig2, ax = plt.subplots(figsize=(13, 16))

plot_numbers = [(4, 3, 1), (4, 3, 2), (4, 3, 3),
          (4, 3, 4), (4, 3, 5), (4, 3, 6),
          (4, 4, (9,10)), (4, 4, (11,12)), (4, 1, 4)]

for i, j in zip(plot_numbers, cat_remain):
    plt.subplot(i[0], i[1], i[2])

    # 改变 incident_type 的横轴标签
    if j == 'incident_type':
        sns.barplot(x=j, y='fraud', data=train_df,
                palette='gray_r', ci=None)
        plt.ylabel('')
        plt.xticks([0, 1, 2, 3],
                ['Multi', 'Single', 'Parked Car', 'Theft'])

    # 改变 insured_hobbies 的横轴标签
    elif j == 'authorities_contacted':
        sns.barplot(x=j, y='fraud', data=train_df,
                palette='gray_r', ci=None)
        plt.ylabel('')
        plt.xticks([0, 1, 2, 3, 4],
                ['Police', 'Other', 'Ambu', 'Fire', 'None'])

    # 改变 insured_hobbies 的横轴标签
    elif j == 'insured_hobbies':
        sns.barplot(x=j, y='fraud', data=train_df,
                palette='gray_r', ci=None)
        plt.ylabel(' 客户欺诈率 ')
        plt.xticks(np.arange(20),list(np.arange(20)))

    else:
        sns.barplot(x=j, y='fraud', data=train_df,
                palette='gray_r', ci=None)
        # 添加 y 轴坐标名称
        if i[2] in [1, 4, (9, 10)]:
            plt.ylabel(' 客户欺诈率 ')
        else:
            plt.ylabel('')

plt.title(" 类别特征客户欺诈率的分类统计图 ", fontsize=16, x=0.50, y=4.65)
plt.show( )
```

out（输出结果）：

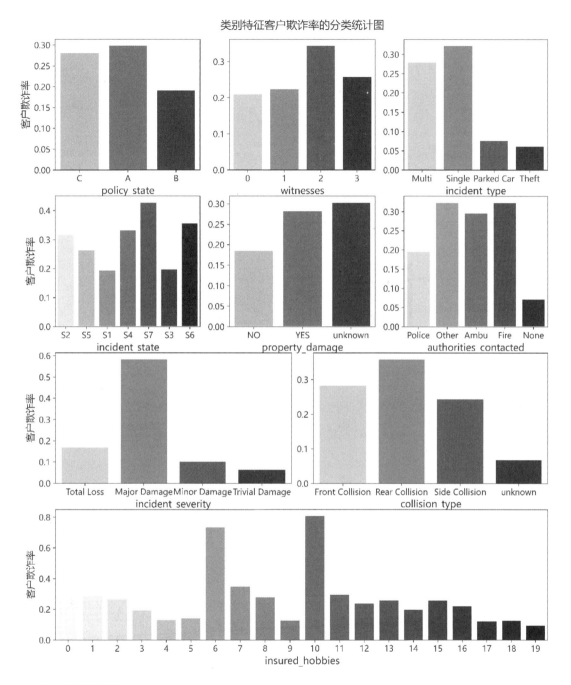

5. 连续特征

在以下代码中，我们首先分析了连续特征的相关性。从以下代码的输出结果可以发现：① age 和 customer_months 之间的相关性高达 0.91；② total_claim_amount、vehicle_claim、injury_claim 和 property_claim 之间存在着高度相关性。故为了避免多重共线性问题，我们在代码中将 Cost_profit 和 Quick_ratio 从数据集中删除。

```
# 连续特征的相关性分析
df_con = train_df[continuous]
fig3, ax = plt.subplots(figsize=(10, 10))
sns.heatmap(df_con.corr( ),
        annot=True,
        annot_kws={'fontsize': 10},
        fmt='.2f',
        cmap='gist_yarg',
        cbar=False,
        ax=ax)

ax.tick_params(axis='x', rotation=45)
ax.tick_params(axis='y', rotation=360)

fig.suptitle(" 连续特征的相关性分析 ", fontsize=16, x=0.60, y=0.98)
plt.tight_layout( )
```

out（输出结果）：

	age	customer_months	policy_deductable	policy_annual_premium	umbrella_limit	capital-gains	capital-loss	incident_hour_of_the_day	injury_claim	number_of_vehicles_involved	total_claim_amount	property_claim	vehicle_claim
age	1.00	0.91	0.06	0.04	-0.02	-0.05	0.00	0.12	0.06	0.04	0.05	0.04	0.05
customer_months	0.91	1.00	0.06	0.04	-0.02	-0.04	0.03	0.11	0.07	0.04	0.07	0.05	0.07
policy_deductable	0.06	0.06	1.00	0.03	-0.02	0.02	-0.03	0.03	0.04	0.05	0.02	0.10	0.00
policy_annual_premium	0.04	0.04	0.03	1.00	0.05	-0.02	0.02	0.05	-0.04	-0.06	-0.01	-0.02	0.01
umbrella_limit	-0.02	-0.02	-0.02	0.05	1.00	-0.05	0.01	-0.05	-0.04	-0.00	-0.05	-0.03	-0.05
capital-gains	-0.05	-0.04	0.02	-0.02	-0.05	1.00	-0.06	-0.06	0.05	0.07	0.01	0.02	0.00
capital-loss	0.00	0.03	-0.03	0.02	0.01	-0.06	1.00	0.02	-0.05	-0.04	-0.03	-0.04	-0.02
incident_hour_of_the_day	0.12	0.11	0.03	0.05	-0.05	-0.06	0.02	1.00	0.21	0.09	0.24	0.20	0.23
injury_claim	0.06	0.07	0.04	-0.04	-0.04	0.05	-0.05	0.21	1.00	0.23	0.79	0.57	0.70
number_of_vehicles_involved	0.04	0.04	0.05	-0.06	-0.00	0.07	-0.04	0.09	0.23	1.00	0.28	0.24	0.27
total_claim_amount	0.05	0.07	0.02	-0.01	-0.05	0.01	-0.03	0.24	0.79	0.28	1.00	0.80	0.98
property_claim	0.04	0.05	0.10	-0.02	-0.03	0.02	-0.04	0.20	0.57	0.24	0.80	1.00	0.72
vehicle_claim	0.05	0.07	0.00	0.01	-0.05	0.00	-0.02	0.23	0.70	0.27	0.98	0.72	1.00

```
# 删除特征 age、total_claim_amount 和 vehicle_claim
con_del = ['age', 'total_claim_amount', 'vehicle_claim']
df_con = df_con.drop(con_del, axis=1)
```

在以下代码中，我们画出了连续特征的分类箱形图，以观察欺诈客户和正常客户的连续特征的分布是否一致。从代码的输出结果可以发现，欺诈客户与正常客户的 policy_deductable 和 number_of_vehicles_involved 这两个特征的分布几乎是一致的，故在代码中将这两个特征从连续特征数据集中删除。

```
# 连续特征的分类箱形图
fig, ax = plt.subplots(5, 2, figsize=(6, 14))
for index, column in enumerate(df_con.columns):
    plt.subplot(5, 2, index + 1)
    ax2 = sns.boxplot(x = 'fraud', y=column, hue = 'fraud',
            data=train_df, palette='gray_r', saturation=0.6)
    plt.xticks([0, 1], ['No', 'Yes'])

    # 去除图例
    ax2.legend_.remove( )
fig.suptitle(" 连续特征的分类箱形图 ", fontsize=16, x=0.50, y=1.0)
plt.tight_layout( )
```

out（输出结果）：

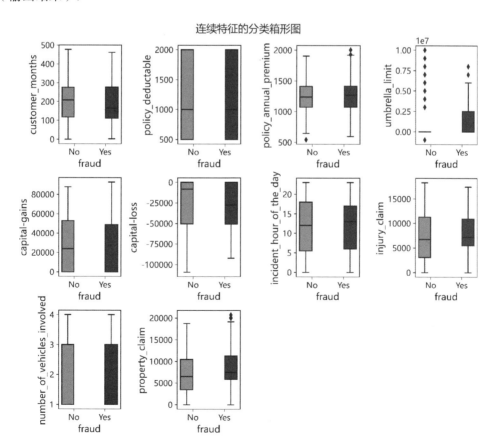

```
# 删除特征 policy_deductable 和 number_of_vehicles_involved
df_con = df_con.drop(['policy_deductable',
            'number_of_vehicles_involved'], axis=1)
```

6. 时间特征

在时间特征中，我们主要分析 policy_bind_date（保险绑定日期）和 incident_date（出险日期）的时间差对客户欺诈的影响。在以下代码中，我们先通过 to_datetime 方法将数据转化为日期格式，再将两者相减后的天数（days）作为时间差。

```
# 计算 policy_bind_date（保险绑定日期）和 incident_date（出险日期）的时间差
for val in datetime_list:
    train_df[val] = pd.to_datetime(train_df[val],format='%Y-%m-%d')
train_df['detla_time'] = (train_df['incident_date'] -
                train_df['policy_bind_date']).dt.days
```

（三）保险反欺诈预测数据集的预处理

数据预处理可帮助我们将原始数据转换为适合于构建和训练机器学习模型的数据集。本小节的数据预处理过程主要包含类别特征数字化、连续特征标准化和类别不平衡问题处理。

在数据预处理前，我们在以下代码中通过 loc 方法将前面数据探索性分析需要删除的特征删除。

```
# 留存的类别变量与连续变量
cat_remain = ['policy_state', 'witnesses', 'incident_type',
        'incident_state', 'property_damage',
        'authorities_contacted', 'incident_severity',
        'collision_type', 'insured_hobbies']

# 将 'delta_time' 加入连续变量
con_remain = list(df_con.columns) + ['delta_time']

# 将 train_df 中的其他变量删除
train_df = train_df.loc[:, cat_remain+con_remain+['fraud']]
```

1. 类别特征数字化

我们对所有类别特征使用目标编码的方法进行数字化。在以下代码中，我们导入 category_encoders 模块，构建 TargetEncoder 的编码模型，并确定所有类别变量（cat_remain）为需要编码的类别特征。此后，我们将界定需要编码的数据集设为 X_feature，目标变量 fraud 为 y_target，再运用 fit 方法训练模型，用 Transform 方法对类别特征进行目标编码。

```
# 导入 category_encoders
import category_encoders as ce

# 构建 TargetEncoder 的编码模型，为所有类别特征编码
encoder = ce.TargetEncoder(cols=cat_remain)
```

```
# 界定需要编码的数据集为 X_feature, 目标变量为 y_target
X_feature = train_df
y_target = train_df.loc[:, 'fraud']

# 训练目标编码模型并转化训练数据
target_encoder = encoder.fit(X_feature, y_target)
train_df = target_encoder.transform(X_feature)
```

2. 连续特征标准化

连续特征标准化可以减少规模、特征、分布差异等对模型的影响。在以下代码中，我们将使用 Scikit-Learn 的 StandardScaler( ) 对连续特征进行 z-score 标准化。

```
# 连续特征的标准化
from sklearn.preprocessing import StandardScaler
sdscaler = StandardScaler( )
train_df[con_remain] = sdscaler.fit_transform(train_df.loc[:, con_remain])
```

3. 类别不平衡问题处理

在以下代码中，我们可以看到样本的类别比例接近 3∶1，存在明显的类别不平衡问题。故决定使用 imblearn 库中的 SMOTE 过采样算法解决样本的类别不均衡问题。从代码的输出结果可以发现，当 SMOTE 过采样后，样本的类比比例为 1∶1。

```
# 设置 X_train 和 y_train
y_train = train_df['fraud']
X_train = train_df.drop('fraud', 1)
y_train.value_counts( )
```

out（输出结果）：

0   363

1   127

Name: fraud, dtype: int64

```
# 基于 SMOTE 解决类别不平衡问题
from imblearn.over_sampling import SMOTE
over = SMOTE(sampling_strategy='auto', random_state=100)
X_train, y_train = over.fit_resample(X_train, y_train)
y_train.value_counts( )
```

out（输出结果）：

0   363

1   363

Name: fraud, dtype: int64

4. 测试集的数据预处理

在训练集建构与优化的模型，需要在测试集评估模型的性能，这就要求我们采用与训练集一样的方法对测试集的数据进行预处理。在以下代码中，我们首先对测试集的问号进行处理。与训练集一样，我们将问号作为类别特征的取值之一，以 "unknown" 替换；其次，我们计算了 "policy_bind_date" 和 "incident_date" 的时间差并删除特征中不需要的类别特征和连续特征。值得注意的是，在测试集的类别特征标准化中，我们仍然使用目标编码，使用的是在训练集中使用的目标编码模型；再次，我们对测试集中的分类特征和连续特征分别进行数值化和标准化处理；最后，设置 X_test 和 y_test。

```python
# 测试数据的预处理

# 处理测试集的问号，以 "unknown" 替换 " ？ "
test_df.replace('?', 'unknown', inplace = True)

# 计算 'policy_bind_date' 和 'incident_date' 的时间差
for val in datetime_list:
    test_df[val] = pd.to_datetime(test_df[val],format="%Y-%m-%d")
test_df['detla_time'] = (test_df['incident_date'] - test_df['policy_bind_date']).dt.days

# 删除不需要的类别特征和连续特征
test_df = test_df.loc[:, cat_remain+con_remain+['fraud']]

# 分类特征数值化
test_df = target_encoder.transform(test_df)

# 连续特征的标准化
sdscaler = StandardScaler()
test_df[con_remain] = sdscaler.fit_transform(test_df.loc[:, con_remain])

# 设置 X_test 和 y_test
y_test = test_df['fraud']
X_test = test_df.drop('fraud', 1)
```

（四）构建逻辑回归模型预测财务欺诈客户

我们利用逻辑回归对数据进行估计。在实际操作中，我们调用 Scikit-Learn 的 LogisticRegression() 建模。LogisticRegression() 如下所示，主要参数说明见表 10-2。

LogisticRegression (penalty='l2', *, dual=False, tol=0.0001, C=1.0, fit_intercept=True, intercept_scaling=1, class_weight=None, random_state=None, solver='lbfgs', max_iter=100, multi_class='auto', verbose=0, warm_start=False, n_jobs=None, l1_ratio=None)[1]

表 10-2　Logistic Regression 的主要参数说明

主要参数名称	参数说明
penalty	正则化惩罚项，可选范围是 {'l1', 'l1', 'elasticnet', None}，默认取值是 l2
C	正则化参数的倒数，浮点型数据。C 的取值必须严格大于 0，默认值为 1.0，L2 正则化项是 L2 范数。C 取值越小，对于错误分类的样本的惩罚就越大
class_weight	每个类样本的权重，可选取值可以是字典（dict）或者 'balanced'，默认取值是 None。若选择 'balanced'，样本权重为 n_samples / (n_classes * np.bincount(y))；若选择 None，表示每个样本权重是一致的

---

[1]　参见 https://scikit-learn.org/stable/modules/generated/sklearn.linear_model.LogisticRegression.html。

220

主要参数名称	参数说明
random_state	随机种子，整数型数据，默认值是 None
solver	求解最优化问题所采用的算法，可选范围是 {'lbfgs', 'liblinear', 'newton-cg', 'newton-cholesky', 'sag', 'saga'}，默认是 'lbfgs'。对于小型数据集，可以选择 'liblinear'，而 'sag' 和 'saga' 对于大型数据集更快。此外，不同的方法所支持的 penalty 是不一致的： 'lbfgs' – ['l2', None] 'liblinear' – ['l1', 'l2'] 'newton-cg' – ['l2', None] 'newton-cholesky' – ['l2', None] 'sag' – ['l2', None] 'saga' – ['elasticnet', 'l1', 'l2', None]
max_iter	模型的最大迭代次数，整数型数据，默认值是 100
multi_class	多分类，可选范围是 {'auto', 'ovr', 'multinomial'}，默认取值是 'auto'。若选择 ovr，则代表使用 One-vs-Rest 进行多分类；若选择 multinomial，则代表使用 Softmax 方法进行多分类；如选择 auto，当问题是 0-1 分类或者 solver 为 liblinear 时使用 ovr，其他则使用 multinomial
n_jobs	表示要使用的处理器数目。默认是 None，使用 1 个处理器；若选 -1 则使用 CPU 的所有处理器
l1_ratio	elasticnet 的混合参数，取值范围为 $0 \leq$ l1_ratio ≤ 1。若 l1_ratio=0，相当于使用 penalty='l2'；若 l1_ratio=1，相当于使用 penalty='l1'；若 $0 <$ l1_ratio <1，则惩罚项是 L1 和 L2 的组合

1. 逻辑回归的参数优化与估计

在以下代码中，我们使用 GridSearchCV( ) 函数寻找支持向量机核函数及相关参数的最优值。在 GridSearchCV( ) 我们选择 5 折交叉验证（cv=5），评估指标选择 AUC 值（scoring='roc_auc'）并输出支持向量机模型的最优参数和最优模型。

```
# 导入相关的机器学习库
from sklearn.model_selection import  GridSearchCV
from sklearn.linear_model import LogisticRegression
from sklearn.metrics import accuracy_score, f1_score, roc_auc_score

# 逻辑回归的参数优化
param_grid = {
    'penalty': ['l1', 'l2'],
    'C': np.arange(0.01, 10, 100),
}
# 基于网格搜索的参数寻优
logit_clf = LogisticRegression(random_state=100, solver='liblinear')
logit_cv = GridSearchCV(logit_clf,
                param_grid=param_grid,
                scoring='roc_auc',
                cv=5,
                verbose=False,
                n_jobs=-1)
# 训练模型
logit_cv.fit(X_train, y_train)

print(" 逻辑回归模型的最优参数：", logit_cv.best_params_)
print(" 逻辑回归最优模型：", logit_cv.best_estimator_)
```

out（输出结果）：

逻辑回归模型的最优参数：{'C': 0.01, 'penalty': 'l2'}

逻辑回归最优模型：LogisticRegression(C=0.01, random_state=100, solver='liblinear')

2. 参数优化后的逻辑回归模型估计与性能评估

基于以下代码的输出结果，我们在代码中对参数优化后模型进行训练与估计。

```
# 优化后模型的训练与估计
logit_best_clf = LogisticRegression(C=0.01, random_state=100,
                                    penalty='l2', solver='liblinear')
logit_best_clf.fit(X_train, y_train)
```

模型性能评估主要是对模型泛化能力进行评估，需要用测试集来测试模型对新样本的判别能力。从以下代码可以发现，在训练集中，支持向量机模型的准确率（Accuracy）、F1值（f1_score）和AUC值都在0.60以上，表现一般。在测试集中，支持向量机的准确率、F1值和AUC值分别为0.5524、0.5801和0.6042，低于模型在训练集中的表现。

```
# 模型在训练集与测试集表现的比较分析

# 定义模型评估整合函数
def perform(clf, x, y):
    y_pred = clf.predict(x)
    y_prob = clf.predict_proba(x)
    ac_score = accuracy_score(y, y_pred)
    f_score = f1_score(y, y_pred, average='weighted')
    auc_value = roc_auc_score(y, y_prob[:, 1])
    return ac_score, f_score, auc_value

# 评估模型在训练集和测试集上的性能
model_p = pd.DataFrame(index = ['Accuracy','f1_score', 'AUC 值'])
model_p[" 训练集 "] = perform(logit_best_clf, X_train, y_train)
model_p[" 测试集 "] = perform(logit_best_clf, X_test, y_test)

# 输出训练集和测试集的性能
model_p
```

out（输出结果）：

	训练集	测试集
Accuracy	0.6267	0.5524
f1_score	0.6254	0.5801
AUC 值	0.6855	0.6042

四、具体任务

（一）实践任务

本次实践任务包含以下4个方面的内容。

（1）注册阿里云天池，并下载阿里云天池教学赛——金融数据分析赛题2：保险反欺诈预测的数据："train.csv"、"test.csv" 和 "submission.csv"。

（2）对下载的数据进行探索性分析和数据预处理，包括缺失值处理、标准化处理和相关性分析、类别数据数值化等。

（3）将数据划分为训练集和测试集，运用逻辑回归和 GridSearchCV 训练并优化模型，使得模型在测试集上的 AUC 值大于 0.6。

（二）实践步骤

本次实践任务的具体步骤如下。

（1）使用 pandas 库的 read_csv 读取数据 "train.csv"。

（2）使用 pandas 库和 preprocessing 库中的 isnull、StandardScaler 和 corr 等函数对数据进行探索性分析和预处理。

（3）使用 sklearn 库中的 GridSearchCV 和 LogisticRegression 函数训练并优化保险反欺诈模型，并在 "test.csv" 进行预测。

（4）将模型在 "test.csv" 中预测的结果保存在 "submission.csv" 中，并上传到阿里云天池金融数据分析赛题 2 ：保险反欺诈预测。

（三）实践思考

（1）可否对类别变量采取不同的数值化方法，改变之后能否提升模型在测试集上的 AUC 值？

（2）逻辑回归无法处理非线性问题，对该特征进行怎样的处理才能在一定程度上解决这个问题？

逻辑回归的
优缺点

实践十一　商标权质押融资影响因素分析

一、实践目的

- 掌握回归模型的定义、基本形式和求解方法。
- 掌握面板模型的类型、稳健性检验和异质性分析。
- 对商标权质押影响因素进行回归分析。
- 对回归模型进行稳健性检验和异质性分析。

二、基本原理及操作演示

回归（Regression）一词来自生物遗传学，最早是由弗朗西斯·高尔顿在 1886 年提出的。回归分析（Regression Analysis）是确定两个或两个以上变量间相互依赖的定量关系的一种统计分析方法，是最基础、最常见的数据挖掘方法。回归方法在经济学中应用广泛，许多经济和金融问题都涉及多变量关系的探讨，如金融发展对经济增长的影响、股票价格的预测等。回归分析可以更加直观地描述和确定变量之间的关系，从而为经济与金融领域的各种问题的分析和解决提供参考依据。本章将包含以下主题：多元回归模型的定义、基本形式、多元线性回归的矩阵表示与最小二乘估计、面板模型及其类型、稳健性检验和异质性分析，以及使用回归模型对商标权质押融资影响因素进行分析。

（一）多元线性回归的一般形式

在回归模型中，多元线性回归是最常用的回归模型。在多元线性回归中，多元指的是回归模型的自变量的数目有多个，线性指的是自变量与因变量之间的关系是线性的。假定因变量有 N 个观测值 y_i，$i = 1, 2, 3, \cdots, N$，且有 K 个因变量 x_j，$j = 1, 2, 3, \cdots, K$。那么，多元线性回归模型的公式如下所示

$$y_i = \beta_0 + \sum_{j=1}^{K} \beta_j x_j + \varepsilon_i \tag{11-1}$$

其中，y_i 是因变量或者被解释变量，x_j 是自变量或者解释变量，ε_i 是残差，β_0 是常数项，β_j 是自变量的回归系数。

此外，多元线性回归模型的矩阵表达式为

$$Y = X\beta + \varepsilon \tag{11-2}$$

其中，Y 是有 N 个观测值的因变量，是 $N \times 1$ 维矩阵。X 是自变量矩阵，在 X 的表达式中，第一列是数值为 1 的常数列，表示常数项，故矩阵 X 的维度是 $N \times (K+1)$ 维矩阵。β 是回

归系数矩阵，由于 β_0 也被包含在系数矩阵中，故系数 β 矩阵是（K+1）×1 维矩阵。ε 是残差矩阵，是 $N \times 1$ 维矩阵。

$$Y = \begin{pmatrix} y_1 \\ y_2 \\ \vdots \\ y_N \end{pmatrix} \quad X = \begin{pmatrix} 1 & x_{11} & x_{12} & \dots & x_{1K} \\ 1 & x_{21} & x_{22} & \dots & x_{2K} \\ \vdots & \vdots & \vdots & \vdots & \vdots \\ 1 & x_{N1} & x_{N2} & \dots & x_{NK} \end{pmatrix} \quad \beta = \begin{pmatrix} \beta_0 \\ \beta_1 \\ \vdots \\ \beta_K \end{pmatrix} \quad \varepsilon = \begin{pmatrix} \varepsilon_0 \\ \varepsilon_1 \\ \vdots \\ \varepsilon_N \end{pmatrix} \quad （11\text{-}3）$$

（二）多元线性回归的最小二乘估计

多元线性回归模型估计的主要任务是估计式（11-3）中的系数矩阵 β，而要估计系数矩阵 β，我们需要找到模型的损失函数。所谓的损失函数指的是模型的预测值（$\hat{y}_i$）与实际值（y_i）的不一致程度。在回归问题中，最常见的估计方法是最小二乘估计，而最小二乘估计的损失函数则是回归方程的残差平方和 RSS（Residual Sum of Squares），用公式表示为

$$\begin{aligned} \text{RRS} &= \sum_1^N (y_i - \hat{y}_i)^2 = \varepsilon^2 \\ &= |Y - X\beta|^2 \\ &= (Y - X\beta)^T (Y - X\beta) \\ &= Y^TY - \beta^TX^TY - Y^TX\beta + \beta^TX^TX\beta \end{aligned} \quad （11\text{-}4）$$

在最小二乘估计中，我们需要使得回归方程的残差平方和 SSE（Sum of Squares for Error）最小化。故一个最简单的方法就是对 SSE 求导数，可得

$$\frac{\partial(\text{RSS})}{\partial \beta} = \frac{\partial}{\partial \beta}(Y^TY - \beta^TX^TY - Y^TX\beta + \beta^TX^TX\beta) = -2X^TY + 2(X^TX)\beta \quad ^{①} \quad （11\text{-}5）$$

令公式等于 0，若 X^TX 矩阵是可逆的，我们可以得到多元线性回归方程的回归系数的最优解为

$$\beta = (X^TX)^{-1}X^TY \quad （11\text{-}6）$$

在最小二乘估计中，使用求导的方式获得最优解的前提条件是矩阵 X^TX 是可逆的。若矩阵 X^TX 是不可逆的，通过求导的方式是无法获得最优解的。此时，另外一种常用的可行方法是使用梯度下降法求得系数矩阵 β 的最优解。

（三）面板模型简介

面板数据（Panel Data），也称纵向数据（Longitudinal Data），是指 n 个不同个体在 t 个不同时期上的观测数据。面板数据进行回归影响关系研究时，即被称为面板模型（面板回归）。一般情况下，面板模型可分为 3 种类型，分别是 FE 模型（固定效应模型）、POOL 模型（混合估计模型）和 RE 模型（随机效应模型）。

在面板数据线性回归模型中，如果对于不同的截面或不同的时间序列，只是模型的截距项是不同的，而模型的斜率系数是相同的，则称此模型为固定效应模型。固定效

---

① 矩阵微分：$\dfrac{\partial Y^TX\beta}{\partial \beta} = \dfrac{\partial \beta^TX^TY}{\partial \beta} = X^TY$ 和 $\dfrac{\partial \beta^TX^TX\beta}{\partial \beta} = (X^TX + X^TX)\beta = 2(X^TX)\beta$。

应模型假设所有的纳入研究的数据拥有共同的真实效应量，而随机效应模型中的真实效应随研究的不同而改变。基于不同模型的运算，所得到的合并后的效应量平均数值也不相同。

对式（11-7）加入时间因素之后即为面板数据模型，面板模型的公式为

$$y_{it} = \beta_0 + \beta_1 \times x_{1it} + \beta_2 \times x_{2it} + \cdots + \beta_n \times x_{nit} + \mu_i + + \varepsilon_{it} \tag{11-7}$$

其中，y_{it} 是因变量或者被解释变量，x_{nit} 是自变量或者解释变量，μ_i 是个体不可观测因素，v_t 是时间不可观测因素，ε_{it} 是其他随时间个体变化的不可观测因素，β_0 是常数项，β_n 是自变量的回归系数。

当 $\mu_i = v_t = 0$ 时，为混合模型；当 μ_i 与 x 存在相关关系或者 v_t 与 x 存在相关关系则选择使用固定效应模型；当 μ_i 与 x 不存在相关关系，以及 v_t 与 x 不存在相关关系则选择使用随机效应模型。最终应该选择哪个模型，可以分别进行 F 检验、BP 检验和 Hausman 检验（豪斯曼检验），结合 3 个检验，最终判断出哪个模型最优。

（四）稳健性检验

稳健性检验，考察的是评价方法和指标解释能力的强大性，也就是当改变某些参数时，评价方法和指标是否仍然对评价结果保持一个比较一致、稳定的解释。通俗些来说，就是改变某个特定的参数，进行重复的实验，来观察实证结果是否随着参数设定的改变而发生变化，如果改变参数设定以后，结果发现符号和显著性发生了改变，说明不是稳健性的，需要寻找问题的所在。

常用的稳健性检验的角度包括变量替换法、改变样本容量法、分样本回归法、补充变量法等，一般根据具体需要选择稳健性检验方法。

（1）从数据出发，根据不同的标准调整分类，检验结果是否依然显著。

（2）从变量出发，用其他的变量替换，如公司 size（规模）可以用 total assets 衡量，也可以用 total sales 衡量。

（3）从计量方法出发，可以用 OLS、FIX EFFECT、GMM 模型等来回归，看结果是否依然稳健。

（五）异质性分析

异质性一般指描述参与者、干预措施和一系列研究间测量结果的差异和多样性，或那些研究间的内在真实性的变异。异质性检验的目的是检查各个独立研究的结果是否具有可合并性。在异质性较大时，随机效应模型主要是校正合并效应值的算法，使得结果更加接近无偏估计，即结果更为准确，但其得出的结论偏向于保守，置信区间较大，更难以发现差异。如果各个试验的结果差异很大的时候，是否需要把各个试验合并应慎重考虑。

三、综合案例分析

（一）面板回归模型设计

为了考察浙江省内各地市之间商标权质押融资发展水平差异性的影响因素，建立面板数据回归模型，实证检验商标权质押融资发展水平综合评价系统内部各有机组成部分对商标权质押融资发展水平的影响，探寻商标权质押融资过程中的有利与不利因素分别出现在哪些环节，特设计本实验。利用2016—2021年浙江省11个地市的商标权质押融资数据，构建以下基本模型

$$NTPR_{it}=\beta_0+\beta_1 HXBL_{it}+\sum_{j=2}^{T}\beta_j\,control_{it}^{j}+\lambda_t+\eta_i+\varepsilon_{it} \tag{11-8}$$

其中，被解释变量 $NTPR_{it}$ 代表地区 i 在第 t 期的商标权质押融资发展水平，解释变量 $HXBL_{it}$ 代表地区 i 在第 t 期的商标权质押融资发展水平关键影响因素，$control_{it}^{j}$ 为控制变量群组；λ_t 和 η_i 分别代表时间固定效应和地区固定效应，ε_{it} 代表随机扰动项。

以浙江省各市商标权质押登记数量作为被解释变量，因数据差异较大，故对被解释变量 $(NTPR)$ 取对数处理。商标权质押融资发展水平关键影响因素则主要包括商标权有效注册数量 (ROT)、企业质量 (EQ)、银行的积极性 (BE)、企业的重复质押率 $(EPRP)$ 和银行类型 (BT)。控制变量群组包括政府对企业、银行和中介机构的政策扶持等（见表11-1）。因此，基准回归模型可以进一步明确为

$$\ln(NTPR_{it})=\beta_0+\beta_1\ln(ROT)_{it-1}+\beta_2EQ_{it}+\beta_3BE_{it}+\beta_4EPRP_{it}+\beta_5BT_{it}+$$
$$\beta_6PFE_{it}+\beta_7PTB_{it}+\beta_8POL_{it}+\lambda_t+\eta_i+\varepsilon_{it} \tag{11-9}$$

表 11-1 浙江省商标权质押融资数据集的标签名称及含义

标签名称	标签含义
$NTPR$（商标质押笔数）	商标权质押登记数量取对数
ROT（商标权有效注册数量）	商标权有效注册数量取对数
EQ（质押企业质量）	"浙江省商标品牌示范企业"所占比例
BE（银行的积极性）	开展商标质押的银行在全市银行中的占比
$EPRP$（企业重复质押率）	企业的银行贷款次数
BT（银行类型）	国有五大行或政策性银行
PFE（企业扶持政策）	政府有发布企业扶持政策为1，否则为0
PTB（银行扶持政策）	政府有发布银行扶持政策为1，否则为0
POL（中介扶持政策）	政府有发布中介扶持政策为1，否则为0
areaID	地区
Year	年份

1. 数据的获取

直接导入 Excel 文件路径为："File"—"Import"—"Excel spreadsheet"，如图11-1所示。

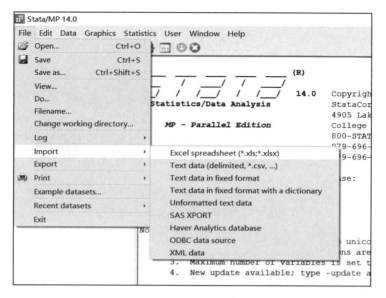

图 11-1　导入文件

2. 数据的预处理与描述性分析

（1）缺失值处理。

在加载数据之后，我们首先需要查看数据是否有缺失值，代码如下。因篇幅有限，仅展示部分结果，可以看出数据不存在缺失值。

```
# 查看数据是否有缺失值
codebook
```

out（输出结果）：

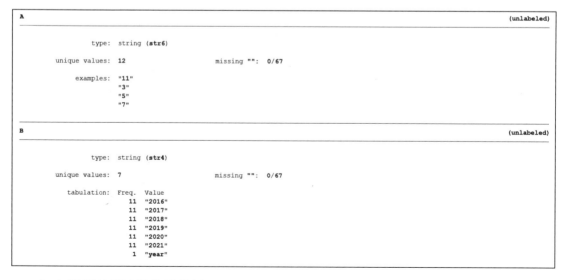

（2）数据的描述性统计分析。

分析了数据不存在缺失值之后，应对数据进行描述性统计分析，代码如下。

```
summarize
```

out（输出结果）：

```
. summarize

    Variable |       Obs        Mean    Std. Dev.       Min        Max
-------------+--------------------------------------------------------
      areaID |        66           6     3.18651          1         11
        year |        66      2018.5    1.720912       2016       2021
        NTPR |        66    3.161788    1.201607   1.386294   6.204558
         ROT |        66    11.48047    1.227494   8.454679   13.60846
          EQ |        66     .045962    .0617629          0         .2
-------------+--------------------------------------------------------
          BE |        66    .0246558      .02998   .0018391   .1255411
        EPRP |        66    .2766328    .1932482          0   .9166667
          BT |        66    .2632595    .2257974          0          1
         PFE |        66    .2272727    .4222815          0          1
         PTB |        66    .2121212    .4119429          0          1
-------------+--------------------------------------------------------
         POL |        66    .1515152    .3612978          0          1
```

变量描述性统计结果如表 11-2 所示。

表 11-2　变量描述性统计结果

变量类别	变量名称	平均值	标准偏差	最小值	最大值
被解释变量	NTPR	3.162	1.202	1.39	6.21
解释变量	ROT	11.480	1.227	8.46	13.61
	EQ	0.046	0.062	0	0.20
	BE	0.025	0.030	0	0.13
	EPRP	0.277	0.193	0	0.92
	BT	0.263	0.226	0	1.00
控制变量	PFE	0.230	0.422	0	1.00
	PTB	0.210	0.412	0	1.00
	POL	0.150	0.361	0	1.00

（3）相关性检验。

在实证检验浙江省内各地市之间商标权质押融资发展水平差异性的影响因素之前，需要确定所建立的计量模型是否存在虚假回归或者伪回归的问题，从而需要首先对相关自变量的共线性问题进行检验。代码及输出结果如下。

```
pwcorr ntpr rot eq be eprp bt pfe ptb pol,star(0.01)
```

out（输出结果）：

```
. pwcorr NTPR ROT EQ BE EPRP BT PFE PTB POL,star(0.01)

              NTPR      ROT       EQ       BE     EPRP       BT      PFE

NTPR        1.0000
 ROT        0.5285*  1.0000
  EQ       -0.2331  -0.2330   1.0000
  BE        0.8364*  0.1497  -0.1586   1.0000
EPRP       -0.2579  -0.1925   0.1943  -0.0445   1.0000
  BT       -0.2123  -0.1424   0.0202  -0.1556  -0.1051   1.0000
 PFE        0.0754   0.2595   0.1068  -0.0720  -0.1444   0.2998   1.0000
 PTB        0.6124*  0.3273* -0.0587   0.4864* -0.0603   0.0017   0.4261*
 POL        0.2117  -0.1248  -0.1096   0.3397*  0.0569  -0.1218  -0.1283

              PTB      POL

 PTB        1.0000
 POL        0.1942   1.0000
```

目前，国内外学者们较为常用的相关性检验方法主要有 Pearson 相关性检验和 Spearman 秩相关性检验。本文选择 Pearson 相关性检验以保证本章检验模型主要变量之间不存在多重共线性问题。表 11-3 为 Pearson 相关性检验结果。正常情况下判断变量之间是否具有多重共线性检验的经验值是 0.6。如果两个变量之间的 Pearson 相关系数大于 0.6，那么可说明这两个变量之间存在严重的多重共线性问题。结果表明各变量之间的 Pearson 相关系数均小于 0.5，相关性较弱且不存在多重共线性问题。

表 11-3　变量 Pearson 相关系数

变量	NTPR	ROT	EQ	BE	EPRP	BT	PFE	PTB	POL
NTPR	1	0.529*	−0.233	0.836*	−0.258	−0.212	0.075	0.612*	0.212
ROT		1	−0.233	0.15	−0.192	−0.142	0.260	0.327*	−0.125
EQ			1	−0.159	0.194	0.02	0.107	−0.059	−0.11
BE				1	−0.045	−0.156	−0.072	0.487*	0.340*
EPRP					1	−0.105	−0.144	−0.06	0.057
BT						1	0.300	0.002	−0.122
PFE							1	0.426*	−0.128
PTB								1	0.194
POL									1

注：* 表明是在置信度为 10% 的水平上显著。

3. 面板回归模型的估计

在面板回归模型的估计中，我们将分别介绍 3 种估计方法：一是混合效应模型估计，二是固定效应模型估计，三是随机效应模型估计。

（1）混合效应模型估计。

reg 命令是 Stata 的一个随机数据分析函数，可以用来拟合一元和多元线性回归模型，以及估计平均差和平均效应，并计算相关系数和模型的拟合优度指标。混合效应模型代码如下。

```
reg ntpr rot eq be eprp bt pfe ptb pol
```

out（输出结果）：

```
. reg ntpr rot eq be eprp bt pfe ptb pol

      Source |       SS           df       MS      Number of obs   =         66
-------------+----------------------------------   F(8, 57)        =      71.40
       Model |  85.3354805         8   10.6669351   Prob > F        =     0.0000
    Residual |  8.51542848        57   .149393482   R-squared       =     0.9093
-------------+----------------------------------   Adj R-squared   =     0.8965
       Total |   93.8509089        65   1.44386014   Root MSE        =     .38651

-------------+----------------------------------------------------------------
        ntpr |      Coef.   Std. Err.      t    P>|t|     [95% Conf. Interval]
-------------+----------------------------------------------------------------
         rot |   .3283517   .0458124     7.17   0.000     .236614    .4200895
          eq |   .0100277   .8368257     0.01   0.990   -1.665687    1.685742
          be |   .2731578   .0202542    13.49   0.000     .2325995   .3137161
        eprp |  -1.023542    .260195    -3.93   0.000    -1.544574   -.5025109
          bt |  -.3394568   .2335832    -1.45   0.152    -.8071991   .1282855
         pfe |  -.1387419   .1463593    -0.95   0.347    -.4318214   .1543376
         ptb |   .5416455   .1618272     3.35   0.001     .2175922   .8656989
         pol |  -.0619982   .1468994    -0.42   0.675    -.3561591   .2321628
       _cons |  -.9832564   .5631609    -1.75   0.086    -2.110967   .1444538
------------------------------------------------------------------------------
```

（2）固定效应模型。

Stata 中的 xtreg 命令可以实现面板固定效应模型和面板随机效应模型的估计，fe 表示固定效应，re 表示随机效应。固定效应模型代码如下。

```
xtreg ntpr rot eq be eprp bt pfe ptb pol,fe
```

out（输出结果）：

```
. xtreg ntpr rot eq be eprp bt pfe ptb pol,fe

Fixed-effects (within) regression               Number of obs     =         66
Group variable: areaid                          Number of groups  =         11

R-sq:                                            Obs per group:
     within  = 0.8132                                          min =          6
     between = 0.9000                                          avg =        6.0
     overall = 0.8483                                          max =          6

                                                 F(8,47)           =      25.58
corr(u_i, Xb)  = -0.7804                         Prob > F          =     0.0000

-------------+----------------------------------------------------------------
        ntpr |      Coef.   Std. Err.      t    P>|t|     [95% Conf. Interval]
-------------+----------------------------------------------------------------
         rot |   .7278314    .172686     4.21   0.000     .380432    1.075231
          eq |   .4951549   .8769971     0.56   0.575   -1.269136    2.259446
          be |   .3435189   .0693467     4.95   0.000     .2040113    .4830265
        eprp |  -.9798094   .2453868    -3.99   0.000    -1.473464   -.4861549
          bt |  -.2111841   .3488424    -0.61   0.548    -.9129646   .4905964
         pfe |   .0383388   .1939836     0.20   0.844    -.3519058   .4285834
         ptb |   .3400685    .180109     1.89   0.065    -.022264    .702401
         pol |  -.3708184    .248688    -1.49   0.143    -.8711141   .1294773
       _cons |  -5.761812   1.909127    -3.02   0.004    -9.602481   -1.921143
-------------+----------------------------------------------------------------
     sigma_u |  .61511335
     sigma_e |  .33778488
         rho |  .76831028   (fraction of variance due to u_i)
------------------------------------------------------------------------------
F test that all u_i=0: F(10, 47) = 2.76                      Prob > F = 0.0091
```

（3）随机效应模型。

随机效应模型代码如下所示。

```
xtreg ntpr rot eq be eprp bt pfe ptb pol,re
```

out（输出结果）：

```
. xtreg ntpr rot eq be eprp bt pfe ptb pol,re

Random-effects GLS regression              Number of obs      =        66
Group variable: areaid                     Number of groups   =        11

R-sq:                                      Obs per group:
    within  = 0.7869                                   min =         6
    between = 0.9691                                   avg =       6.0
    overall = 0.9062                                   max =         6

                                           Wald chi2(8)       =    355.10
corr(u_i, X)   = 0 (assumed)               Prob > chi2        =    0.0000

        ntpr │    Coef.    Std. Err.      z     P>|z|    [95% Conf. Interval]
─────────────┼──────────────────────────────────────────────────────────────
         rot │  .357176    .0624437     5.72    0.000    .2347886    .4795633
          eq │ .4920631    .8423216     0.58    0.559   -1.158857    2.142983
          be │ .2916543    .0271207    10.75    0.000    .2384987    .3448099
        eprp │-1.022298    .2469789    -4.14    0.000   -1.506367   -.5382278
          bt │-.3339652    .2748962    -1.21    0.224   -.8727518    .2048215
         pfe │-.0078025    .1607364    -0.05    0.961   -.3228401    .3072352
         ptb │ .4835963    .1671414     2.89    0.004    .1560051    .8111874
         pol │-.1121064    .1826574    -0.61    0.539   -.4701083    .2458956
       _cons │-1.393576    .7385292    -1.89    0.059   -2.841066     .053915
─────────────┼──────────────────────────────────────────────────────────────
     sigma_u │ .17627525
     sigma_e │ .33778488
         rho │  .214043    (fraction of variance due to u_i)
```

（4）小结。

基准回归结果如表 11-4 所示。

表 11-4　基准回归结果

变量	OLS	FE	RE
ROT	0.328*** （0.046）	0.728*** （0.173）	0.357*** （0.062）
EQ	0.010 （0.837）	0.495 （0.877）	0.492 （0.842）
BE	0.273*** （0.020）	0.344*** （0.069）	0.292*** （0.027）
EPRP	−1.024*** （0.260）	−0.980*** （0.245）	−1.022*** （0.247）
BT	−0.339 （0.234）	−0.211 （0.349）	−0.334 （0.275）
PFE	−0.139 （0.146）	0.383 （0.194）	−0.009 （0.161）
PTB	0.542** （0.162）	0.340 （0.180）	0.484** （0.162）
POL	−0.062 （0.147）	−0.371 （0.249）	−0.112 （0.183）
C	−0.983** （0.563）	−5.762** （1.909）	−1.394 （0.739）
p 值	0	0	0

注：***、** 和 * 分别表示是在置信度为 1%、5% 和 10% 的水平上显著。

本文综合比较固定效应、随机效应和混合效应 3 种模型回归结果的显著性，从表 11-4 可以看出，不同方法的系数估计值不是完全相同的，其中固定效应的系数估计值和另外两种估计方法的差别较大，但是系数的方向和显著性是一致的。①商标权有效注册数量（ROT）促进了商标权质押融资水平的发展，且在 1% 的水平下显著。因为商标权注册数量增加，企业可用于质押的商标权数量就得增加，那么商标权质押融资发展水平就会越好。②质押企业自身质量（EQ）对于商标权质押融资发展水平具有一定的促进作用。我们选取浙江省商标品牌示范企业，来反映企业的质量，这些企业一般实现年销售额、利润、税金及出口创汇在省内同行业中领先，企业自身具有较强的品牌经济实力，对商标专用权的保护体系较为完备，注重研究开发和自主创新，该类企业的商标侵权风险较低，商标价值较高，银行会更愿意向企业提供商标权质押贷款。③银行开展商标权质押融资业务积极性（BE）是影响商标权质押融资发展水平的决定性因素，且在 1% 的水平上显著。在商标权质押融资过程中，如果只有企业具有贷款的意愿，而银行不愿意放贷，那么商标权质押融资是难以开展下去的。我国在商标权质押融资业务开展的前几年，银行出于风险规避的考量，对商标权质押融资持较为审慎的态度。近年来，国家逐渐加大对商标权的保护力度，并且由于银行其他贷款业务的收窄，银行对于商标权质押融资的积极性得到提高。④企业重复质押率（EPRP）并不能促进商标权质押融资的发展水平。虽然企业以往的质押经历能够减小银企之间的信息不对称性，但是在有过质押经历和没有质押经历的企业同时申请商标权质押贷款时，银行可能会更倾向于放款给质押过的企业，这样就导致没有质押经历的企业较难获得贷款，从而不利于商标权质押融资的发展。⑤国有五大银行或政策性银行的较多参与（BT）对商标权质押融资发展水平产生了负向影响。一般来说，大部分的城市商业银行和农村商业银行的区域定位为服务当地经济发展，与地方企业的联系更为密切，银企之间的信息不对称性相对较低。随着各项政策的出台及商标权质押融资的稳定发展，当地城商行和农商行开展商标权质押融资业务的积极性得到提高，从而促进了当地商标权质押融资的发展水平。

（二）稳健性检验

1. 替换被解释变量

通常选用质押数量作为衡量商标权质押融资的发展状况的指标，而商标权质押金额在一定程度上也可以反映商标质押的发展，因此可以使用商标质押金额替换质押数量对模型进行稳健性检验。

（1）混合效应模型。

混合效应模型代码及输出结果如下。

```
reg ntpr rot eq be eprp bt pfe ptb pol
```

out（输出结果）：

```
. reg ntpr rot eq be eprp bt pfe ptb pol

      Source |       SS           df       MS            Number of obs   =        60
-------------+----------------------------------         F(8, 51)        =      3.30
       Model |  24.1595343          8  3.01994179         Prob > F        =    0.0041
    Residual |  46.6700048         51  .915098133         R-squared       =    0.3411
-------------+----------------------------------         Adj R-squared   =    0.2377
       Total |  70.8295391         59  1.20050066         Root MSE        =    .95661

------------------------------------------------------------------------------
        ntpr |      Coef.   Std. Err.      t    P>|t|     [95% Conf. Interval]
-------------+----------------------------------------------------------------
         rot |   .0762646   .1332999     0.57   0.570    -.1913461    .3438752
          eq |   2.412664   2.170365     1.11   0.272    -1.944525    6.769853
          be |   .0036623   .0505094     0.07   0.942    -.0977395    .1050642
        eprp |  -.8566723   .7002717    -1.22   0.227    -2.262526    .5491817
          bt |  -1.133239   .5925334    -1.91   0.061      -2.3228    .0563209
         pfe |  -.2106528   .3647209    -0.58   0.566    -.9428605    .5215549
         ptb |    1.05979   .4084899     2.59   0.012     .2397118    1.879867
         pol |  -1.122855   .3838947    -2.92   0.005    -1.893555   -.3521538
       _cons |   1.446066   1.647174     0.88   0.384    -1.860774    4.752906
------------------------------------------------------------------------------

. xtreg ntpr rot eq be eprp bt pfe ptb pol,fe

Fixed-effects (within) regression               Number of obs     =        60
Group variable: areaid                          Number of groups  =        11

R-sq:                                           Obs per group:
     within  = 0.6551                                        min =         4
     between = 0.0230                                        avg =       5.5
     overall = 0.0838                                        max =         6

                                                F(8,41)           =      9.74
corr(u_i, Xb)  = -0.6865                         Prob > F          =    0.0000
```

（2）固定效应模型。

固定效应模型代码及输出结果如下。

```
xtreg ntpr rot eq be eprp bt pfe ptb pol,fe
```

out（输出结果）：

```
. xtreg ntpr rot eq be eprp bt pfe ptb pol,fe

Fixed-effects (within) regression               Number of obs     =        60
Group variable: areaid                          Number of groups  =        11

R-sq:                                           Obs per group:
     within  = 0.6551                                        min =         4
     between = 0.0230                                        avg =       5.5
     overall = 0.0838                                        max =         6

                                                F(8,41)           =      9.74
corr(u_i, Xb)  = -0.6865                         Prob > F          =    0.0000

------------------------------------------------------------------------------
        ntpr |      Coef.   Std. Err.      t    P>|t|     [95% Conf. Interval]
-------------+----------------------------------------------------------------
         rot |   .4770546    .317925     1.50   0.141    -.1650079    1.119117
          eq |   3.293766   1.410591     2.34   0.025      .44502    6.142512
          be |   .2867545   .1346888     2.13   0.039      .014745    .5587641
        eprp |  -1.111704   .3732803    -2.98   0.005    -1.865558   -.3578488
          bt |   1.305013   .5126836     2.55   0.015     .2696279    2.340399
         pfe |  -.2225301   .2828295    -0.79   0.436    -.7937158    .3486556
         ptb |   .5324934   .2711838     1.96   0.056    -.0151733     1.08016
         pol |  -.2414525   .3586125    -0.67   0.505    -.9656851    .4827801
       _cons |  -4.526352   3.507065    -1.29   0.204    -11.60901    2.556308
-------------+----------------------------------------------------------------
     sigma_u |  1.3241051
     sigma_e |  .47800318
         rho |   .8847039   (fraction of variance due to u_i)
------------------------------------------------------------------------------
F test that all u_i=0: F(10, 41) = 16.33                 Prob > F = 0.0000
```

（3）随机效应模型。

随机效应模型代码及输出结果如下。

```
xtreg ntpr rot eq be eprp bt pfe ptb pol time,fe
```

out（输出结果）：

```
. xtreg ntpr rot eq be eprp bt pfe ptb pol,re

Random-effects GLS regression                 Number of obs      =        60
Group variable: areaid                        Number of groups   =        11

R-sq:                                         Obs per group:
     within  = 0.6441                                      min =         4
     between = 0.0427                                      avg =       5.5
     overall = 0.1314                                      max =         6

                                              Wald chi2(8)       =     73.86
corr(u_i, X)   = 0 (assumed)                  Prob > chi2        =    0.0000

        ntpr        Coef.    Std. Err.       z    P>|z|     [95% Conf. Interval]

         rot     .4334128    .2213177     1.96    0.050    -.0003618    .8671875
          eq     3.710048    1.353461     2.74    0.006     1.057314    6.362783
          be     .1515428    .0915175     1.66    0.098    -.0278282    .3309138
        eprp    -1.208314    .3647173    -3.31    0.001    -1.923147   -.4934816
          bt      1.00332    .4891595     2.05    0.040      .044585    1.962055
         pfe    -.1181978    .2645879    -0.45    0.655    -.6367805     .400385
         ptb     .6926273    .2574425     2.69    0.007      .1880492    1.197205
         pol    -.3384605    .3387168    -1.00    0.318    -1.002333    .3254122
       _cons    -3.658903    2.517023    -1.45    0.146    -8.592177     1.27437

     sigma_u    1.1621292
     sigma_e    .47800318
         rho    .85529924    (fraction of variance due to u_i)
```

（4）小结。

替换被解释变量回归结果如表 11-5 所示。

表 11-5　替换被解释变量回归结果

变量	OLS	FE	RE
ROT	0.076 （0.133）	0.477 （0.318）	0.433* （0.221）
EQ	2.413 （2.170）	3.294** （1.411）	3.710*** （1.353）
BE	0.004 （0.051）	0.287** （0.135）	0.152* （0.092）
EPRP	−0.857 （0.700）	−1.112*** （0.373）	−1.208*** （0.365）
BT	−1.133* （0.593）	1.305 （0.513）	1.003* （0.489）
PFE	−0.211 （0.365）	−0.223 （0.283）	−0.118 （0.265）
PTB	1.060** （0.408）	0.532* （0.271）	0.693*** （0.257）
POL	−1.123*** （0.384）	−0.241 （0.359）	−0.338 （0.339）
C	1.446 （1.645）	−4.526** （3.507）	−3.659 （2.517）
P 值	0.00410	0	0

注：① ***、** 和 * 分别表示是在置信度为 1%、5% 和 10% 的水平上显著。

② 2016 年杭州、嘉兴、舟山、衢州和 2021 年杭州、嘉兴质押金额数据有所缺失，为了不影响回归结果的客观性，此处将缺失值做了删除处理。

表 11-5 的结果表明，替换解释变量之后，只有 BT 在固定效应模型和随机效应模型中

系数方向发生改变，其他变量的回归系数大致保持一致；但是变量的显著性发生了一些变化，其中，ROT 变为不显著，而 EQ 在固定效应和随机效应模型中变为显著，BE 的显著性也有所下降。可以看出，银行在确定贷款金额时更看重的是企业的质量，而商标与企业自身的发展情况息息相关，因此，使用质押金额作为被解释变量时，EQ 的显著性得到了提高。

2. 加入遗漏变量

贷款期限是企业实施商标权质押贷款所需的期限，以年为单位，一般而言，短期贷款的利率要低于长期贷款利率，因为短期贷款的时间在一年以内，银行的资金回笼比较快，风险较低，但对于企业来说，还款时间越短，还贷压力就比较大。长期贷款的时间在一年以上，对于企业来说还款压力没那么大，但是在这期间可能产生的变数较多，银行承担的风险较大，利率会相应要高一些。银行通常认为商标权质押贷款的不确定性要高于其他贷款方式，因此银行更倾向于发放短期贷款，而企业偏向于长期贷款。贷款期限可能会影响银行质押贷款的积极性和企业的质押贷款意愿，从而影响到商标权质押融资的发展。加入质押期限因素，几种模型展示如下。

（1）固定效应模型。

固定效应模型代码及输出结果如下。

```
xtreg ntpr rot eq be eprp bt pfe ptb pol,re
```

out（输出结果）：

```
. xtreg ntpr rot eq be eprp bt pfe ptb pol time,fe

Fixed-effects (within) regression              Number of obs      =        66
Group variable: areaid                         Number of groups   =        11

R-sq:                                          Obs per group:
     within  = 0.8136                                        min =         6
     between = 0.8985                                        avg =       6.0
     overall = 0.8482                                        max =         6

                                               F(9,46)            =     22.31
corr(u_i, Xb)  = -0.7716                        Prob > F           =    0.0000

      ntpr |      Coef.   Std. Err.      t    P>|t|     [95% Conf. Interval]
-----------+----------------------------------------------------------------
       rot |   .7175469   .1778819     4.03   0.000     .3594892    1.075605
        eq |   .4555199    .895906     0.51   0.614    -1.347845    2.258885
        be |   .3378775   .0726255     4.65   0.000      .19169     .484065
      eprp |  -.9696939   .2501977    -3.88   0.000    -1.473316   -.4660722
        bt |  -.1920438   .3582808    -0.54   0.595    -.9132256    .5291379
       pfe |   .0372385   .1959337     0.19   0.850    -.3571556    .4316326
       ptb |    .350453   .1853017     1.89   0.065      -.02254     .723446
       pol |  -.3801328   .2531428    -1.50   0.140    -.8896827    .1294172
      time |   .0311527   .1062384     0.29   0.771    -.1826941    .2449995
     _cons |  -5.693273   1.942083    -2.93   0.005    -9.602483   -1.784063
-----------+----------------------------------------------------------------
   sigma_u |  .60540231
   sigma_e |  .34111805
       rho |  .75902275   (fraction of variance due to u_i)
----------------------------------------------------------------------------
F test that all u_i=0: F(10, 46) = 2.37                   Prob > F = 0.0233
```

（2）随机效应模型。

随机效应模型代码及输出结果如下。

```
xtreg ntpr rot eq be eprp bt pfe ptb pol time,re
```

out（输出结果）：

```
. xtreg ntpr rot eq be eprp bt pfe ptb pol time,re

Random-effects GLS regression              Number of obs      =        66
Group variable: areaid                     Number of groups   =        11

R-sq:                                      Obs per group:
     within  = 0.7907                                 min =         6
     between = 0.9685                                 avg =       6.0
     overall = 0.9083                                 max =         6

                                           Wald chi2(9)       =    318.81
corr(u_i, X)   = 0 (assumed)               Prob > chi2        =    0.0000

        ntpr │      Coef.   Std. Err.      z    P>|z|     [95% Conf. Interval]
─────────────┼────────────────────────────────────────────────────────────────
         rot │   .3461048   .0734072     4.71   0.000     .2022294    .4899802
          eq │   .4563011   .8477206     0.54   0.590    -1.205201    2.117803
          be │    .292542   .0304527     9.61   0.000     .2328559    .3522281
        eprp │  -.9675644   .2464987    -3.93   0.000    -1.450693   -.4844357
          bt │  -.2458818   .2935876    -0.84   0.402    -.8213029    .3295392
         pfe │   .0099666   .1645227     0.06   0.952     -.312492    .3324253
         ptb │   .4891996   .1688077     2.90   0.004     .1583426    .8200566
         pol │  -.1801529   .1959843    -0.92   0.358     -.564275    .2039692
        time │   .1178767   .1024678     1.15   0.250    -.0829566     .31871
       _cons │  -1.515506   .8185618    -1.85   0.064    -3.119857    .0888461
─────────────┼────────────────────────────────────────────────────────────────
     sigma_u │  .22859476
     sigma_e │  .34111805
         rho │  .30990669   (fraction of variance due to u_i)
```

（3）Hausman 检验。

Hausman 检验其实是一类检验的统称，是对同一参数的两个估计量差异的显著性检验。Hausman 检验结果表明，固定效应和随机效应在系数估计上存在显著差异，如果检验结果的 P 值小于 0.01，意味着原始假设被拒绝，应该采用固定效应。检验结果中的"prob>chi2"表示拒绝原假设所犯的弃真错误的概率。

```
hausman fe re
```

out（输出结果）：

```
. hausman fe re

                 ──── Coefficients ────
               (b)          (B)          (b-B)      sqrt(diag(V_b-V_B))
               fe           re        Difference          S.E.
─────────────┼────────────────────────────────────────────────────────────────
         rot │  .7175469    .3461048     .3714421        .1620289
          eq │  .4555199   -.0007811    -.2898573
          be │  .3378775     .292542     .0453355        .0659325
        eprp │ -.9696939   -.9675644    -.0021296         .042863
          bt │ -.1920438   -.2458818      .053838        .2053569
         pfe │  .0372385    .0099666     .0272719        .1064062
         ptb │   .350453    .4891996    -.1387466        .0764244
         pol │ -.3801328   -.1801529    -.1999799        .1602231
        time │  .0311527    .1178767     -.086724        .0280524

                    b = consistent under Ho and Ha; obtained from xtreg
         B = inconsistent under Ha, efficient under Ho; obtained from xtreg

    Test:  Ho:  difference in coefficients not systematic

              chi2(9) = (b-B)'[(V_b-V_B)^(-1)](b-B)
                      =       14.95
              Prob>chi2 =      0.0924
              (V_b-V_B is not positive definite)
```

根据 Hausman 检验的结果，应选择使用随机效应模型进行回归分析，结果如表 11-6 所示。

表 11-6　加入贷款期限变量的回归结果

变量	原始模型	增加遗漏变量
ROT	0.357*** （0.062）	0.346*** （0.073）
EQ	0.492 （0.842）	0.456 （0.848）
BE	0.292*** （0.027）	0.293*** （0.030）
ERPR	−1.022*** （0.247）	−0.968*** （0.246）
BT	−0.334 （0.275）	−0.246 （0.294）
PFE	−0.009 （0.161）	0.010 （0.165）
PTB	0.484** （0.162）	0.489** （0.169）
POL	−0.112 （0.183）	−0.180 （0.196）
TIME		0.118 （0.102）
C	−1.394 （0.739）	−1.516 （0.819）

注：***、** 和 * 分别表示是在置信度为 1%、5% 和 10% 的水平上显著。

加入质押期限这一变量之后，模型中各解释变量的系数方向和显著性与前面的结果保持了高度的一致性，由此推断本文的实证结果是非常稳健的。

（三）异质性分析

1. 基于分地区子样本的异质性分析

通过以上分析我们研究了浙江省商标权质押融资发展水平的影响因素，但是在不同的地区，这些因素对商标权质押融资的发展水平可能会产生不同的影响，因此本文根据各地区政府出台的政策，将浙江省 11 个城市分为 3 个区域，Ⅰ区为没有出台任何推动商标权质押融资发展政策的地区，有杭州市、嘉兴市、衢州市。Ⅱ区和Ⅲ区的区别为是否有出台针对企业的政策，其中Ⅱ区没有出台企业相关政策，有台州市、湖州市、绍兴市；Ⅲ区有出台企业相关政策，有宁波市、温州市、金华市、丽水市、舟山市。首先对各区域的变量进行相关性分析，Ⅰ区和Ⅲ区各变量之间相关性较弱，不存在多重共线性。Ⅱ区中 ln（ROT）与 BE、PTB 相关性系数较高，存在较强的共线性，为了提高回归结果的准确性，在对照组中剔除 ln（ROT）；BE 和 PTB 在 5% 的显著性水平下 Pearson 系数为 0.542，因此加入 BE 和 PTB 的交互项。

（1）Ⅰ区回归分析。

Ⅰ区回归分析代码及输出结果如下。

```
xtreg ntpr rot eq be eprp bt,re i(year)
```

238

out（输出结果）：

```
. xtreg ntpr rot eq be eprp bt,re i( year)
warning: existing panel variable is not year

Random-effects GLS regression                Number of obs      =        18
Group variable: year                         Number of groups   =         6

R-sq:                                         Obs per group:
     within  = 0.6892                                     min =         3
     between = 0.9676                                     avg =       3.0
     overall = 0.8080                                     max =         3

                                              Wald chi2(5)       =     50.49
corr(u_i, X)    = 0 (assumed)                 Prob > chi2        =    0.0000

        ntpr |      Coef.   Std. Err.      z    P>|z|     [95% Conf. Interval]
        rot  |   .4279057   .0968684     4.42   0.000    .2380471    .6177644
         eq  |   1.119987   2.19519      0.51   0.610   -3.182507    5.42248
         be  |   .5302797   .1442477     3.68   0.000    .2475594    .8129999
       eprp  |  -.8998681   .5422697    -1.66   0.097   -1.962697    .162961
         bt  |  -3.480688   1.726451    -2.02   0.044   -6.86447    -.0969061
       _cons |  -2.329711   1.26016     -1.85   0.064   -4.799579    .140158

     sigma_u |          0
     sigma_e |  .46592498
         rho |          0   (fraction of variance due to u_i)
```

（2）Ⅱ区回归分析。

Ⅱ区回归分析代码及输出结果如下。

```
xtreg ntpr rot eq be eprp bt ptb pol,re
```

out（输出结果）：

```
. xtreg ntpr rot eq be eprp bt ptb pol,re

Random-effects GLS regression                Number of obs      =        18
Group variable: areaid                       Number of groups   =         3

R-sq:                                         Obs per group:
     within  = 0.8387                                     min =         6
     between = 0.9999                                     avg =       6.0
     overall = 0.9832                                     max =         6

                                              Wald chi2(7)       =    583.97
corr(u_i, X)    = 0 (assumed)                 Prob > chi2        =    0.0000

        ntpr |      Coef.   Std. Err.      z    P>|z|     [95% Conf. Interval]
        rot  |   .0931359   .2247181     0.41   0.679   -.3473035    .5335753
         eq  |  -.9369351   2.257077    -0.42   0.678   -5.360725    3.486855
         be  |   .2654397   .0196965    13.48   0.000    .2268353    .304044
       eprp  |  -.9604409   .4148453    -2.32   0.021   -1.773523   -.1473591
         bt  |  -1.036736   .8547548    -1.21   0.225   -2.712025    .6385524
        ptb  |   .5325802   .2064614     2.58   0.010    .1279233    .937237
        pol  |  -.2026768   .1531861    -1.32   0.186   -.5029161    .0975624
       _cons |   1.987875   2.594384     0.77   0.444   -3.097024    7.072774

     sigma_u |          0
     sigma_e |  .28487967
         rho |          0   (fraction of variance due to u_i)
```

（3）Ⅱ区对照组回归分析。

Ⅱ区对照组回归分析代码及输出结果如下。

```
xtreg ntpr eq be eprp bt ptb pol be*ptb,re
```

out（输出结果）：

```
. xtreg ntpr eq be eprp bt ptb pol beptb,re

Random-effects GLS regression                    Number of obs      =        18
Group variable: areaid                           Number of groups   =         3

R-sq:                                            Obs per group:
     within  = 0.9189                                      min =         6
     between = 0.9998                                      avg =       6.0
     overall = 0.9910                                      max =         6

                                                 Wald chi2(7)       =   1100.84
corr(u_i, X)   = 0 (assumed)                     Prob > chi2        =    0.0000

     ntpr |      Coef.   Std. Err.      z    P>|z|     [95% Conf. Interval]
----------+----------------------------------------------------------------
       eq | -.2108352   1.632133    -0.13   0.897    -3.409758    2.988087
       be |  .3050236   .0164588    18.53   0.000     .2727649    .3372823
     eprp | -.8831545    .301146    -2.93   0.003    -1.47339    -.2929193
       bt |  -1.37276    .610055    -2.25   0.024    -2.568446   -.1770744
      ptb |  1.065633   .1963647     5.43   0.000     .6807655    1.450501
      pol | -.0941031   .1036049    -0.91   0.364    -.2971647    .1089588
    beptb | -.0801641   .0266859    -3.00   0.003    -.1324675   -.0278608
    _cons |   2.89348   .1980743    14.61   0.000     2.505262    3.281699
----------+----------------------------------------------------------------
  sigma_u |         0
  sigma_e | .19036202
      rho |         0   (fraction of variance due to u_i)
```

（4）Ⅲ区回归分析。

Ⅲ区回归分析代码及输出结果如下。

```
xtreg ntpr rot eq be eprp bt pfe ptb pol,re
```

out（输出结果）：

```
. xtreg ntpr rot eq be eprp bt pfe ptb pol,re

Random-effects GLS regression                    Number of obs      =        30
Group variable: areaid                           Number of groups   =         5

R-sq:                                            Obs per group:
     within  = 0.8666                                      min =         6
     between = 0.9859                                      avg =       6.0
     overall = 0.9248                                      max =         6

                                                 Wald chi2(8)       =    258.11
corr(u_i, X)   = 0 (assumed)                     Prob > chi2        =    0.0000

     ntpr |      Coef.   Std. Err.      z    P>|z|     [95% Conf. Interval]
----------+----------------------------------------------------------------
      rot |  .3556472   .0542709     6.55   0.000     .2492782    .4620163
       eq |  .3644619   .9035445     0.40   0.687    -1.406453    2.135376
       be |  .3890349   .0708956     5.49   0.000     .2500821    .5279876
     eprp |  -1.05816   .3454043    -3.06   0.002    -1.73514    -.38118
       bt |  .2267524   .2494448     0.91   0.363    -.2621504    .7156552
      pfe | -.1694469   .1568524    -1.08   0.280    -.4768719    .1379781
      ptb |  .5727022   .2224858     2.57   0.010      .136638    1.008766
      pol | -.0167767    .406047    -0.04   0.967    -.8126141    .7790608
    _cons | -1.773277    .660021    -2.69   0.007    -3.066895   -.4796597
----------+----------------------------------------------------------------
  sigma_u |         0
  sigma_e | .28795049
      rho |         0   (fraction of variance due to u_i)
```

（5）小结。

分地区异质性分析结果如表 11-7 所示。

表 11-7　分地区异质性分析结果

地区	I区	II区	II区对照	III区
	杭州、嘉兴、衢州	台州、湖州、绍兴		宁波、温州、金华、丽水、舟山
ROT	0.428*** （0.097）	0.093 （0.225）		0.356*** （0.054）
EQ	1.120 （2.195）	−0.937 （2.257）	−0.211 （1.632）	0.364 （0.904）
BE	0.530** （0.144）	0.265*** （0.020）	0.305*** （0.016）	0.389*** （0.071）
$ERPR$	−0.900 （0.542）	−0.960 （0.415）	−0.883 （0.301）	−1.058** （0.345）
BT	−3.481* （1.726）	−1.037 （0.855）	−1.373 （0.610）	0.227 （0.249）
PFE				−0.169 （0.157）
PTB		0.533 （0.206）	1.066*** （0.196）	0.573 （0.222）
POL		−0.203 （0.153）	−0.094 （0.104）	−0.017 （0.406）
$BE·PTB$			−0.080 （0.027）	
C	−2.330 （1.260）	1.988 （2.594）	2.893*** （0.198）	−1.773 （0.660）

注：***、** 和 * 分别表示是在置信度为 1%、5% 和 10% 的水平上显著。

其中，I区的城市杭州、嘉兴、衢州，政府没有出台商标权质押融资相关优惠政策，其实证结果同基准的结果方向一致，在缺少政策因素的推动下，银行开展商标权质押融资业务的风险较高，因此这些城市的商标权质押融资发展水平更多的受到企业自身的质量和银行积极性的影响，而风险容忍度较高的城商行会更愿意开展商标权质押融资业务。II区在剔除 ROT 这一变量并加入 BE 和 PTB 的交互项之后，各变量的系数方向没有发生改变。II区的城市只出台了针对银行或者中介机构的相关政策，没有出台企业相关的贴息或补助政策，其中台州和绍兴有出台银行的风险补偿政策，即针对银行无法按期收回的贷款本金给予不高于 50% 的风险补偿；台州和湖州有对开展知识产权质押融资保险的机构提供保费补贴。银行和保险机构是商标权质押融资业务中主要的风险承担者，政府出台的相关政策能够在一定程度上降低银行和保险机构承担的风险，因此银行会相对地放宽申请商标权质押贷款的企业质量要求，所以 EQ 的系数为负。III区的城市都有出台对企业的补助政策，一些城市还同时出台了针对银行或中介机构的政策，其回归结果同基准回归的结果大致相同，但是III区中 BT 的系数方向和基准回归中相反。III区的城市 BT 值均高于其他城市，这主要是因为这些城市的商业银行较为谨慎，政府的一系列政策出台时间较晚，不能有效地提高商业银行的积极性，因此开展商标权质押融资业务的国有五大银行数量较多。

2. 基于不同时间段的异质性分析

2016—2021 年浙江省商标权质押融资金额分别为 98.20 亿元、58.60 亿元、82.21 亿元、90.77 亿元、200.54 亿元和 331.90 亿元，其中 2016—2019 年商标权质押融资金额较为稳定，变化不太显著，而到 2020 年商标权质押融资金额突破百亿元大关，超 200 亿元，涨幅高达 120.93%，2021 年融资金额持续增加至 300 多亿元。2020 年是浙江省商标权质押融资发展的一个分水岭，因此本文对 2020 年之前和 2020 年之后的浙江省商标权质押融资的发展历程分为两段进行分析。

（1）2016—2019 年回归分析。

xtset 命令用来设置面板变量和时间变量，xtset areaid year 即表示地区的时间效应，代码及输出结果如下。

```
xtset areaid year
xtreg ntpr rot eq be eprp bt pfe ptb pol,re
```

out（输出结果）：

```
. xtset areaid year
       panel variable:  areaid (strongly balanced)
        time variable:  year, 2016 to 2019
                delta:  1 unit

. xtreg ntpr rot eq be eprp bt pfe ptb pol,re

Random-effects GLS regression           Number of obs      =          44
Group variable: areaid                  Number of groups   =          11

R-sq:                                   Obs per group:
     within  = 0.8079                              min =           4
     between = 0.9421                              avg =         4.0
     overall = 0.9284                              max =           4

                                        Wald chi2(8)       =      220.40
corr(u_i, X)   = 0 (assumed)            Prob > chi2        =      0.0000

        ntpr |     Coef.    Std. Err.      z     P>|z|     [95% Conf. Interval]

         rot |   .3422313   .0745826     4.59    0.000     .1960521    .4884105
          eq |   1.125373   .5480424     2.05    0.040     .0512297    2.199516
          be |   .3356573   .0299459    11.21    0.000     .2769644    .3943503
        eprp |  -.8602656   .1469234    -5.86    0.000    -1.14823    -.5723011
          bt |   .1655896   .2200888     0.75    0.452    -.2657765    .5969557
         pfe |   .0514128   .1631493     0.32    0.753    -.268354     .3711796
         ptb |   .0831105   .1740087     0.48    0.633    -.2579403    .4241613
         pol |   .2394583   .1985333     1.21    0.228    -.1496598    .6285764
       _cons |  -1.601267   .8383262    -1.91    0.056    -3.244356    .0418222

     sigma_u |  .31282761
     sigma_e |  .18593741
         rho |  .73894344   (fraction of variance due to u_i)
```

（2）2020—2021 年回归分析。

2020—2021 年回归分析代码及输出结果如下。

```
xtset areaid year
xtreg ntpr rot eq be eprp bt pfe ptb pol,re
```

out（输出结果）：

```
. xtset areaid year
       panel variable:  areaid (strongly balanced)
        time variable:  year, 2020 to 2021
                delta:  1 unit

. xtreg ntpr rot eq be eprp bt pfe ptb pol,re

Random-effects GLS regression            Number of obs    =        22
Group variable: areaid                   Number of groups =        11

R-sq:                                    Obs per group:
     within  = 0.5275                               min =         2
     between = 0.9715                               avg =       2.0
     overall = 0.9184                               max =         2

                                         Wald chi2(8)     =    146.24
corr(u_i, X)  = 0 (assumed)              Prob > chi2      =    0.0000

        ntpr        Coef.   Std. Err.      z    P>|z|     [95% Conf. Interval]

         rot     .3741622   .1271928     2.94   0.003     .1248689    .6234556
          eq    -3.085316   1.811229    -1.70   0.088    -6.63526     .464629
          be     .2199849   .0432992     5.08   0.000      .13512    .3048497
        eprp    -.9217459     .96691    -0.95   0.340    -2.816855   .9733629
          bt    -1.417777   .7391562    -1.92   0.055    -2.866496   .0309429
         pfe     .1088355   .3202512     0.34   0.734    -.5188453   .7365164
         ptb       .34944   .2865036     1.22   0.223    -.2120968   .9109767
         pol     -.173217   .2908728    -0.60   0.552    -.7433172   .3968832
       _cons     -.807363   1.680734    -0.48   0.631    -4.101542   2.486816

     sigma_u            0
     sigma_e    .46800894
         rho            0   (fraction of variance due to u_i)
```

（3）小结。

分时间段异质性分析结果如表 11-8 所示。

表 11-8　分时间段异质性分析结果

时间	2016—2019 年	2020—2021 年
ROT	0.342*** （0.075）	0.374** （0.127）
EQ	1.125 （0.548）	−3.085 （1.811）
BE	0.336*** （0.030）	0.220*** （0.043）
ERPR	−0.86*** （0.147）	−0.922 （0.967）
BT	0.166 （0.220）	−1.418 （0.739）
PFE	0.051 （0.163）	0.109 （0.320）
PTB	0.083 （0.174）	0.349 （0.287）
POL	0.239 （0.199）	−0.173 （0.291）
C	−1.601 （0.838）	−0.808 （1.681）

注：***、** 和 * 分别表示是在置信度为 1%、5% 和 10% 的水平上显著。

其中 EQ、BT、PFE 和 POL 4 个变量在两个不同的时间段内变化方向相反，且与混合效应模型的结果相差较大。首先是 EQ，在 2016—2019 年回归系数为正，而在 2020—2021

年回归系数为负，浙江省于 2015 年开展"商标质押百亿融资行动"，重点对象包括"浙江省的驰名商标企业和著名商标企业"。可以看出，浙江省商标权质押融资在发展前期更注重质押企业的质量，支持缺乏不动产担保品但拥有优势品牌商标、前景良好的企业积极获得商标权质押贷款。经过前期的发展及经验的积累，浙江省商标权质押融资服务体系逐渐完善，风险管控机制日渐成熟，要使得商标质押实现量的增长，就必须放宽对企业的质量要求，因此 2020—2021 年 *EQ* 的回归系数变为负数。其次是 *BT*，在发展前期主要是国有银行和政策行响应国家政策开展商标质押，随着各项政策的出台及商标权质押融资的稳定发展，股份制银行、当地城商银行和农商银行开展商标权质押融资业务的积极性会得到提高。最后是 *PFE* 和 *POL*，在前期出台针对企业和中介机构的相关政策，对于提高企业商标质押的积极性和降低风险能够起到正向的作用，从而推动商标权质押融资的增长。

四、具体任务

（一）实践任务

本次实践任务包含以下 4 个方面的内容。

浙江省 2016—2021 年商标权质押数据

（1）收集浙江省的商标权质押登记笔数及其影响因素数据，识别影响商标权质押数量的关键属性，数据详见"浙江省 2016—2021 年商标权质押数据 .xlsx"。

（2）对收集数据进行预处理与描述性分析，包括缺失值处理和相关性分析等。

（3）在分析时分别使用混合效应模型、固定效应模型和随机效应模型对面板数据进行回归。

（4）使用替换因变量和加入遗漏变量的方法进行稳健性检验，分地区和分时间段进行异质性分析。

（二）实践步骤

本次实践任务的具体步骤如下。

（1）使用 Stata 读取数据"浙江省商标权质押数据 .xlsx"。

（2）使用 codebook 命令、summarize 命令和 pwcorr 命令对数据进行预处理和描述性分析。

（3）使用 reg 命令和 xtreg 命令对数据进行面板模型回归分析、稳定性检验和异质性分析。

（三）实践思考

（1）如果不对固定效应模型和随机效应模型进行 Hausman 检验，直接使用任一类型面板模型会对回归结果造成怎样的影响？

（2）在对回归模型进行稳健性检验时，从其他角度进行稳健性检验的结果是否一致？

实践十二 专利权质押融资价值评估

一、实践目的

- 掌握 AHP 层次分析法。
- 掌握熵值法。
- 掌握 CRITIC 权重法。
- 指标权重计算方法在专利权质押价值评估中的运用。

二、基本原理及操作演示

权重是一种数据分析方法，它通过计算不同数据项之间的重要性，来提升信息的准确性和可信度。权重的计算方法有很多种，其中主观赋权法主要有 AHP（Analytic Hierarchy Process）层次分析法和优序图法，主要是利用数字的相对大小信息计算权重；在客观赋权法中，根据信息量大小计算权重的有熵值法；利用数据的波动性或者数据之间的相关关系计算权重有 CRITIC 权重法、独立性权重法和信息量权重法。权重的计算方法可以用来提高数据分析的准确性，为数据分析及决策做出更明智的选择，基于权重计算方法的应用，人们可以对数据进行更合理的评估，从而获得更加准确可靠的分析结果。本章将包含以下主题：AHP 层次分析法、熵值法和 CRITIC 权重法的原理、计算步骤。

（一）AHP 层次分析法

1. 原理

AHP 层次分析法是美国学者托马斯·萨蒂于 21 世纪 70 年代提出的一种层次权重分析方法，把复杂系统的决策思维进行决策化，将定性和定量因素有机地结合起来，并通过构建判断矩阵、排序计算和一致性检验得到最后的权重结果。该方法为主观赋值法，通常需要由专家打分或通过问卷调研的方式，得到各指标重要性的打分情况，利用数字的相对大小信息进行权重计算。

2. 计算步骤

（1）构造判断矩阵。

AHP 层次分析法并不是把所有因素放在一起比较，而是两两因素之间相互比较，并按重要性程度评定等级，为获得因素 i 和因素 j 重要性的比较结果，把两两比较的结果放在一起构成判断矩阵，具体如下

$$A = a_{ij}(nn) = \begin{bmatrix} a_{11} & a_{12} & \cdots & a_{1n} \\ a_{21} & a_{22} & \cdots & a_{2n} \\ \vdots & \vdots & \vdots & \vdots \\ a_{n1} & a_{n2} & \cdots & a_{nn} \end{bmatrix} \tag{12-1}$$

判断矩阵的性质如下

$$a_{ij} = \frac{1}{a_{ji}} \tag{12-2}$$

判断矩阵元素的标度方法如表 12-1 所示。

表 12-1 比例标度表

标度	含义
1	表示两个因素相比，具有同等重要性
3	表示两个因素相比，一个因素比另外一个因素稍微重要
4	表示两个因素相比，一个因素比另外一个因素明显重要
7	表示两个因素相比，一个因素比另外一个因素强烈重要
9	表示两个因素相比，一个因素比另外一个因素极端重要
2，4，6，8	表示两个因素相比，两相邻判断的中间值

（2）层次单排序和一致性检验。

将判断矩阵最大特征根 λmax 的特征向量归一化后记为 W。W 的元素为同一层次因素对于上一层次因素中某因素相对重要性的排序权值，这一过程称为层次单排序。然后对层次单排序进行一致性检验，即对 A 确定不一致的允许范围。其中，n 阶一致阵的唯一非零特征根为 n；n 阶正互反阵 A 的最大特征根 $\lambda \geqslant n$，当且仅当 $\lambda = n$ 时，A 为一致矩阵。λ 的计算过程如下。

①首先计算判断矩阵中每一行元素的乘积

$$M_i = \prod_j^n a_{ij} \tag{12-3}$$

a_{ij} 是第 i 个元素与第 j 个元素的关系比值。

②计算 M_i 的 n 次方根

$$W_i = \sqrt[n]{M_i} \tag{12-4}$$

③对向量进行归一化处理

$$\overrightarrow{W_i} = \frac{W_i}{\sum_{i=1}^n W_i} \tag{12-5}$$

④计算判断矩阵的特征根

$$\lambda_i = \sum_{j=1}^n a_{ij} \overrightarrow{W_i} \tag{12-6}$$

⑤计算判断矩阵的最大特征根

$$\lambda max = \sum_{i=1}^n \frac{\lambda_i}{n \times W_i} \tag{12-7}$$

由于 λ 连续的依赖于 a_{ij}，那么 λ 比 n 大的越多，A 的不一致性越严重，引起的判断误差越大。一致性指标用 CI 计算，CI 越小，说明一致性越大。因而可以用 $\lambda - n$ 数值的大小

来衡量 A 的不一致程度。一致性指标可以定义为

$$CI = \frac{\lambda\max - n}{n - 1} \qquad (12\text{-}8)$$

其中，$CI = 0$ 表示有完全的一致性；CI 接近于 0 表示有满意的一致性；CI 越大，不一致越严重。为衡量 CI 的大小，引入随机一致性指标 RI，计算公式为

$$RI = \frac{CI1 + CI2 + \cdots + CIn}{n} \qquad (12\text{-}9)$$

其中，RI 和判断矩阵的阶数有关，一般情况下，矩阵阶数越大，出现一致性随机偏离的可能性也越大，其对应关系如表 12-2 所示。

表 12-2　平均随机一致性指标 RI 标准值

矩阵阶数	1	2	3	4	5	6	7	8	9	10
RI	0	0	0.58	0.90	1.12	1.24	1.3	1.41	1.45	1.49

考虑到一致性的偏离可能是由于随机原因造成的，因此在检验判断矩阵是否具有满意的一致性时，还需和随机一致性指标进行比较，得出检验系数，公式如下

$$CR = \frac{CI}{RI} \qquad (12\text{-}10)$$

一般来说，如果 $CR < 0.1$，则认为该判断矩阵通过一致性检验；否则就不具有满意一致性。

（3）层次总排序和一致性检验。

从最高层到最低层次依次计算某一层次所有因素对于最高层（总目标）相对重要性的权值，如图 12-1 所示。

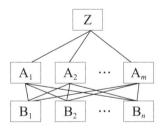

图 12-1　层次总排序示意

A 层 m 个因素 A_1，A_2，$\cdots$，A_m 对总目标 Z 的排序为 a_1，a_2，$\cdots a_m$；B 层 n 个因素对上层 A 中因素为 A_j 的层次单排序为 b_{1j}，b_{2j}，$\cdots$，b_{mj}（$j=1$，2，$\cdots$，m）。

B 层的层次总排序为：

$$B1：a_1 b_{11} + a_2 b_{12} + \cdots + a_m b_{1m}$$
$$B2：a_1 b_{21} + a_2 b_{22} + \cdots + a_m b_{2m}$$
$$\vdots$$
$$Bn：a_1 b_{n1} + a_2 b_{n2} + \cdots + a_m b_{nm} \qquad (12\text{-}11)$$

即 B 层第 i 个因素对总目标的权值为

$$\sum_{j=1}^{m} a_j b_{ij} \tag{12-12}$$

层次总排序的一致性检验：设 B 层对上层（A 层）中因素 A_j（1，2，…，m）的层次性单排序一致性指标为 CI_j，随机一致性指标为 RI_j，则层次总排序的一致性比率为

$$CR = \frac{a_1 CI_1 + a_1 CI_1 + \cdots + a_m CI_m}{a_1 RI_1 + a_1 RI_1 + \cdots + a_m RI_m} \tag{12-13}$$

当 $CR < 0.1$ 时，层次总排序即通过一致性检验。然后根据最下层（决策层）的层次总排序做出最后决策。

（二）熵值法

1. 原理

在信息论中，熵是对不确定性的一种度量。信息量越大，不确定性就越小，熵也就越小；信息量越小，不确定性越大，熵也越大。根据熵的特性，我们可以通过计算熵值来判断一个事件的随机性及无序程度，也可以用熵值来判断某个指标的离散程度；指标的离散程度越大，该指标对综合评价的影响越大。该方法利用数据熵值信息即信息量大小进行权重计算，适用于数据之间有波动，同时会将数据波动作为一种信息的情形。

2. 计算步骤

假设现有一组数据，有 m 个待评价对象，n 个评价指标，构成原始数据矩阵 X

$$X = \begin{bmatrix} x_{11} & x_{12} & \cdots & x_{1n} \\ x_{21} & x_{22} & \cdots & x_{2n} \\ \vdots & \vdots & \vdots & \vdots \\ x_{m1} & x_{m2} & \cdots & x_{mn} \end{bmatrix} \tag{12-14}$$

（1）空值处理：如果指标值含有空值，就剔除整条数据。

（2）异常值处理：剔除占比大于 1 的数据，分别计算每个指标的均值和标准差，剔除掉大于均值 +3* 标准差或小于均值 -3* 标准差的数据。

（3）数据标准化：由于数据正负符号代表的含义不同，对于正负指标使用不同的算法进行数据标准化处理。

正向指标为

$$x_{ij} = \frac{x_{ij} - \min(x_j)}{\max(x_j) - \min(x_j)} \tag{12-15}$$

负向指标为

$$x_{ij} = \frac{\max(x_j) - x_{ij}}{\max(x_j) - \min(x_j)} \tag{12-16}$$

（4）计算第 j 个指标下第 i 个样本占该指标的比重，计算公式为

$$P_{ij} = \frac{Z_{ij}}{\sum_{i=1}^{m} - Z_{ij}} \tag{12-17}$$

（5）计算第 j 个指标的熵值，计算公式为

$$e_j = -k \sum_{i=1}^{m} p_{ij} \ln(p_{ij}) \tag{12-18}$$

其中，$k > 0$，$\ln$ 为自然对数，$e_j > 0$。常数 k 与样本数 m 有关，一般 $k = 1 / \ln(m)$，则 $0 \leqslant e \leqslant 1$。

（6）计算第 j 个指标的信息效用值，计算公式为

$$d_j = 1 - e_j \tag{12-19}$$

（7）计算各项指标的权重，计算公式为

$$w_j = \frac{d_j}{\sum_{i=1}^{n} - d_j} \tag{12-20}$$

（8）计算各样本的综合得分，即

$$S_i = \sum_{j=1}^{n} w_j \cdot p_{ij} \tag{12-21}$$

（三）CRITIC 权重法

1. 原理

CRITIC 是一种评价指标客观赋权方法。它是通过综合评价指标之间的冲突性和对比强度来衡量指标的客观权重，不仅考虑指标的离散程度大小，同时还考虑到指标之间的相关性。对比强度是指同一个指标各个评价方案之间取值差距的大小，以标准差的形式来表现，标准差越大，说明波动越大，那么权重就越高。指标之间的冲突性，用相关系数来表示，如果两个指标之间具有较强的正相关性，说明其冲突性越小，权重会越低。该方法主要是利用数据的波动性或者数据之间的相关关系情况进行权重计算。

2. 计算步骤

假设现有一组数据，有 m 个待评价对象，n 个评价指标，原始数据矩阵 X 构成如下。

$$X = \begin{bmatrix} x_{11} & x_{12} & \cdots & x_{1n} \\ x_{21} & x_{22} & \cdots & x_{2n} \\ \vdots & \vdots & \vdots & \vdots \\ x_{m1} & x_{m2} & \cdots & x_{mn} \end{bmatrix} \tag{12-22}$$

因各指标在量纲、数量级等方面存在差异，所以需要先对数据进行标准化处理，以消除各指标单位由于量化不统一而存在的问题。

正向指标为

$$x_{ij} = \frac{x_{ij} - \min(x_j)}{\max(x_j) - \min(x_j)}$$

逆向指标为

$$x_{ij} = \frac{\max(x_j) - x_{ij}}{\max(x_j) - \min(x_j)}$$

波动性计算公式为

$$S_j = \sqrt{\frac{\sum_{i=1}^{m}(x_{ij} - \bar{x}_j^2)}{n - 1}} \tag{12-23}$$

计算冲突性时要用到指标的相关性矩阵，计算公式为

$$R = \frac{\sum_{j,k=1}^{n}(x_{ij} - \overline{x}_j)(x_{ik} - \overline{x}_k)}{\sqrt{\sum_{j=1}^{n}(x_{ij} - \overline{x}_j^2)\sum_{k=1}^{n}(x_{ik} - x_k)^2}} \tag{12-24}$$

则冲突性公式为

$$A_j = \sum_{i=1}^{n}(1 - r_{ij}) \tag{12-25}$$

其中，r_{ij} 表示第 i 个指标和第 j 个指标之间的相关系数。

波动性和冲突性相乘得到信息量为

$$C_j = S_j \times A_j \tag{12-26}$$

三、综合案例分析

收益法的计算公式为：评估值＝未来收益期内各期的收益额现值之和 × 收益分成率，即

$$P = K \cdot \sum_{t=1}^{n}[F_t / (1 + i)^t] \tag{12-27}$$

其中，t 为收益年限，F_t 为未来第 t 个收益期的预期专利技术收益额，i 为折现率，K 为收益分成率，采用收益分成法评估专利技术价值时应当合理确定每一个参数，以确保价值评估的科学性和准确性。专利的收益分成率通常表示为专利技术收益额 / 专利产品收入总额。由于专利权无形性、专有性、专利权收益的持续性和不确定性的特点，致使其预期收益很难与其所依附的有形资产区分开来，确定收益分成率是一个有难度的工作。收益分成率确定的合理性是专利权价值评估合理的关键，因此在评估实践中，需要谨慎考虑专利权价值评估的影响因素，以及选择合适的方法计算影响因素的指标权重。

专利的收益分成率主要取决于专利技术的先进性、产品的销量、利润高低，不同技术类型、不同交易目的其收益分成率也有所不同。无形资产评估方法要求在执行无形资产评估业务时，应当关注评估对象的法律、经济、技术等特征和权力状态。由于是基于质押融资目的的专利权价值评估，因此还需要考虑出质企业自身的情况和宏观经济环境的影响。从专利技术、企业、市场、法律和宏观 5 个角度研究质押融资过程中专利权价值的影响因素，并对每一类因素下的二级指标进行分析和度量，从而构建专利权价值评估指标体系（见表 12-3）。

表 12-3　价值评估指标体系

评估对象	一级指标	二级指标
专利资产评估	技术因素 A1	专利技术类型 B1
		专利所处的生命周期 B2
		专利技术的性质 B3
		专利技术的可替代性 B4
		质押专利数量 B5
		专利是否属于核心技术 B6

评估对象	一级指标	二级指标
专利资产评估	企业因素 A2	企业规模 B7
		企业信用状况 B8
		管理者素质 B9
	企业因素 A2	企业的研发能力 B10
		企业的偿债能力 B11
		企业的盈利能力 B12
		企业的营运能力 B13
	市场因素 A3	专利产品的市场供求状况 B14
		相关专利技术的市场价值 B15
		专利相关产品的市场规模 B16
		专利产品的市场份额 B17
		专利产品的竞争程度 B18
	法律因素 A4	侵权风险 B19
		法定剩余保护期限 B20
		专利的保护范围 B21
	宏观因素 A5	政策支持力度 B22
		政府参与度 B23
		GDP 增长率 B24
		行业 GDP 增长率 B25

（一）运用 AHP 层次分析法确定指标权重

为保证专家打分结果的合理性和准确性，邀请了 4 名经验丰富的资产评估人员、4 名知识产权研究学者及 2 名从事专利质押工作的银行管理人员组成专家团。专家团对各层指标重要性进行打分，每位专家形成各自的判断矩阵 N_i，然后对 10 位专家的打分结果取平均值处理，得到最终的判断矩阵。然后根据上述专家团构建的判断矩阵 N_i，对判断矩阵进行一致性检验。

1. 一级指标权重计算

（1）构造判断矩阵。

一级指标专家打分结果如表 12-4 所示。

表 12-4　一级指标专家打分表

专家	1	2	3	4	5	6	7	8	9	10
A2 相对于 A1	5	1	3	5	1/3	1/3	5	3	3	5
A3 相对于 A1	5	5	3	3	1	1	5	3	5	3
A3 相对于 A2	5	5	3	1	5	5	3	1/3	5	1/3
A4 相对于 A1	1/3	1/5	1/3	1/9	1/5	1/3	1/3	1/5	1/3	1/5
A4 相对于 A2	1/3	1/5	1/3	1/9	1/5	1/3	1/3	1/5	1/3	1/7
A4 相对于 A3	1/3	1/5	1/3	1/9	1/5	1/3	1/3	1/5	1/3	1/7
A5 相对于 A1	1/7	1/5	1/3	1/3	1/5	1/5	1	1/7	1	1/7

续 表

专家	1	2	3	4	5	6	7	8	9	10
A5 相对于 A2	1/7	1/5	1/3	1/3	1/7	1/5	1/3	1/3	1	1/9
A5 相对于 A3	1/7	1/5	1/3	1/3	1/7	1/5	1/3	1/5	1	1/7
A5 相对于 A4	1/3	1/5	1/3	1/3	1/7	1/5	3	1/3	1	1/5

对于一级指标之间两两比较的专家打分情况求取平均值，即可得到一级指标的判断矩阵，如表 12-5 所示。

表12-5 一级指标判断矩阵

指标	A1	A2	A3	A4	A5
A1	1	0.326	0.294	3.846	2.703
A2	3.070	1	0.306	3.704	3.226
A3	3.400	3.270	1	4.167	3.333
A4	0.260	0.270	0.240	1	1.639
A5	0.370	0.310	0.230	0.610	1

（2）计算权重向量并归一化处理。

按照计算步骤和计算公式，首先计算判断矩阵每一行元素的乘积，对其开 n 次方根，然后进行归一化处理即可得到每一个指标的权重，如表 12-6 所示。

表12-6 一级指标权重

指标	乘积	特征向量	归一化	权重值/%
A1	0.9964	0.9993	0.1589	15.89
A2	11.2252	1.6220	0.2580	25.80
A3	154.4136	2.7399	0.4358	43.58
A4	0.0276	0.4878	0.0776	7.76
A5	0.0161	0.4378	0.0696	6.96

（3）计算最大特征根。

根据特征根的计算式（12-6），将 A1 的权重值与判断矩阵中的第一列所有数值相乘，A2 的权重值与判断矩阵中的第二列所有数值相乘……按照这种方式依次进行计算，然后计算每一行的总和即为每个变量的特征根，最后计算所有特征根的平均值就可以得到判断矩阵的最大特征根：$\lambda \max = 5.32$。

（4）一致性检验。

根据式（12-8），可以计算出 $CI = \dfrac{5.32 - 5}{5 - 1} = 0.08$，由于一级指标的判断矩阵为 5 阶，根据表 12-2 给出的 RI 标准值，此处的 $RI = 1.12$，由此可以得到 $CR = \dfrac{CI}{RI} = \dfrac{0.08}{1.12} = 0.07$，$CR < 0.1$ 通过一致性检验。

通过上述分析，一级指标的权重及一致性检验结果如表 12-7 所示。

表 12-7　一级指标分析结果

项	特征向量	权重值 /%	最大特征根	CI 值	RI 值	CR 值	一致性检验结果
A1	0.9993	15.89					
A2	1.6220	25.80					
A3	2.7399	43.58	5.406	0.101	1.12	0.07	通过
A4	0.4878	7.76					
A5	0.4378	6.96					

2. 二级指标权重计算

技术因素指标专家打分表如表 12-8 所示。

表 12-8　技术因素指标专家打分表

专家	1	2	3	4	5	6	7	8	9	10
B2 相对于 B1	5	5	1/7	1/9	1/7	5	5	1/3	1/3	1/3
B3 相对于 B1	3	5	1/7	1/7	1	1/5	3	3	3	5
B3 相对于 B2	1/3	1	1/7	1/3	5	1/7	1/3	3	1	7
B4 相对于 B1	9	7	7	9	7	7	7	3	7	5
B4 相对于 B2	9	7	7	1	5	7	7	3	3	7
B4 相对于 B3	9	7	7	7	7	7	7	1/3	5	1/3
B5 相对于 B1	1/5	1/7	1/3	1/5	1/3	1/7	1/3	1/5	1	1/3
B5 相对于 B2	1/5	1/7	1/3	1/5	1/3	1/3	1/3	1/3	1/3	1/5
B5 相对于 B3	1/3	1/7	1/3	1/5	1/5	1/7	1/3	1/5	1	1/7
B5 相对于 B4	1/3	1/7	1/3	1/5	1/5	1/7	1/5	1/5	1/5	1/9
B6 相对于 B1	9	5	9	7	7	5	7	5	3	1/7
B6 相对于 B2	9	5	9	7	7	5	7	3	3	3
B6 相对于 B3	9	5	9	7	7	5	7	3	3	1/3
B6 相对于 B4	9	5	9	1	1	5	1	3	1	1/5
B6 相对于 B5	9	5	9	7	7	5	3	5	3	7

对于技术因素一级指标之间两两比较的专家打分情况求取平均值，即可得到技术指标下二级指标的判断矩阵，如表 12-9 所示。

表 12-9　技术因素指标判断矩阵

指标	B1	B2	B3	B4	B5	B6
B1	1	0.467	0.426	0.147	3.107	0.175
B2	2.140	1	0.547	0.179	3.918	0.179
B3	2.349	1.829	1	0.176	3.302	0.181
B4	6.800	5.600	5.667	1	4.846	0.284
B5	0.322	0.255	0.303	0.206	1	0.167
B6	5.714	5.600	5.533	3.520	6.000	1

（1）计算权重向量并归一化处理。

同一级指标计算步骤一样，即可得到技术因素指标下每一个二级指标的权重，如表 12-10 所示。

表 12-10　二级指标权重

指标	乘积	特征向量	归一化	权重值 /%
B1	0.0159	0.5014	0.0561	5.61
B2	0.1469	0.7264	0.0813	8.13
B3	0.4519	0.8760	0.0980	9.80
B4	296.9969	2.5830	0.2891	28.91
B5	0.0009	0.3081	0.0345	3.45
B6	3739.2360	3.9397	0.4409	44.09

（2）计算最大特征根。

根据式（12-6），将 B1 的权重值与判断矩阵中的第一列所有数值相乘，B2 的权重值与判断矩阵中的第二列所有数值相乘……按照这种方式依次进行计算，然后计算每一行的总和即为每个变量的特征根，最后计算所有特征根的平均值就可以得到判断矩阵的最大特征根 $\lambda max = 6.61$。

（3）一致性检验。

根据式（12-8），可以计算出 $CI = \dfrac{6.61 - 6}{5 - 1} = 0.122$，由于一级指标的判断矩阵为 6 阶，根据表 12-2 给出的 RI 标准值，此处的 $RI = 1.26$，由此可以得到 $CR = \dfrac{CI}{RI} = \dfrac{0.122}{1.26} = 0.097$，$CR < 0.1$ 通过一致性检验技术因素分析结果如表 12-11 所示。

表 12-11　技术因素分析结果

项	特征向量	权重值 /%	最大特征根	CI 值	RI 值	CR 值	一致性检验结果
B1	0.5014	5.61					
B2	0.7264	8.13					
B3	0.8760	9.80	6.61	0.122	1.26	0.097	通过
B4	2.5830	28.91					
B5	0.3081	3.45					
B6	3.9397	44.09					

3. 指标权重结果

其他二级指标的权重计算过程同技术指标一致，因此就不再赘述了，且都通过了一致性检验，最终的指标体系如表 12-12 所示。

表 12-12　AHP 层次分析法综合权重

评估对象	一级指标	权重	二级指标	权重	综合权重
专利质押融资价值	技术因素 A1	0.16	专利技术类型 B1	0.0561	0.0090
			专利所处生命周期 B2	0.0813	0.0130
			专利技术的性质 B3	0.0980	0.0157
			专利技术的可替代性 B4	0.2891	0.0463
			质押专利数量 B5	0.0345	0.0055
			专利是否属于核心技术 B6	0.4409	0.0706
	企业因素 A2	0.26	企业规模 B7	0.0362	0.0094

评估对象	一级指标	权重	二级指标	权重	综合权重
专利质押融资价值	企业因素 A2	0.26	企业信用状况 B8	0.0611	0.0159
			管理者素质 B9	0.0776	0.0202
			企业的研发能力 B10	0.1837	0.0478
			企业的偿债能力 B11	0.1948	0.0507
			企业的盈利能力 B12	0.2727	0.0709
			企业的营运能力 B13	0.1740	0.0452
	市场因素 A3	0.43	专利产品的市场供求状况 B14	0.0618	0.0266
			相关专利技术的市场价值 B15	0.1045	0.0449
			专利相关产品的市场规模 B16	0.1501	0.0645
			专利产品的市场份额 B17	0.2343	0.1007
			专利产品的竞争程度 B18	0.4493	0.1932
	法律因素 A4	0.08	侵权风险 B19	0.1802	0.0144
			法定剩余保护期限 B20	0.2968	0.0237
			专利的保护范围 B21	0.5230	0.0418
	宏观因素 A5	0.07	政策支持力度 B22	0.2742	0.0192
			政府参与度 B23	0.3273	0.0229
			GDP 增长率 B24	0.1356	0.0095
			行业 GDP 增长率 B25	0.2628	0.0184

（二）运用熵值法确定指标权重

1. 数据的获取

在 Stata 中可以直接导入 Excel 文件，通过"File"—"Import"—"Excel spreadsheet"，然后选择要导入的数据文件；也可以点击 Stata 中的 Data Editor，直接将数据粘贴到里面；也可以像如下代码一样，通过命令导入数据。

```
use "C:\Users\28457\Desktop\ 数据 .xlsx",clear
```

out（输出结果）：

id	B1	B2	B3	B4	B5	B6	⋯	B19	B20	B21	B22	B23	B24	B25
1	100	100	40	60	3	40	⋯	100	15.7	100	2	50	20	100
2	100	60	40	60	2	100	⋯	100	5.03	50	2	50	20	60
3	100	100	40	60	9	40	⋯	40	14.59	100	3	50	60	60
4	100	100	40	0	1	40	⋯	100	16.4	100	3	50	60	100
5	100	60	0	0	3	40	⋯	80	17.33	100	3	50	100	60
6	100	20	0	0	1	40	⋯	0	18.57	100	1	100	60	60
7	40	20	0	0	1	100	⋯	80	4.94	100	2	50	20	60
8	100	60	40	60	3	100	⋯	40	14.21	100	2	50	20	60
9	100	100	40	0	1	40	⋯	40	16.54	100	3	50	80	100
10	100	100	100	100	4	100	⋯	40	6.99	100	3	50	60	60

在加载数据之后，我们首先需要查看数据是否有缺失值。从以上代码的输出结果来看，数据集没有缺失值，所以不需要做缺失值处理。

2. 数据的标准化处理

根据前文中式（12-15）和式（12-16）给出的数据标准化公式，对数据进行标准化处理。例如 B1 列的第一个数据减去该列的最小值，然后除以最大值与最小值的差，再依次往下计算该列每一个数据，这样 B1 的标准化就完成了。B1 ～ B25 每一个变量都要进行标准化，所以运用 foreach 循环命令，在 foreach 命令之前，要先进行 global 全局命令，即将 B1~B25 所有的变量装到 all_var（可自行定义）中，然后通过 foreach 命令对每一个变量生成最小值和最大值，再进行标准化，s'i'（s 即指 stadard），在标准化的过程中可能会出现结果等于 0 的情况，这个时候可以将结果通过 replace 命令替换成 0.0001，尽量减小对最终结果的影响。

运行以下代码会生成各个变量的最小值、最大值和标准化之后的值，可以通过 order 命令将这些变量依次排序。

```
// 标准化 ---------------------------------------------------------------
global all_var B1 B2 B3 B4 B5 B6 B7 B8 B9 B10 B11 B12 B13 B14 B15 B16 B17 B18 B19 B20 B21 B22 B23 B24 B25
foreach i in $all_var{
egen min_'i'=min('i')
egen max_'i'=max('i')
gen s'i'=('i'−min_'i')/(max_'i'−min_'i')
replace s'i'=0.0001 if s'i'==0
}
order id B* min* max* s* # 按此顺序排序
```

out（输出结果）：

编号	min	max	s
B1	40	100	1
B2	20	100	1
B3	0	100	0.4
B4	0	100	0.6
B5	1	9	0.25
B6	40	100	0.0001
B7	40	100	0.6667
B8	0	100	0.8
B9	40	80	0.5
B10	20	100	0.5
B11	60	100	1
B12	0	100	1
B13	10	90	1
B14	0	100	0.5
B15	20	100	0.75
B16	40	100	1
B17	20	100	0.75

编号	min	max	s
B18	20	60	0.0001
B19	0	100	1
B20	4.94	18.57	0.7894
B21	50	100	1
B22	1	3	0.5
B23	50	100	0.0001
B24	20	100	0.0001
B25	60	100	1

3. 数据的计算

根据熵值法计算指标权重的步骤，在标准化之后，首先需要计算第 j 个指标下第 i 个样本占该指标的比重即 p 值，然后计算第 j 个指标的熵值（e 值）和信息效用值（d 值），最后计算各指标的权重（w）。

（1）求 p 值。

使用 forvalue 循环命令，先令 $i=1$，每次增加一个，一直增加到 25 为止，依次计算每一个变量标准化后的总和，然后求出 p 值。代码和输出结果如下。

```
// 求 p 值 --------------------------------------------------------------------
forvalue i=1(1)25{
egen sums_'i'=sum(sB'i')
gen p'i'=sB'i'/sums_'i'
}
order id B* min* max* s* sums* p* # 按此顺序排序
```

out（输出结果）:

id	1	2	3	4	5	6	7	8	9	10
p1	0.1111	0.1111	0.1111	0.1111	0.1111	0.1111	0	0.1111	0.1111	0.1111
p2	0.1538	0.0769	0.1538	0.1538	0.0769	0	0	0.0769	0.1538	0.1538
p3	0.1176	0.1176	0.1176	0.1176	0	0	0	0.1176	0.1176	0.2941
p4	0.1764	0.1764	0.1764	0	0	0	0	0.1764	0	0.2941
p5	0.1111	0.0555	0.4444	0	0.1111	0	0	0.1111	0	0.1666
p6	0	0.2500	0	0	0	0	0.2500	0.2500	0	0.2500
p7	0.1250	0.1250	0.1250	0	0.1250	0	0.1875	0.1250	0.1875	0
p8	0.1081	0.1081	0.1351	0.0811	0.1081	0	0.0541	0.1351	0.1351	0.1351
p9	0.0909	0.0909	0	0.1818	0.1818	0.1818	0	0.0909	0.1818
p10	0.0909	0	0	0.1818	0.1818	0.0909	0.1818	0.1364	0.1364
p11	0.1481	0.0370	0.0741	0.1111	0	0.0370	0.1481	0.1481	0.1481	0.1481
p12	0.1786	0.1607	0.1786	0.0179	0.1607	0	0.1786	0.0179	0.0536	0.0536
p13	0.2500	0.0625	0.1562	0.1875	0.0937	0.1250	0	0	0.1250	0
p14	0.1666	0	0.1666	0.1666	0	0	0	0.1666	0.3333
p15	0.1111	0.1111	0.1481	0.1481	0	0.0370	0.0370	0.1481	0.1111	0.1481
p16	0.1429	0.0952	0.0952	0.1429	0.1429	0	0	0.1429	0.1429	0.0952

续　表

id	1	2	3	4	5	6	7	8	9	10
p17	0.2000	0.0667	0.2000	0	0.2000	0	0	0	0.0667	0.2666
p18	0.0001	0.0001	0.0001	0.3332	0.0001	0.0001	0.0001	0.0001	0.0001	0.6663
p19	0.1613	0.1613	0.0645	0.1613	0.1290	0	0.1290	0.0645	0.0645	0.0645
p20	0.1330	0.0011	0.1193	0.1417	0.1532	0.1685	(0.0000)	0.1146	0.1434	0.0253
p21	0.1111	0	0.1111	0.1111	0.1111	0.1111	0.1111	0.1111	0.1111	0.1111
p22	0.0714	0.0714	0.1429	0.1429	0.1429	0	0.0714	0.0714	0.1429	0.1429
p23	0.0001	0.0001	0.0001	0.0001	0.0001	0.9991	0.0001	0.0001	0.0001	0.0001
p24	0	0	0.1333	0.1333	0.2666	0.1333	0	0	0.2000	0.1333
p25	0.3333	0	0	0.3333	0	0	0	0	0.3333	0

（2）求 e 值和 d 值。

同样使用 forvalue 循环命令，根据式和式依次计算出每一个变量的 e 值和 d 值。代码和输出结果如下。

```
// 求 e 值和 d 值 --------------------------------
forvalue i=1(1)25{
egen l'i'=sum(p'i'*ln(p'i'))
gen e'i'=-l'i'/ln(10)
gen d'i'=1-e'i'
}
order id B* min* max* s* sums* p* l* e* d* # 按此顺序排序
```

out（输出结果）：

指标	e	d
B1	0.9543	0.0457
B2	0.8825	0.1175
B3	0.8127	0.1873
B4	0.6887	0.3113
B5	0.6748	0.3252
B6	0.6027	0.3973
B7	0.8373	0.1627
B8	0.9402	0.0598
B9	0.8227	0.1773
B10	0.8294	0.1706
B11	0.9101	0.0899
B12	0.8547	0.1453
B13	0.8105	0.1895
B14	0.6785	0.3215
B15	0.9156	0.0844
B16	0.8955	0.1045
B17	0.7297	0.2703
B18	0.2787	0.7213
B19	0.9202	0.0798

指标	e	d
B20	0.8745	0.1255
B21	0.9543	0.0457
B22	0.9312	0.0688
B23	0.0040	0.9960
B24	0.7600	0.2400
B25	0.4782	0.5218

（3）求权重 w。

使用 forvalue 循环命令，根据式计算每一个变量的权重 w，其中 rowtotal 是求和命令，与 sum 求和命令不同的是 rowtotal(d*) 计算的是每一个样本的 d1 ～ d25 的总和，而 sum(d*) 计算的是所有样本 d1 的总和。代码和输出结果如下。

```
// 求权重 w————————————————————————————————————————————————
forvalue i=1(1)25{
egen f'i'=rowtotal(d*)
gen w'i'=d'i'/f'i'
}
order id B* min* max* s* sums* p* l* e* d* f* w*        # 按此顺序排序
```

out（输出结果）：

指标	w
B1	0.0077
B2	0.0197
B3	0.0314
B4	0.0522
B5	0.0546
B6	0.0667
B7	0.0273
B8	0.0100
B9	0.0298
B10	0.0286
B11	0.0151
B12	0.0244
B13	0.0318
B14	0.0540
B15	0.0142
B16	0.0175
B17	0.0454
B18	0.1210
B19	0.0134
B20	0.0211
B21	0.0077
B22	0.0116

续 表

指标	w
B23	0.1671
B24	0.0403
B25	0.0876

（三）运用 CRITIC 权重法确定指标权重

1. 数据的获取

根据以下代码获取 Excel 数据。

```
import pandas as pd
import numpy as np

data = pd.read_excel(r'C:\Users\28457\Desktop\ 数据 .xlsx')
data.head( )
```

out（输出结果）：

	id	B1	B2	B3	B4	B5	B6	B7	B8	...	B19	B20	B21	B22	B23	B24	B25
0	TDY	100	100	40	60	3	40	80	80	...	100	15.7	100	2	50	20	100
1	LWGD	100	60	40	60	2	100	80	80	...	100	5.03	50	2	50	20	60
2	YNKJ	100	100	40	60	9	40	80	100	...	40	14.6	100	3	50	60	60
3	YCKJ	100	100	40	0	1	40	40	60	...	100	16.4	100	3	50	60	100
4	HCGF	100	60	0	0	3	40	80	80	...	80	17.3	100	3	50	100	60

5 rows × 26 columns。

2. 数据的预处理

（1）缺失值处理。

在加载数据之后，我们首先需要查看数据是否有缺失值。从以下代码的输出结果来看，数据集没有缺失值。

```
# 查看数据是否有缺失值
data.isnull( ).any( )
```

out（输出结果）：

B1   False
B2   False
B3   False
B4   False
B5   False
B6   False
B7   False
B8   False
B9   False

B10　　False

B11　　False

B12　　False

B13　　False

B14　　False

B15　　False

B16　　False

B17　　False

B18　　False

B19　　False

B20　　False

B21　　False

B22　　False

B23　　False

B24　　False

B25　　False

dtype: bool

（2）极值处理（粗）盖帽法。

盖帽法所示指整行替换数据框里 99% 以上和 1% 以下的点，将 99% 以上的点值 =99% 的点值；小于 1% 的点值 =1% 的点值。即默认凡小于 1% 和大于 99% 分位数的值将被 1% 分位数和 99% 分位数替代。代码和输出结果如下。

```
data.describe(include = 'all').T
```

out（输出结果）：

	count	mean	std	min	25%	50%	75%	max
id	10	5.5	3.0277	1	3.25	5.5	7.75	10
B1	10	94	18.974	40	100	100	100	100
B2	10	72	32.931	20	60	80	100	100
B3	10	34	29.889	0	10	40	40	100
B4	10	34	37.771	0	0	30	60	100
B5	10	2.8	2.4404	1	1	2.5	3	9
B6	10	64	30.984	40	40	40	100	100
B7	10	72	23.476	40	50	80	80	100
B8	10	74	32.728	0	65	80	100	100
B9	10	62	17.512	40	45	60	80	80
B10	10	64	33.731	20	30	70	95	100
B11	10	87	15.67	60	72.5	95	100	100
B12	10	56	43.256	0	15	60	97.5	100
B13	10	42	27.406	10	15	45	57.5	90

续　表

	count	mean	std	min	25%	50%	75%	max
B14	10	30	34.96	0	0	25	50	100
B15	10	74	29.889	20	50	80	100	100
B16	10	82	23.944	40	80	90	100	100
B17	10	50	31.623	20	20	40	80	100
B18	10	26	13.499	20	20	20	20	60
B19	10	62	34.577	0	40	60	95	100
B20	10	13.03	5.2678	4.94	8.795	15.145	16.51	18.57
B21	10	95	15.811	50	100	100	100	100
B22	10	2.4	0.6992	1	2	2.5	3	3
B23	10	55	15.811	50	50	50	50	100
B24	10	50	28.674	20	20	60	60	100
B25	10	72	19.322	60	60	60	90	100

```
def block_lowerl(x):
    # 盖帽法函数
    # x 是输入的 Series 对象，替换 1% 分位数
    ql=x.quantile(.01)
    out=x.mask(x<ql,ql)
    return(out)

def block_upperl(x):
    # 盖帽法函数
    # x 是输入的 Series 对象，替换 99% 分位数
    qu=x.quantile(.9)
    out=x.mask(x>qu,qu)
    return(out)

data.iloc[:,1:]=data.iloc[:,1:].apply(block_upperl)
data.iloc[:,1:]=data.iloc[:,1:].apply(block_lowerl)
```

```
data.describe(percentiles=[0.01,0.1,0.5,0.9,0.99]).T
```

out（输出结果）：

	count	mean	std	min	1%	10%	50%	90%	99%	max
B1	10	94.54	17.2660	45.4	50.314	94.54	100	100	100	100
B2	10	72	32.9309	20	20	20	80	100	100	100
B3	10	28.6	19.8225	0	0	0	40	40.6	45.46	46
B4	10	30.4	32.0666	0	0	0	30	60.4	63.64	64
B5	10	2.35	1.3344	1	1	1	2.5	4.05	4.455	4.5
B6	10	64	30.9839	40	40	40	40	100	100	100
B7	10	72	23.4758	40	40	40	80	100	100	100
B8	10	74.36	31.8309	3.6	6.876	36.36	80	100	100	100
B9	10	62	17.5119	40	40	40	60	80	80	80
B10	10	64	33.7310	20	20	20	70	100	100	100

	count	mean	std	min	1%	10%	50%	90%	99%	max
B11	10	87.09	15.4996	60.9	61.719	69.09	95	100	100	100
B12	10	56.09	43.1276	0.9	1.719	9.09	60	100	100	100
B13	10	40.2	24.3210	10	10	10	45	70.2	71.82	72
B14	10	25.5	26.9207	0	0	0	25	50.5	54.55	55
B15	10	74.18	29.5306	21.8	23.438	38.18	80	100	100	100
B16	10	82	23.9444	40	40	40	90	100	100	100
B17	10	48.2	28.8513	20	20	20	40	80.2	81.82	82
B18	10	24.2	8.8669	20	20	20	20	40.2	41.82	42
B19	10	100	0	100	100	100	100	100	100	100
B20	10	62.36	33.8711	3.6	6.876	36.36	60	100	100	100
B21	10	12.91921	5.1464	4.948	4.9555	5.0218	15.145	17.3424	17.4428	17.454
B22	10	95.45	14.3884	54.5	58.595	95.45	100	100	100	100
B23	10	2.409	0.6795	1.09	1.1719	1.909	2.5	3	3	3
B24	10	50.5	1.5811	50	50	50	50	50.5	54.55	55
B25	10	48.2	25.5856	20	20	20	60	80.2	81.82	82

（3）无量纲化处理。

数据集全部是正向指标，因此根据式（12-15）来进行处理，代码及输出结果如下。

```
df = data.iloc[:,1:]
data.iloc[:,1:] = (df−df.min( ))/df.max( )−df.min( ) # 即简单实现标准化
data
```

out（输出结果）：

	id	B1	B2	B3	B4	B5	B6	B7	...	B19	B20	B21	B22	B23
0	1	1	1	0.8696	0.9375	0.5714	0	0.67	...	1	0.8597	1	0.4764	0
1	2	1	0.5	0.8696	0.9375	0.2857	1	0.67	...	1	0.0065	0	0.4764	0
2	3	1	1	0.8696	0.9375	1	0	0.67	...	0.378	0.7710	1	1	0
3	4	1	1	0.8696	0	0	0	0	...	1	0.9157	1	1	0
4	5	1	0.5	0	0	0.5714	0	0.67	...	0.793	0.9901	1	1	0
5	6	1	0	0	0	0	0	0	...	0	1	1	0	1
6	7	0	0	0	0	0	1	1	...	0.793	0	1	0.4764	0
7	8	1	0.5	0.8696	0.9375	0.5714	0	0.67	...	0.378	0.7406	1	0.4764	0
8	9	1	1	0.8696	0	0	0	1	...	0.378	0.9269	1	1	0
9	10	1	1	1	1	0.8571	1	0	...	0.378	0.1633	1	1	0

10 rows × 26 columns。

3. 数据的计算

（1）指标变异性。

根据式（12-23），计算指标的变异性即标准差，代码及输出结果如下。

```
df = data.iloc[:,1:]
S = df.std( ) # 标准差
S
```

out（输出结果）：

B1   0.316228

B2   0.411636

B3   0.430925

B4   0.501041

B5   0.381250

B6   0.516398

B7   0.391263

B8   0.330196

B9   0.437798

B10   0.421637

B11   0.396408

B12   0.435193

B13   0.392274

B14   0.489467

B15   0.377629

B16   0.399073

B17   0.465344

B18   0.403042

B19   0.351360

B20   0.411518

B21   0.316228

B22   0.355751

B23   0.316228

B24   0.412671

B25   0.483046

dtype: float64

（2）指标冲突性。

根据式（12-24），先计算指标的相关系数，然后根据式（12-25）可以计算出指标的冲突性即相关程度，代码及相关输出结果如下。

```
corr = df.corr( )
corr
```

out（输出结果）：

	B1	B2	B3	B4	B5	B6	B7	⋯	B19	B20	B21	B22	B23	B24	B25
B1	1	0.5548	0.5069	0.3331	0.3555	-0.4082	-0.4191	⋯	-0.1830	0.5442	-0.1111	0.2115	0.1111	0.3873	0.2182
B2	0.5548	1	0.8184	0.3906	0.4501	-0.3136	-0.0920	⋯	0.1965	0.2376	0.1280	0.7315	-0.5548	0.2922	0.5867
B3	0.5069	0.8184	1	0.6729	0.3860	0.1259	-0.0840	⋯	0.1332	-0.0812	-0.2021	0.4044	-0.5069	-0.1370	0.3969
B4	0.3331	0.3906	0.6729	1	0.7572	0.4187	-0.0189	⋯	0.0412	-0.3422	-0.3243	-0.0017	-0.3331	-0.4893	-0.2238
B5	0.3555	0.4501	0.3860	0.7572	1	0.0967	-0.0426	⋯	-0.1029	-0.0463	0.0922	0.3650	-0.3555	0.0107	-0.3534
B6	-0.4082	-0.3136	0.1259	0.4187	0.0967	1	0.1100	⋯	0.0671	-0.8570	-0.4082	-0.2014	-0.2722	-0.6122	-0.5345
B7	-0.4191	-0.0920	-0.0840	-0.0189	-0.0426	0.1100	1	⋯	0.2298	-0.1568	-0.1197	0.0635	-0.4789	-0.2486	0.0392
B8	0.3793	0.7349	0.7278	0.5872	0.6439	0.1525	0.3278	⋯	0.1280	-0.0571	-0.0623	0.6812	-0.7811	0.0729	0.1223
B9	-0.3612	-0.2004	-0.1447	-0.3419	-0.5563	0.1474	-0.4973	⋯	0.0046	-0.3269	0.0401	-0.2463	0.3612	-0.0506	0.1839
B10	0.0417	-0.0480	0.0957	-0.2400	-0.4295	0.0255	-0.4602	⋯	-0.3842	0.2550	0.4583	-0.2558	0.3750	-0.0010	0.3273
B11	-0.2927	0.3372	0.4673	0.2067	-0.0210	0.3004	0.1732	⋯	0.0031	-0.1951	0.3874	0.1161	-0.3874	-0.3316	0.4264
B12	-0.3577	0.0026	-0.1380	0.2305	0.3336	0.0281	0.5982	⋯	0.5344	-0.3416	-0.2763	0.1129	-0.4496	-0.2821	-0.1508
B13	0.4363	0.4517	0.1481	-0.1796	-0.0983	-0.8918	-0.1526	⋯	0.2038	0.6796	0.1474	0.1350	0.1416	0.3113	0.6753
B14	0.3328	0.6442	0.6740	0.6137	0.6055	0.0240	-0.3798	⋯	0.0363	0.1083	0.3328	0.3080	-0.3328	-0.1599	0.2008
B15	0.4067	0.7196	0.9461	0.6394	0.3727	0.1696	-0.2028	⋯	0.0033	-0.0797	-0.0692	0.3433	-0.4067	-0.1716	0.2918
B16	0.6163	0.7553	0.6152	0.2593	0.3234	-0.2516	0.1107	⋯	0.3574	0.4050	0.0293	0.6025	-0.6163	0.1952	0.5188
B17	0.3434	0.5492	0.2306	0.4558	0.7945	-0.2297	0.0289	⋯	0.1017	0.0589	0.0999	0.4912	-0.3434	0.2781	-0.0367
B18	0.1664	0.4475	0.3861	0.0513	0.0873	0.1262	-0.7174	⋯	0.0965	-0.1481	0.1664	0.4578	-0.1664	0.2427	0.1920
B19	-0.1830	0.1965	0.1332	0.0412	-0.1029	0.0671	0.2298	⋯	1	-0.2582	-0.3905	0.2012	-0.6096	-0.3694	0.3594
B20	0.5442	0.2376	-0.0812	-0.3422	-0.0463	-0.8570	-0.1568	⋯	-0.2582	1	0.5386	0.0994	0.3096	0.5409	0.4417
B21	-0.1111	0.1280	-0.2021	-0.3243	0.0922	-0.4082	-0.1197	⋯	-0.3905	0.5386	1	0.2115	0.1111	0.3873	0.2182
B22	0.2115	0.7315	0.4044	-0.0017	0.3650	-0.2014	0.0635	⋯	0.2012	0.0994	0.2115	1	-0.6821	0.5769	0.2617
B23	0.1111	-0.5548	-0.5069	-0.3331	-0.3555	-0.2722	-0.4789	⋯	-0.6096	0.3096	0.11115	-0.6821	1	0.1620	-0.2182
B24	0.3873	0.2922	-0.1370	-0.4893	0.0107	-0.6122	-0.2486	⋯	-0.3694	0.5409	0.3873	0.5769	0.1620	1	0.1385
B25	0.2182	0.5867	0.3969	-0.2238	-0.3534	-0.5345	0.0392	⋯	0.3594	0.4417	0.2182	0.2617	-0.2182	0.1385	1

```
R = (1−corr).sum( )
R
```

out（输出结果）：

B1   20.187389

B2   16.180043

B3   17.558156

B4   20.837255

B5   20.331419

B6   27.188318

B7   26.389377

B8   18.388263

B9   26.751804

B10   24.174023

B11   20.809386

B12   25.672874

B13   21.629392

B14   17.846479

B15   18.129937

B16   18.098293

B17   20.182957

B18   20.522928

B19   23.600169

B20   22.671476

B21   22.615118

B22   19.012782

B23   29.923505

B24   23.257340

B25   19.918502

dtype: float64

（3）信息量。

根据式（12-26），信息量即变异性和冲突性的乘积，代码及相关输出结果如下。

```
C = S*R
C
```

out（输出结果）：

B1   6.383813

B2   6.660293

B3   7.566247

B4	10.440311
B5	7.751351
B6	14.039987
B7	10.325176
B8	6.071735
B9	11.711874
B10	10.192663
B11	8.249014
B12	11.172655
B13	8.484653
B14	8.735256
B15	6.846397
B16	7.222540
B17	9.392023
B18	8.271596
B19	8.292155
B20	9.329730
B21	7.151528
B22	6.763815
B23	9.462643
B24	9.597624
B25	9.621551

dtype: float64

（4）客观权重。

将信息量进行归一化处理，即可得到每一个指标的权重，代码及相关输出结果如下。

```
W = C/sum(C)
W
```

out（输出结果）：

B1	0.029052
B2	0.030310
B3	0.034433
B4	0.047513
B5	0.035276
B6	0.063895
B7	0.046989
B8	0.027632
B9	0.053300

B10	0.046386
B11	0.037540
B12	v0.050846
B13	0.038613
B14	0.039753
B15	0.031157
B16	0.032869
B17	0.042742
B18	0.037643
B19	0.037737
B20	0.042459
B21	0.032546
B22	0.030781
B23	0.043064
B24	0.043678
B25	0.043787

dtype: float64

（四）3 种指标权重结果比较

3 种指标权重结果比较如表 12-13 所示。

表 12-13　3 种指标权重结果

指标	AHP 层次分析法	熵值法	CRITIC 权重法
专利技术类型 B1	0.0090	0.0077	0.0291
专利所处生命周期 B2	0.0130	0.0197	0.0303
专利技术的性质 B3	0.0157	0.0314	0.0344
专利技术的可替代性 B4	0.0463	0.0522	0.0475
质押专利数量 B5	0.0055	0.0546	0.0353
专利是否属于核心技术 B6	0.0706	0.0667	0.0639
企业规模 B7	0.0094	0.0273	0.0470
企业信用状况 B8	0.0159	0.01	0.0276
管理者素质 B9	0.0202	0.0298	0.0533
企业的研发能力 B10	0.0478	0.0286	0.0464
企业的偿债能力 B11	0.0507	0.0151	0.0375
企业的盈利能力 B12	0.0709	0.0244	0.0508
企业的营运能力 B13	0.0452	0.0318	0.0386
专利产品的市场供求状况 B14	0.0266	0.054	0.0398
相关专利技术的市场价值 B15	0.0449	0.0142	0.0312
专利相关产品的市场规模 B16	0.0645	0.0175	0.0329
专利产品的市场份额 B17	0.1007	0.0454	0.0427

指标	AHP 层次分析法	熵值法	CRITIC 权重法
专利产品的竞争程度 B18	0.1932	0.121	0.0376
侵权风险 B19	0.0144	0.0134	0.0377
法定剩余保护期限 B20	0.0237	0.0211	0.0425
专利的保护范围 B21	0.0418	0.0077	0.0325
政策支持力度 B22	0.0192	0.0116	0.0308
政府参与度 B23	0.0229	0.1671	0.0431
GDP 增长率 B24	0.0095	0.0403	0.0437
行业 GDP 增长率 B25	0.0184	0.0876	0.0438

可以看出，使用 AHP 层次分析法、熵值法和 CRITIC 权重法时得到的指标权重有的较为接近，有的相差较大。在计算原理上，这主要是因为 AHP 层次分析法是根据专家的经验打分，然后对各指标两两进行比较，从而计算得出的权重结果，每个专家对于指标之间的重要性比较会给出不同的意见；熵值法计算的是指标之间离散程度的大小；而 CRITIC 权重法计算的是各指标之间的标准差和相关性。在计算步骤上，AHP 层次分析法要先对专家打分结果构造判断矩阵，然后计算指标权重和一致性检验，计算过程相对比较简单，可以在 Excel 中或者 SPSSAU 网站上实现；熵值法可以通过 stata 软件实现，代码也较为简单且容易操作，先是对数据进行标准化处理，然后分别求出熵值和信息效用值，即可得到指标权重；CRITIC 权重法通过 Python 实现，先对数据进行标准化处理和极值处理，然后计算标准差和相关系数，最后可以计算出指标权重。

四、具体任务

（一）实践任务

本次实践任务包含以下 4 个方面的内容。

（1）在 AHP 层次分析法中，根据分析得出的专利价值影响因素，组建专家团对各影响因素进行打分，计算各指标权重大小并进行一致性检验。

（2）熵值法中对收集数据的预处理和计算，包括标准化处理、熵值、信息效用值和权重的计算等。

（3）CRITIC 权重法中对收集数据的预处理和计算，包括缺失值处理、极值处理、标准化处理、标准差、相关系数和权重的计算等。

（4）对 3 种权重计算方法的结果进行比较分析。

（二）实践步骤

本次实践任务的具体步骤如下。

（1）AHP 层次分析法中构造判断矩阵，计算一级指标和二级指标的权重和特征根、*CI* 值和 *CR* 值进行一致性检验。

（2）熵值法中使用 global 全局命令、replace 命令、foreach 循环命令和 forvalue 循环命令等处理数据并计算指标权重。

（3）CRITIC权重法中使用pandas库的read_excel读取数据、使用pandas库和preprocessing库的isnull、block_lower、block_upper、和corr等函数对数据进行预处理、描述性分析并计算指标权重。

（三）实践思考

（1）熵值法和CRITIC权重法中若不对数据进行标准化处理，会对指标权重的计算结果造成怎样的影响？

（2）熵值法在进行数据标准化时，如果 j 指标下的第 i 个样本标准化处理后为0，除了将其替换成0.0001还有什么办法可以解决该问题？

AZADEH A, ZADEH S A. An integrated fuzzy analytic hierarchy process and fuzzy multiple-criteria decision-making simulation approach for maintenance policy selection[J]. Simulation: Transactions of The Society for Modeling and Simulation International, 2016, 92(1):3-18.

DIAKOULAKI D, MAVROTAS G, PAPAYANNAKIS L. Determining objective weights in multiple criteria problems: the critic method[J]. Computers & operations research, 1995, 22(7):763-770.

ROBERT R F. The valuation of intangible assets and intellectual property[J]. Financial managers' statement, 1988, 10(2): 50-56.

SCHÖLKOPF B, SMOLA A J, BACH F. Learning with kernels: support vector machines, regularization, optimization, and beyond[M]. Boston: MIT Press, 2002.

TLS A, LTT B. On the invalidity of fuzzifying numerical judgments in the analytic hierarchy process - Science Direct[J]. Mathematical and computer modelling, 2007, 46(7-8):962-975.

WANG Y M, CHIN K S. Fuzzy analytic hierarchy process: a logarithmic fuzzy preference programming methodology[J]. International journal of approximate reasoning, 2011,52(4): 541-553.

WOOLDRIDGE J M. Econometric analysis of cross section and panel data[M]. Boston: The MIT Press Books, 2010.

WOOLDRIDGE J M. Fixed-effects and related estimators for correlated random-coefficient and treatment-effect panel data models[J]. Review of economics & statistics, 2005, 87(2):385-390.

WOOLDRIDGE J M. On the robustness of fixed effects and related estimators in correlated random coefficient panel data models[C]. CeMMAP working papers, 2004.

单德朋. 教育效能和结构对西部地区贫困减缓的影响研究[J]. 中国人口科学, 2012, 152(5): 84-94, 112.

方厚政. 我国专利质押融资发展区域差异和影响因素的实证分析[J]. 武汉金融, 2014(9): 48-50.

李航. 统计学习方法[M]. 2 版. 北京:清华大学出版社, 2019.

李红, 朱建平. 综合评价方法研究进展评述[J]. 统计与决策, 2012, 357(9): 7-11.

薛明皋, 刘磷琳. 专利质押贷款环境下的专利价值决定因素研究[J]. 科研管理, 2013(2): 120-127.

姚王信, 朱玲, 韩晓宇. 创新要素区位分布对省域专利质押融资能力的影响[J]. 科技进步与对策, 2016, 33(22): 28-35.

张超, 唐杰. 知识产权质押融资环境下专利与商标价值决定因素研究[J]. 工业技术经济, 2021, 40(8): 62-69.

张红芳. 专利权质押中专利出质企业指标体系构建初探[J]. 科学学研究, 2017, 35(7): 1026-1031.

周志华. 机器学习[M]. 北京: 清华大学出版社, 2016.

苏为华, 陈骥, 朱发仓. 综合评价技术的扩展与集成问题研究[M]. 北京: 中国统计出版社, 2007.